TEXTES LITTERAIRES

Collection dirigée par Keith Cameron

LXXV

LES MERVEILLES DE LA
TERRE D'OUTREMER

Londres, Ms. British Library, Royal 19.D.I, f.136ʳ (L).
reprod. avec l'aimable permission de la British Library

JEAN DE VIGNAY

Les Merveilles de la Terre d'Outremer

Traduction du XIVe siècle du récit de voyage

d'Odoric de Pordenone

Edition critique

par

D. A. Trotter

University of Exeter
1990

Remerciements

Nous tenons a remercier la British Library et la Bibliothèque Nationale, qui nous ont aimablement accordé la permission de reproduir le texte que nous publions ici d'après des manuscrits conservée dans leur fonds.

Pour Allyson
En liei nais jois e comensa

First published in 1990 by
University of Exeter Press
Reed Hall
Streatham Drive
Exeter EX4 40R
UK

© 1990 D. A. Trotter

A catalogue record for this book is available
from the British Library

ISSN 0309-6998
ISBN Pbk 978-0-85989-348-0
ISBN Hbk 978-1-80413-079-7

INTRODUCTION

LA VIE ET LES VOYAGES D'ODORIC DE PORDENONE

L'auteur de notre texte, "Frater Odoricus de Foro Julii" selon l'*explicit* des manuscrits latins de son unique ouvrage, naquit à Pordenone (Portus Naonis) en Frioul (Forum Julii) vers la fin du XIIIe siècle, en 1285/1286. D'après un des manuscrits de son *Itinerarium*, le manuscrit B.N. lat. 2584, sa famille serait originaire de Bohème: le scribe l'appelle, dans l'*explicit*, "Frater Odoricus Bœmus". Comme le royaume de Bohème s'étendait jusqu'en Italie, une telle origine est tout à fait possible. Entré dans l'Ordre de saint François, vraisemblablement à Udine, dans la province de Trévise, il se distingua par son ascétisme exemplaire, et refusa toute promotion. Vers 1314, il quitta l'Italie et commença son voyage *in partibus infidelium*, voyage qui dura seize ans, au retour duquel il dicta (en latin) le récit de ses péripéties à son confrère, Guillaume de Solagne, à Padoue au mois de mai 1330. Par la suite, Odoric se mit en chemin en direction d'Avignon, siège de la Curie, mais tomba malade à Pise. De nouveau revenu à Padoue, il mourut le 14 janvier 1331. En 1755, il fut béatifié par Benoît XIV à cause des miracles qui se produisirent à son tombeau (1).

Odoric de Pordenone est surtout connu pour le récit de voyage qu'il nous a laissé. Voici l'introduction de son récit, que nous citons d'après la traduction en français publiée ici:

(MS. B.N. Rothschild 3085, f. 207ᵣa)
LA DIVISION FRERE ODORIC DES MERVEILLES DE LA TERRE SAINTE[1]
Ja soit ce que mout de gens[2] racontent mout de choses et diverses des manieres et des condicions de ce monde.

Toutevoies[3] est il assavoir que je, Frere Odoric du Marchié Julien, avant volenté[4] de trespasser la mer, et couvoitant de aler[5] as parties des mescroians, si que je feïsse aucuns fruis[6] des ames, vi la[7] et oï mout de

---

(1) La plupart de ces renseignements sont tirés de la meilleure édition actuellement disponible du texte latin d'Odoric, Anastasius Van den Wyngaert (éd.), *Sinica Franciscana* (5 t., Quaracchi, Florence et Rome, 1929–1954), I: *Itinera et relationes fratrum minorum s. XIII et XIV*. L'on consultera aussi Henri Cordier et Col. Sir Henry Yule (éd.), *Cathay and the Way Thither; being a collection of medieval notices of China*, II: *Odoric of Pordenone* (Londres, 1913 et réimpression par Kraus, Nendeln, Liechtenstein, 1967); l'ouvrage tout à fait remarquable de Paul Pelliot, *Notes on Marco Polo* (3 t., Paris, 1959–1973); A. C. Moule, "A Life of Odoric de Pordenone" et "A Small Contribution to the Study of the Bibliography of Odoric", *T'Oung Pao*, XX (1921), pp. 275–290 et pp. 301–322; Antonio Sartori, "Odoriciana: Vita e memorie", *Il Santo*, VI (1966), pp. 7–65.

grans choses et merveilleuses⁸.

---

¹Ci commencent les Merveilles de la Terre d'Outremer selonc ce que Frere Odoriq du Marchié Julien de l'Ordre des Freres Meneurs tesmoigne, translatees en françois par Frere Jehen de Vygnai, Hospitalier de l'Ordre de Haut Pas (Ms. British Library, Royal 19.D.I, f. 136ʳa)   ²moult de plusieurs manieres de gens   ³Toutefoiz   ⁴avoie volenté   ⁵convoitoie aler   ⁶aucun fruit   ⁷si vi la   ⁸ choses grans et merveilleuses

On remarquera, dès le début, les deux aspects de l'ouvrage: d'une part, récit de prédicateur (le voyage aurait eu lieu "si que je feïsse aucuns fruis des ames"), d'autre part, "les Merveilles de la Terre d'Outremer" (et non pas, malgré la rubrique du manuscrit Rothschild, de la "Terre Sainte" dans le sens le plus courant de l'expression (2)). "Les parties des mescroians", comme on le sait, furent formellement partagées par la bulle *Redemptor noster* en 1318 entre les deux ordres mendiants: les dominicains, qui allaient prêcher la foi surtout dans le Proche-Orient et le Moyen-Orient, et les franciscains, à qui l'on attribua la tâche de l'évangélisation de la Chine. A l'origine de cette division sans doute imparfaite était l'épiscopat missionnaire créé par la papauté. Ainsi, "Clément V [...] érigea en 1307 Khanbaliq (Pékin) en métropole pour le célèbre franciscain Jean de Montcorvin, tandis que Jean XXII devait confier en 1318 au dominicain Franco de Pérouse la nouvelle province ecclésiastique de Sultanieh, qui comprenait l'empire mongol de Perse" (3). L'importance de l'évangélisation dans l'œuvre d'Odoric se révèle notamment par le fait qu'environ un cinquième du récit (le chapitre VIII) est consacré au martyre de quatre Frères Mineurs à Tana, sur l'île de Salsette, près de Bombay sur la côte indienne, en 1321. Comme nous le verrons, l'itinéraire emprunté par Odoric

---

(2) La tradition selon laquelle il s'agit de la Terre Sainte semble s'être prolongée jusqu'à la fin du dix-neuvième siècle, puisque J. C. M. Laurent publia, en 1873, un *Liber de Terra Sancta* par Odoric dans sa collection des *Peregrinatores medii aevi quattuor* (Leipzig, 1873). L'attribution de ce texte à Odoric de Pordenone n'est plus acceptée. *Outremer*, qui s'emploie surtout pour désigner le royaume latin de Jérusalem, n'a pas toujours ce sens précis (cf. notre discussion de ce mot dans *Medieval French Literature and the Crusades (1100-1300)* (Genève, 1988), pp. 41-44).

(3) Jean Richard, "La papauté et les missions catholiques en Orient au moyen âge", *Mélanges d'archéologie et d'histoire de l'Ecole Française de Rome*, 1941-1946, pp. 248-266 (p. 248); voir aussi, du même auteur, *La Papauté et les missions d'Orient au Moyen Age (13ᵉ - 15ᵉ siècles)* (Rome, 1977), pp. 121-225, sur l'implantation des ordres mendiants en Orient; Giovanni Soranzo, *Il Papato, l'Europa cristiana e i Tartari: Un secolo di penetrazione occidentale in Asia* (Milan, 1930); Christian W. Troll, "Die Chinamission im Mittelalter", *Franziskanische Studien*, XLVII (1966), pp. 109-150 et XLIX, pp. 172-202.

suit de près celui des missionnaires (et des marchands) occidentaux. Pourtant, et en dépit de ce prétendu aspect édifiant, il semble que la popularité dont jouissait l'*Itinerarium* d'Odoric était due à l'élément exotique plutôt qu'à un quelconque but pieux de la part de son auteur: selon Jean Richard, "Odoric et ses compagnons [...], bien que dotés des pouvoirs de légation que le pape accordait aux missionnaires, ne semblent pas s'être consacrés à une tâche missionnaire définie, et leur voyage s'assimile à une "peregrinatio propter Christum" plus qu'à une entreprise d'apostolat" (4). Malgré l'ampleur de l'extension de l'Eglise (romaine et autre) en Orient, c'était, pour l'imagination populaire surtout, l'époque des grands voyages d'un Marco Polo ou de son précurseur, Guillaume de Rubrouck, envoyé de saint Louis (5), et les lecteurs et les amateurs de beaux livres s'intéressaient visiblement à tout ce qui avait rapport à l'Orient. Ce n'est sans doute pas un hasard si les volumes qui renferment le texte d'Odoric contiennent aussi, très souvent, celui de Marco Polo. C'est le cas, par exemple, d'un de nos manuscrits, le manuscrit Royal 19.D.I de la British Library à Londres, volume de luxe qui témoigne de l'engouement de son mécène présumé pour toutes sortes d'ouvrages concernant ce monde lointain et fabuleux. Ainsi sont reliés ensemble le *Roman d'Alexandre*, un traité concernant les croisades et plusieurs récits de voyage (6).

Une étude attentive du texte d'Odoric permet de reprendre la route suivie par notre voyageur pour aller en Chine et (de façon moins sûre, puisque les indications données dans le texte sont nettement moins précises) pour retourner en Europe. A l'aller, Odoric a suivi la route maritime traditionnelle, traversant l'Arménie et la Perse pour gagner Ormuz, d'où il partit en direction de l'Inde par un voyage d'environ un mois; ensuite, il a contourné le continent indien, et, après avoir visité les îles du Pacifique, a débarqué à Canton, parvenant enfin à Pékin ou Khân Bâliq ("la ville du Khân", le Cambalec de Marco Polo), cour du Grand Khân, où il demeura pendant trois ans. Pour revenir en Europe, Odoric choisira, apparemment, d'emprunter l'itinéraire rendu célèbre par Marco Polo, parcourant la Mongolie et, peut-être (mais ce n'est pas sûr), le Tibet, avant de traverser l'Afghanistan et de regagner la Perse, Trébizonde et l'Italie. Parmi les lieux de séjour cités au cours de son récit, l'on remarquera plusieurs villes où nous savons qu'il y avait des maisons franciscaines, telles Trébizonde, Erzerum, Sultanieh en Perse et en

---

(4) Richard, *La Papauté*, p. 191. Même conclusion chez Yule-Cordier: le récit d'Odoric "gives one decidedly the impression of a man of little refinement, with a very strong taste for roving and seeing strange countries, but not much for preaching and asceticism" (*op. cit.*, p. 11).

(5) Sur lequel on verra désormais la traduction annotée de Claude et René Kappler, *Guillaume de Rubrouck, Envoyé de saint Louis: Voyage dans l'Empire mongol* (Paris, 1985).

(6) Sur le ms. Royal 19.D.I, voir surtout D. J. A. Ross, "Methods of Book-production in a XIVth century French miscellany", *Scriptorium*, VI (1952), pp. 63-71.

Arménie, ou Zayton et Yang-chou en Chine (7). Souvent, c'est Odoric lui-même qui signale l'existence d'un *locus* des Frères Mineurs dans une ville où il a séjourné. De façon générale, — on le constatera à la lecture de son récit — Odoric a donné très peu de place aux difficultés matérielles de son voyage (qui, pourtant, ont dû être considérables), se limitant à quelques allusions aux navires dans lesquels on le transportait, au manque de vent, à la durée des étapes. Intrigué, parfois, par ce qu'il voit au cours de ses péripéties, parfois indifférent, Odoric s'efforce d'être aussi objectif que possible. Cependant, son récit n'est nullement celui d'un voyageur naïf et crédule. Face à l'anthropophagie, aux rites funéraires, aux mœurs de l'Orient, le missionnaire l'emporte sur le voyageur, et n'hésite pas à condamner les us et coutumes qui ne se conforment pas aux prescriptions de l'Eglise. Ses rares tentatives d'évangélisation et de réforme (voir, par exemple, le chapitre XXIII) ne semblent pas avoir été couronnées de succès. Chose curieuse, Odoric ne fait que très rarement mention des problèmes linguistiques qu'il a dû rencontrer *in partibus infidelium*: à en croire son récit, il sut se faire comprendre, que ce fût par l'intermédiaire d'un interprète ou non (8). Les détails qu'il fournit lorsqu'il s'agit de dénombrer les foyers dans telle ville de l'Orient ou de décrire la vie à la cour du Grand Khân (où il fait preuve d'une exactitude scrupuleuse) semblent indiquer que des problèmes de langue n'empêchèrent nullement sa compréhension de ce monde pourtant si différent du sien. Nous ignorons si notre auteur connaissait d'autres récits de voyage de l'époque. La question d'éventuels rapports entre son texte et celui de Marco Polo est abordée, en passant, dans les notes qui suivent notre texte, mais elle mériterait d'être étudiée

---

(7) Voir Richard, *La Papauté*, pp. 170–171 et la carte des itinéraires des Occidentaux, *ibid.*, p. 298.

(8) L'on sait que très peu de personnes en Occident connaissaient les langues orientales, et ce, malgré les efforts des ordres mendiants et de quelques éveillés comme Roger Bacon. La solution choisie par les missionnaires semble avoir été celle de l'interprétariat, en embauchant, notamment, des indigènes qui savaient les langues occidentales. Frère Démétrius d'Arménie ou de Géorgie, "qui erat frater laicus sciens linguas" (Van den Wyngaert, p. 425), et qui fut martyrisé avec ses trois compagnons à Tana en 1321, est peut-être un exemple de ces *drogmans*, ou guides-interprètes, qui étaient sans doute indispensables aux prédicateurs itinérants. (Selon un des récits les plus anciens du martyre des quatre franciscains, qui date, vraisemblablement, de 1322, Démétrius s'était récemment converti à la foi chrétienne, ce qui tend à confirmer notre interprétation: voir A. C. Moule, *Christians in China before 1550* (Londres, 1930), pp. 211–213 (p. 212)). Ce thème est abordé par Jean Richard dans "L'enseignement des langues orientales en Occident au moyen âge", *Revue des Etudes Islamiques*, XLIV (1976), pp. 149–164, et surtout dans une série d'études par B. Altaner, dont les plus importantes, pour nous, sont "Sprachstudien und Sprachkenntnisse im Dienste der Mission des 13. u. 14. Jhdts", *Zeitschrift für Missionswissenschaft und Religionswissenschaft*, XXI (1931), pp. 113–135; "Sprachkenntnis und Dolmetscherwesen im missionarischen und diplomatischen Verkehr zwischen Abendland (Päpstliche Kurie) und Orient im 13. u. 14. Jahrh.", *Zeitschrift für Kirchengeschichte*, LV (1936), pp. 83–126.

plus sérieusement. Il n'y aurait rien de surprenant, d'ailleurs, si Odoric, voyageur infatigable, avait lu d'autres ouvrages consacrés à cet Orient auquel il a, lui, consacré sa vie et son œuvre.

LES MANUSCRITS LATINS

Avant d'aborder les problèmes que pose la traduction française qui nous intéresse, un coup d'œil sur les textes latins s'impose. L'on dénombre, actuellement, soixante manuscrits latins de l'*Itinerarium* d'Odoric, dont cinquante-neuf se trouvent dans des bibliothèques connues. Le soixantième, publié en 1977 dans une thèse américaine de valeur très discutable, est conservé dans une collection privée à New York (9). Au moins quatre manuscrits (un manuscrit de Mayence et trois manuscrits de Strasbourg) ont été détruits; il reste sans doute d'autres manuscrits à découvrir. Aucune édition critique qui tienne compte de toute la tradition manuscrite n'a été publiée. La meilleure édition est celle du Père Anastasius Van den Wyngaert (1929); c'est celle dont nous avons tiré la plupart de nos informations sur l'auteur et son œuvre, et l'on y trouvera de précieux renseignements (souvent, hélas, de seconde main et parfois périmés) sur les textes latins ainsi que sur les différentes traductions. Bien que l'édition de Van den Wyngaert demeure le travail de base, l'ouvrage dû à Henry Yule et Henri Cordier (1913) reste irremplaçable pour la richesse des notes historiques et géographiques qui accompagnent le texte, dont les plus importantes ont été incorporées dans l'édition de Van den Wyngaert. Le texte même de Yule-Cordier est moins satisfaisant, puisqu'il s'agit de la traduction en anglais d'un seul manuscrit latin, B.N. fr. 2584, imprimé en appendice, à laquelle ont été ajoutées des variantes tirées, un peu au hasard, semble-t-il, des principaux témoins des différentes rédactions de l'ouvrage d'Odoric(10).

Personne, à notre connaissance, n'a vu de ses propres yeux tous les manuscrits d'Odoric, d'où le caractère provisoire de toutes les études qui ont été publiées sur la tradition manuscrite, et *a fortiori* celui de toutes les éditions actuellement disponibles. Comme le souligne Van den Wyngaert:

---

(9) Il s'agit de Robert K. Carlton, *Odoric of Pordenone — traveller to the Far East: a restoration of a recently discovered manuscript of Odoric's Journal* (Ph.D., University of Kansas, 1977). Ce travail n'a aucune valeur scientifique. Nos renseignements sur les autres manuscrits d'Odoric proviennent essentiellement des ouvrages cités dans la note (1).

(10) Les extraits du texte de Jean de Vignay donnés par Yule-Cordier trahissent une ignorance surprenante (et inquiétante, puisque c'est Cordier qui a publié le texte de Jean le Long) du français de l'époque. Que l'on veuille bien comparer l'extrait de Jean de Vignay (d'après le ms. Royal 19.D.I) qu'ils publient (pp. 271-272) avec notre texte. Il y a lieu de se demander si ce texte n'a pas été copié par quelqu'un d'autre que les éditeurs, comme c'est le cas, d'ailleurs, pour le manuscrit latin qui a fait l'objet de leur traduction anglaise d'Odoric (Yule-Cordier, *op. cit.*, pp. 93-94).

Ad editorem relationis B. Odorici spectaret singulos codices secundum varias redactiones et familias distribuere; sed hoc opus fieri nequibat, quia inter tot codices plurimi inveniuntur quorum ne minima quidam descriptio adest [...] Quousque omnes codices critico examini non subiecti fuerunt, omnis divisio in novas redactiones praeter duas expresse ab auctoribus ipsis subscriptis, immatura videtur(11).

Or, cet examen critique n'a toujours pas eu lieu. Les deux rédactions signées par leurs "auteurs" (ou plutôt par leurs éditeurs, au sens moderne du mot) sont celles de Guillaume de Solagne et de Henri de Glars (Glatz). La première fut dictée à Guillaume en 1330: c'est le texte publié par Van den Wyngaert et (plus récemment) par A. Sartori (1966) à partir d'un manuscrit découvert à l'Archivio di Stato di Pàdova(12). En 1340 parut à Prague une rédaction remaniée, due aux soins de Henri de Glars. Ce texte a été établi par Civezza (1859), et ensuite par Domenichelli (1881); c'est sur lui aussi qu'est basé le texte d'Odoric présenté dans les *Acta Sanctorum* (le 14 janvier, t. II), quoique les éditeurs n'aient pas précisé le manuscrit dont ils se seraient servis(13). La troisième rédaction, qui porte le nom de celui qui l'a imprimée en 1599, Richard Hakluyt(14), est plus proche de celle de Guillaume de Solagne que de celle de Henri de Glars, mais se distingue clairement des deux. Un quatrième texte, enfin, a été publié en 1583, en italien, par la maison de Giunti (Venise) dans la deuxième édition, posthume, du tome II des œuvres du savant italien Ramusio. Ce texte italien renfermerait, selon certains, une rédaction indépendante, et serait basé sur un manuscrit latin aujourd'hui perdu: ce point de vue, devenu traditionnel, a été mis en question par Lucio Monaco en 1978(15). Dans l'état actuel des recherches, la tradition manuscrite se résume, donc, ainsi:

---

(11) Van den Wyngaert, pp. 386 et 396.
(12) A. Sartori, *Il Santo*, VI, pp. 36–65.
(13) M. da Civezza, *Fratris Oderici de Foro Julii Ordinis Minorum iter ad partes infidelium a Fratre Henrico de Glars eiusdem Ordinis descriptum* (Storia universale delle Missioni Francescane, III, 739–81, Rome, 1859) et T. Domenichelli, *Sopre la vita e i viaggi del Beato Odorico da Pordenone* (Prato, 1881).
(14) Texte dans Richard Hakluyt, *The Principal Navigations Voyages Traffiques & Discoveries of the English Nation Made by Sea or Over-Land to the Remote and Farthest Distant Quarters of the Earth at any time within the compasse of these 1600 Yeeres* (12 t., Glasgow, 1904), IV, pp. 371–444.
(15) Lucio Monaco, "I volgarizzamenti italiani della relazione di Odorico da Pordenone", *Studi mediolatini e volgari*, XXVI (1978–1979), pp. 179–226 (p. 211).

Introduction XI

LES TEXTES D'ORDORIC

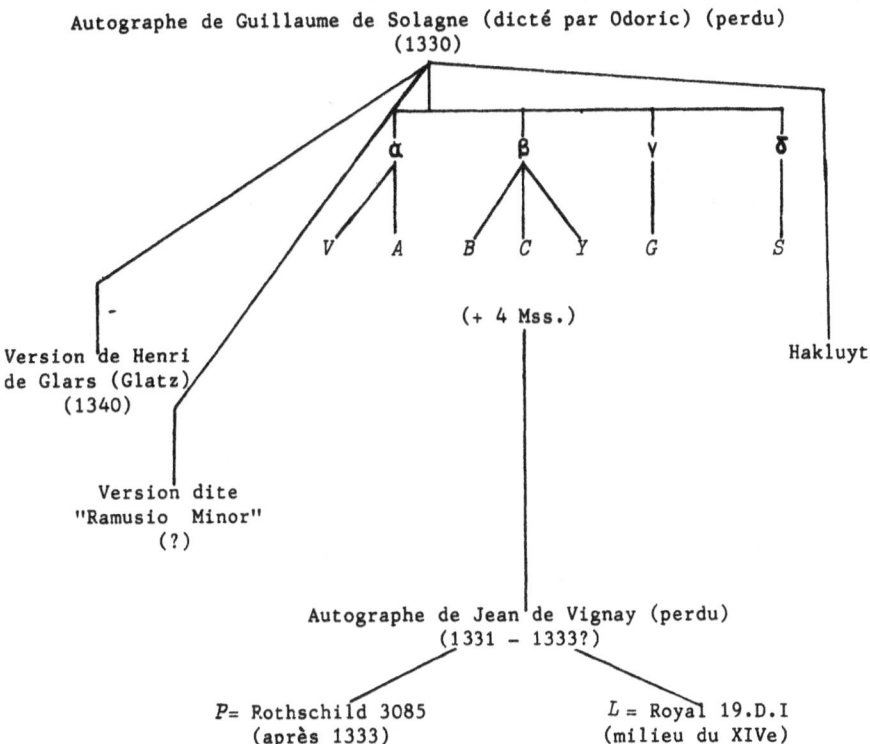

LES TRADUCTIONS

L'ouvrage d'Odoric a également été traduit: en italien, en allemand, et en français. Pour ce qui est de la prétendue traduction espagnole relevée par Monaco(16), il s'agit vraisemblablement d'une erreur de sa part, puisque le manuscrit Biblioteca de Catalunya 490, le seul manuscrit, à notre connaissance, à avoir été conservé dans la péninsule ibérique, donne un texte latin(17). Le recensement le plus récent (celui de Monaco) des manuscrits italiens porte à vingt-trois le nombre d'exemplaires (dont quatre sont perdus); la traduction allemande de 1359, publiée en 1968, est conservée dans quatre manuscrits(18).

Les textes français sont au nombre de deux. La traduction par Jean le Long, Abbé de Saint-Bertin, a survécu dans sept manuscrits et a fait l'objet d'une édition par Henri Cordier en 1891(19). Le colophon manque dans ce texte, ce qui rend problématique l'identification de la rédaction latine utilisée par le traducteur: comme nous l'avons déjà constaté, la classification somme toute peu sûre des manuscrits repose sur ce seul critère. La traduction de Jean le Long, qui date de 1351 selon l'*explicit*, est à l'origine des épisodes d'Odoric qui se retrouvent dans l'ouvrage du grand plagiaire que fut Jean de Mandeville. Ce n'est sans doute pas un hasard si plusieurs manuscrits de la traduction de Jean le Long contiennent également la version française de ce dernier; le manuscrit latin d'Odoric conservé jadis à Mayence (détruit en 1793), tout comme un des manuscrits de Wolfenbüttel, va jusqu'à appeler notre auteur "Soci[us] Militis Mendavil"(20).

La deuxième traduction française est celle que nous publions, pour la première fois, ici. Elle est l'œuvre de Jean de Vignay, et a dû être faite vers 1331-33. Deux manuscrits seulement nous ont conservé ce texte.

JEAN DE VIGNAY

Jean de Vignay est un des traducteurs les plus importants et les plus féconds du moyen âge(21). Né dans les environs de Bayeux vers 1282-1285, il fréquenta l'école

---

(16) Monaco, *Studi mediolatini e volgari*, XXVI (1978-1979), p. 180.
(17) Voir Pere Bohigas, "Un sumari del llibre de Viatges d'Odoric de Pordenone", *Butlletí de la Biblioteca de Catalunya*, VI (1923), pp. 377-379.
(18) Par Gilbert Strasmann (éd.), *Konrad Steckels deutsche Übertragung der Reise nach China des Odorico de Pordenone* (Berlin, 1968).
(19) Henri Cordier (éd.), *Les Voyages en Asie au XIVe siècle du bienheureux Odoric de Pordenone* (Paris, 1891).
(20) Voir Malcolm Letts, *Mandeville's travels. Texts and translations* (2 t., Londres, 1953), p. xxxiii.
(21) Voir surtout Christine Knowles, "Jean de Vignay. Un traducteur du XIVe siècle", *Romania*, LXXV (1954), pp. 353-383. La plupart de ce qui suit provient de cette

Introduction XIII

de Molay Bacon, près de Bayeux, avant d'aller à Paris, où il passa, probablement, le reste de sa vie. Il se présente, dans la plupart de ses traductions (y compris dans sa traduction d'Odoric) comme "hospitalier de l'Ordre de saint Jacques de Haut Pas": il s'agit du monastère de cet ordre qui se trouvait dans le faubourg Saint-Jacques à Paris. La dernière traduction qui porte une date est celle du *Directoire* de 1333; comme nous le verrons, cet ouvrage est loin d'être son dernier. Sur onze traductions, quatre furent dédiées à Jeanne de Bourgogne, reine de France, et trois furent commandées par Philippe VI; le *Jeu des Echecs* fut dédié au fils de ce dernier, Jean, duc de Normandie.

L'œuvre de Jean de Vignay témoigne d'un certain éclectisme de sa part et de celle de ses protecteurs royaux. Sa première traduction, *De la chose de chevalerie*, version assez littérale du *De re militari* de Végèce, est de 1320, et contient des observations sur la technique du traducteur sur lesquelles nous aurons à revenir(22). Six ans plus tard, vraisemblablement, Jean de Vignay traduisit les *Epitres et Evangiles* "a la requeste de madame la royne de Bourgoigne"(23); à la même époque, il travaillait aussi sur son *Miroir Historial*, traduction du *Speculum Historiale* de Vincent de Beauvais, et destiné également à la reine(24). Une version remaniée de cette traduction se trouve dans notre manuscrit Royal 19.D.I. Il s'agit de la partie de l'ouvrage qui contient le texte abrégé des voyages de Jean de Plan Carpin. La datation du *Miroir Historial*, qui dépend surtout de quelques allusions assez obliques dans le prologue du traducteur, pose des problèmes qui n'ont pas encore été résolus de manière satisfaisante. Voici le passage qui nous intéresse:

Et la cause qui m'a meu a ce que je entrepris plus tost cest euvre que nulle autre si est pour ce que j'ay entendu par aucunes personnes dignes

---

étude.
(22) Voir l'excellente édition de Leena Löfstedt, *Li Livres Flave Vegece de la chose de chevalerie par Jean de Vignay* (Helsinki, 1982), et les articles suivants: Christine Knowles, "A 14th century imitator of Jean de Meung: Jean de Vignay's translation of the *De re militari* of Vegetius", *Studies in Philology*, LIII (1956), pp. 452–458; Claude Buridant, "Jean de Meun et Jean de Vignay, traducteurs de l'*Epitoma rei militaris* de Végèce. Contribution à l'histoire de la traduction au moyen âge", *Etudes de Langue et de Littérature françaises offertes à André Lanly* (Nancy, 1980), pp. 51–69.
(23) Knowles, *Romania*, LXXV, pp. 362–363.
(24) L'article de Patricia M. Gathercole, "An Insight into medieval times. Le *Miroir Historial* de Jean de Vignay", *Fifteenth-Century Studies*, IV (1981), pp. 79–86 est une étude assez superficielle des minatures de ce texte. Selon l'Institut de Recherche et d'Histoire des Textes, M. Martin Gosmann de l'Université de Groningen travaille depuis 1980 sur "La technique des traducteurs au moyen âge (en première instance Jean de Vignay, trad. de Vincent de Beauvais, *Speculum Historiale*"). Il n'existe pas d'édition critique de l'ouvrage de Vincent: cf. B. L. Ullmann, "A Project for a New Edition of Vincent of Beauvais", *Speculum*, VIII (1933), pp. 312–326.

de foy que une des tasses du tresprecieux lis beneoist que Dieu planta de sa main au doulx et gracieux vergier de France, laquelle tasse, extraite et nourrie et eslevee du tresexcellent lis royal de France, a tant fructifié qu'elle a porté fleur et fruit si tresprecieux et si noble que le dit vergier de la doulce France et autres plusieurs en sont et seront plantez, peupliez et ennobliz a tous les temps de vie, a volenté de oyr recorder les hystoires et les faitz des anciens qui sont contenuz au dit livre(25).

L'allusion à Jeanne de Bourgogne et à ses enfants permet d'affirmer que la traduction a été commencée avant 1330, et selon toute probabilité avant 1328, car les deux enfants de Jeanne et de Philippe VI moururent en 1328 et en 1330(26). Il paraît peu vraisemblable que Jean de Vignay eût pu évoquer ainsi la famille royale après la mort des deux rejetons de son illustre dédicataire. Mais les copistes de deux des plus anciens manuscrits du texte fournissent une autre date — qui, selon eux, serait celle du *commencement* de la traduction, ce qui est sans doute une erreur –, soit 1332 ou 1333. Or, Jean de Vignay exprime dans ce même prologue son espoir de pouvoir terminer plus tard l'"euvre commencee". D'où la solution, retenue par Christine Knowles(27), d'une traduction commencée dans les années 1320 et *terminée* vers 1333. Mais les difficultés ne disparaissent pas pour autant.

Selon le prologue de la *Légende Dorée* traduite d'après la *Legenda Aurea* de Jacques de Voragine(28), c'est précisément vers la *Legenda Aurea* que se tourne notre traducteur, une fois le *Miroir Historial* terminé:

> Pour laquel chose, quant je oi parfait le mireour des hystoires du monde et translatai de latin en françois a la requeste de treshaute, poissant et noble dame madame Jehanne de Bourgoigne, royne de France par la grace de Dieu, je fui tout esbahi a quel œvre je me metroie ...(29)

Son ébahissement se comprend: entreprendre une traduction de la *Legenda Aurea* est effectivement une tâche considérable. Ce texte daterait donc, toujours selon Knowles, de 1333/1334. Là encore, il s'agit certainement d'une simple indication chronologique, peut-être même d'un *terminus a quo*(30), et non pas d'une date

---

(25) Edition de Vérard (1495–1496), I, fol. 1ᵛ, col. I (Knowles, *Romania* LXXV, p. 359).
(26) Knowles, *Romania*, LXXV, p. 360.
(27) *Ibid.*, p. 361.
(28) Pour l'histoire du texte de la *Legenda Aurea*, l'on consultera P. Butler, *Legenda Aurea — Légende Dorée — Golden Legend* (Baltimore, 1899), pp. 36–42.
(29) B.N. fr. 241, fol. 1ʳa; cité par Knowles, *Romania*, LXXV, p. 361.
(30) *Ibid.*, pp. 364–366. Pour Knowles, la *Légende Dorée* aurait été terminée *après* les traductions d'Odoric, du *Directorium* et des *Otia Imperialia*.

Introduction   XV

précise. La traduction des *Merveilles de la Terre d'Outremer* d'Odoric, qui aurait été composée au début des années 1330 (voir plus loin), renferme une allusion directe à la *Légende Dorée*, au sujet du lieu où est enterré l'apôtre saint Thomas:

(f. 216ᵛb) [Du resgne de Mobar][1]
De ce regne sont .x. jornees jusques a .i. autre regne qui a non Mobar[2], lequel est mout grant regne[3], et a souz soi mout de terres et mout de citez. Et en ce regne est le cors du beneoit saint Thomas l'apostre[4]. Duquel l'eglise est plaine de mout d'ydoles[5]. Et en laquele[6] eglyse sont [f. 217ʳa] par aventure .xv. paire[7] de maisons de crestiens, lesquiex[8] sont tres felons et tres mauvés hereges. *Mes Frere Jehan du Vignay*[9] *qui translata cest livre de latin en françois*[10] *si dit au contraire*[11]*, que sauve la grace*[12] *de celui qui ce dist, selonc*[13] *la* Legende Dorée, *le cors du dit saint Thomas est en Edisse la cité*[14]. *En laquele cité il ne puet vivre longuement ne bougre ne herege*[15]*, si comme il est plus plainement contenu en la leugende*[16] *du dit saint, et en met a tesmoing*[17] *le livre de la dite legende.*

---

[1]*Rubrique de* L; *manque dans* P   [2] Et donc je me parti de cele terre et m'en alai el resgne de Mobar par non, ou il a .x. journees de la   [3]lequel resgne est mout grant   [4] le cors saint Thomas apostre   [5]en une eglise qui est toute plaine de ydoles   [6]cele   [7]pere   [8]qui   [9]Johan de Vygnai de l'Ordre de saint Jaque de Haut Pas   [10]qui mist de latin en françois   [11]si dit   [12]l'onneur et la grace   [13]que selonc   [14]en la cité de Edisse   [15]Et la ne puet durer longuement ne bougre ne herege nul   [16]legende   [17]et de ce met en tesmoing

Le texte est explicite: "Frere Jehan du Vignay qui translata cest livre de latin en françois". Rien ne permet de croire qu'il s'agissait d'un travail en cours; au contraire, cette phrase paraît suggérer que la traduction était déjà achevée. Les observations au sujet de Mobar nous semblent reprendre textuellement le passage correspondant de la *Légende Dorée* de Jean de Vignay, que nous citons ici d'après trois manuscrits de la première rédaction conservée à la British Library à Londres:

Lontemps aprés, environ l'an de Nostre Seigneur .ijᶜ et .xxx., le corps de l'apostre fu porté en Edisse la cité, qui jadis fu dite Rages cité es Medes, et li porta Alixandre l'emperiere a la requeste des Syriens; et en celle cité nul homme n'i herberge nul juif, ne nul paien n'i puet vivre, ne nul tirant ne pot la vivre ...(Ms. Royal 19.B. XVII, f. 21ʳb; cf. Ms. Additional

16907, f. 16ʳa et Ms. Egerton 645, f. 20ᵛb - 21ʳa: le texte est presque identique dans les trois manuscrits).

Il est logique d'en conclure que Jean de Vignay termina sa traduction de la *Légende Dorée* avant qu'il n'entreprît son travail sur les *Merveilles de la Terre d'Outremer* d'Odoric. Il n'y a que deux solutions: ou bien cette dernière traduction est postérieure à 1333, ou bien la *Légende Dorée*, et par conséquent le *Miroir Historial*, sont moins tardifs qu'on ne le croit. Pour des raisons que nous exposerons plus loin, c'est cette deuxième explication que nous retiendrons.

Le seul manuscrit qui contienne la traduction des *Oisivetez des Emperieres* (les *Otia Imperialia* de Gervais de Tilbury) est le manuscrit Rothschild 3085 qui renferme également le texte d'Odoric. Tout comme le *Directoire*, traduction du *Directorium ad passagium faciendum*, ouvrage que l'on attribue au dominicain Raymond Etienne(31), et qui se trouve dans le manuscrit Royal 19.D.I ainsi que dans un manuscrit de Munich (qui n'est pas signalé par Christine Knowles), ce texte est à peu près contemporain de la traduction des voyages d'Odoric, soit vers 1331. L'original du *Directoire*, sorte de mémoire qui prodiguait des conseils sur la meilleure façon de mener une croisade, fut présenté à Philippe VI en 1332, et on peut accepter l'hypothèse de Knowles, selon laquelle le roi aurait demandé à Jean de Vignay de lui en fournir une version en français(32). Comme Philippe renonça à son projet de croisade en 1334(33), il est probable que le texte de Jean de Vignay date d'avant 1334, ce qui est confirmé par le manuscrit Royal 19.D.I, qui précise la date de 1333. Ce même manuscrit, véritable anthologie des œuvres de notre traducteur, contient également le seul exemplaire connu de la *Chronique de Primat*, dédiée à Jeanne de Bourgogne, morte en 1348. C'est le dernier des textes destinés à la reine, les suivants étant dédiés soit à Philippe VI (*Les Enseingnemens de Theodore Paliologue* et *Le Miroir de l'Eglise* de Hugues de Saint-Cher, tous les deux composés entre 1335 et 1350), soit à son fils, Jean, duc de Normandie (*Le Jeu des Echecs* de Jacques de Cessoles, vers 1340)(34). La seule trace de la traduction perdue du

---

(31) Le *Directorium* a été édité par C. Raymond Beazley, "*Directorium ad Faciendum Passagium Transmarinum*", American Historical Review, XII (1906–1907), pp. 813–857 et XIII (1907–1908), pp. 66–115. Sur ce texte, voir aussi Denis Sinor, "The Mongols in Western Europe", dans K. Setton et al. (éd.), *A History of the Crusades*, III (Wisconsin, 1975), pp. 513–544 (p. 543) et surtout Aziz Suryal Atiya, *The Crusade in the Later Middle Ages* (Londres, 1938), pp. 96–113.
(32) Knowles, Romania, LXXV, p. 368. Le manuscrit Munich fr. 491 est signalé par Atiya, op. cit., p. 96 n.5.
(33) *Ibid.*, p. 367 n.3.
(34) Il existe une édition du *Jeu des Echecs* par Carol S. Fuller, *A Critical Edition of "Le Jeu des eschés, moralisé", translated by Jehan de Vignay* (Ph.D., The Catholic University of America, 1974, thèse inédite).

Roman d'Alexandre, qui daterait de 1341, est une mention qui en est faite dans le catalogue de la bibliothèque de Charles VI: le catalogue lui-même est de 1423(35).

La traduction des voyages d'Odoric — nous l'avons déjà laissé entendre — fut faite, selon toute probabilité, dans la période 1331 - 1333. Les manuscrits latins(36) signalent la mort d'Odoric en 1331, et cette indication est traduite dans les deux manuscrits français. C'est donc un *terminus a quo* relativement sûr. Avec Christine Knowles, nous avons tendance à croire que la traduction, destinée peut-être à Philippe VI (aucun dédicataire n'est nommé, mais l'illustration du manuscrit de Londres, où figure le traducteur en train de présenter son livre au roi, le suggère), a été faite en même temps que le *Directoire*, texte qui traite, lui aussi, de voyages et — de manière un peu différente, il est vrai — de la propagation de la foi chrétienne(37). Cette hypothèse concorde parfaitement avec ce que nous savons des préparatifs de croisade de la part de Philippe VI, préparatifs abandonnés en 1334. Nous sommes donc portés à conclure que les œuvres dont la datation dépend de celle de la traduction d'Odoric (soit la *Légende Dorée* en premier lieu, le *Miroir Historial* par la suite) sont, en fait, des ouvrages plus anciens que ne le croit Christine Knowles, et furent, en tout cas, terminés avant le commencement de la traduction des *Merveilles de la Terre d'Outremer*. Même pour un traducteur aussi prolifique que Jean de Vignay, il serait difficile d'admettre qu'il eût pu travailler sur ces trois textes, ainsi que sur le *Directoire* et sur les *Oisivetez*, simultanément. Nous avons déjà remarqué son appréhension bien fondée face à la seule *Legenda Aurea*.

LES MANUSCRITS DES MERVEILLES DE LA TERRE D'OUTREMER
La traduction des *Merveilles de la Terre d'Outremer* existe dans deux manuscrits:

L = Londres, British Library, MS. Royal 19.D.I. C'est un manuscrit de luxe contenant une série de récits de voyage ainsi que plusieurs traductions par Jean de Vignay (*Directoire, Miroir Historial, Chronique de Primat*). Le dédicataire de ce manuscrit n'est pas connu. Selon D.J.A. Ross(38), il s'agit d'une compilation encyclopédique de "exploration and Far Eastern travel combined with some crusading propaganda". Les nombreuses enluminures témoignent du travail d'un atelier d'artistes et sans doute d'un travail collectif de la part des scribes aussi. Le texte est précédé (f. 136ʳ) d'une illustration à quatre compartiments, où l'on voit, *inter*

---
(35) Knowles, *Romania*, LXXV, p. 356 n.4.
(36) Voir l'édition de Van den Wyngaert, p. 495.
(37) Knowles, *Romania*, LXXV, p. 367.
(38) D. J. A. Ross, *Scriptorium*, VI, p. 63. Sur ce manuscrit, on consultera aussi Paul Meyer, *Documents manuscrits de l'ancienne littérature de la France conservés dans les bibliothèques de la Grande-Bretagne* (Paris, 1871), pp. 69–80 et Sir George F. Warner et Julius P. Gilson, *Catalogue of Western Manuscripts in the Old Royal and King's Collections*, II (Londres, 1921), pp. 339–341.

alia, Jean de Vignay qui présente son livre au roi Philippe VI. L' illustration qui accompagne le début du texte du *Directoire* reprend ce même thème.

P = Paris, Bibliothèque Nationale, Collection Rothschild, ms. 3085. Notre manuscrit de base. Il a appartenu à Joseph Barrois, bibliophile aux appétits insatiables, avant de passer dans la collection de l'Earl d'Ashburnham. Vendu en 1901 pour 255 livres sterling à Charles Fairfax Murray(39), qui le possédait encore en 1903, date à laquelle il l'envoya à Léopold Delisle(40), notre manuscrit figure dans le catalogue des manuscrits de Rothschild édité par Picot en 1912(41). Il passa ensuite à la Bibliothèque Nationale lorsque celle-ci acquit la collection des livres de Rothschild. Selon des notes dues, vraisemblablement, à Barrois, et conservées avec le manuscrit, le volume appartint à Charles V, faisant partie par la suite de la bibliothèque de Bourgogne à Bruxelles; c'est Barrois, apparemment, qui aurait ajouté les armoiries aux fleurs-de-lis à la reliure(42). Le fait que ce manuscrit était dans une collection particulière jusqu'à une date relativement récente explique sans doute pourquoi ni l'édition Yule-Cordier, ni (ce qui est plus surprenant) l'édition de Van den Wyngaert n'en tiennent compte; Meyer a pourtant signalé son existence en 1871(43). Le manuscrit contient également le seul exemplaire connu des *Oisivetez des Emperieres*, où se trouve une miniature qui montre l'auteur de la traduction en train de la présenter à Philippe VI. Une illustration à deux compartiments précède le texte des *Merveilles de la Terre d'Outremer*. A gauche, un frère montre le chemin, à droite, on voit un homme qui se fait accompagner par quatre mille perdrix. Il s'agit d'un des tout premiers épisodes des *Merveilles* (voir chapitre I de notre texte).

Les deux manuscrits des *Merveilles de la Terre d'Outremer* semblent remonter à un original commun, et contiennent des passages, et des erreurs, qui n'existent dans aucune autre rédaction connue de l'ouvrage d'Odoric. Il n'est pas exclu que la traduction de Jean de Vignay témoigne, en fait, d'une rédaction tout à fait

---

(39) Voir le catalogue de vente chez Sotheby (juin 1901) des manuscrits de l'Earl d'Ashburnham, *Catalogue of the Portion of the Famous Collection of Manuscripts, the Property of the Earl of Ashburnham, known as The Barrois Collection* (Londres, 1901), No. 432 (pp. 159–160).

(40) Une lettre de Delisle, remerciant Murray de lui avoir transmis son manuscrit, est conservée avec celui-ci à la Bibliothèque Nationale (lettre du 8 juin 1903). En 1906 parut une étude de la première partie du manuscrit par Delisle, "Traduction par Jean du Vignai des Otia imperialia de Gervais de Tilbury", *Histoire littéraire de la France*, XXXIII (Paris, 1906), pp. 624–628.

(41) E. Picot, *Catalogue des livres composant la bibliothèque de feu M. le baron James de Rothschild* (5 t., Paris, 1884–1920), IV (1912), pp. 462–463. Cette notice renferme quelques erreurs au sujet d'Odoric, et se trompe sur la date de la vente du manuscrit à Fairfax Murray (selon Picot, 1903; il s'agit, en fait, de 1901).

(42) Voir Picot, *op. cit.*, p. 463.

(43) Meyer, *Documents manuscrits* (voir note (38), *supra*), p. 72 n.1.

indépendante (voir, plus loin, notre discussion de l'épisode de la "Valee au Deable").
La version de L est inférieure, renfermant un nombre plus important d'erreurs dues
au scribe ainsi qu'un texte, selon toute apparence, plus récent: certains traits de la
langue sont plus modernes, et les latinismes maladroits du manuscrit P sont souvent
corrigés. Nous expliquerons plus loin pourquoi une traduction moins compétente
(selon les critères modernes) est vraisemblablement plus authentique.

LA SOURCE DE LA TRADUCTION DE JEAN DE VIGNAY

La fin des *Merveilles de la Terre d'Outremer* révèle que c'est bien sur la rédaction
de Guillaume de Solagne qu'est basée la traduction par Jean de Vignay:

(P, f. 236ʳa) Et je, Frere Odoric du Marchié Julien, de la province saint
Anthoine de la terre qui est dite le Port Naonien[9], de l'Ordre des Freres
Meneurs tesmoigne et porte tesmoignage a[10] reverent homme et pere[11],
Frere Guide de la province de saint[12] Anthoine en[13] la marche Tervisienne,
nostre menistre, que, comme je avoie esté requis de lui par obedience[14],
que toutes les choses qui devant sont et que je vi a mes propres iex ou que je
oÿ dire a gens dignes de foy, qui en la commune parole[15] des dites contrees
[f. 236ʳb] me tesmoignoient[16] les choses que je ne vi mie[17], estre vraies. Et
je ai mout delaissié d'autres choses que je n'ai point[18] fait escrire, quar il[19]
seroit avis a aucuns que il ne seroient pas a croire se il ne les avoient veues
a leur propres iex[20]. Et je m'appareille[21] de jour en jour de retorner as
autres contrees esquieles j'ai ordené a morir[22], si comme il plaira a[23] Celui
de qui touz biens viennent. Frere Guillaume de Sollengnie[24] de l'Ordre
des Meneurs mist loiaument en escript toutes les devant dites choses[25], si
comme le devant dit[26] Frere Odoric le[27] exprima[28] de sa propre bouche.

(Variantes de L)
[9]Et je, Frere Odoric devant dit de la province saint Anthoine du Port
Aonien [10]tesmoigne a [11]reverent pere [12]province saint [13]de [14]nostre
menistre, delquel je avoie esté requis par obedience [15] en commune parole
[16] me tesmoignent [17]vi pas [18]n'ai pas [19]pour ce que il [20]veues proprement [21]Et si m'apareille [22]a aler [23]se il plaist a [24]Frere Guillaume Sollengin [25]P: devant dites choses devant dites; L: devant dites
choses [26]le dit [27]li [28]devisa

La version de Henri de Glatz est donc exclue, et le texte de Hakluyt aussi
puisqu'il organise de manière tout à fait différente la fin de l'ouvrage. La question

XX   Odoric

est maintenant savoir laquelle des rédactions de Guillaume de Solagne aurait été traduite par Jean de Vignay. Pour Van den Wyngaert(44), le texte de Guillaume de Solagne se divise en quatre rédactions, auxquelles nous attribuons les sigles suivants (voir stemma, ci-dessus, p. XI):

α représentée par A (Assisi 343) et V (Vatican, latin 5256)

β représentée par B (Vatican, latin Barberini 2558), C (Rome, Casanatense 276) et Y (B.N. latin 2584, édité par Yule-Cordier)

γ représentée par G (Venise, Museo Correr 2408, édité par Venni en 1761)

δ représentée par S (Cambridge, Corpus Christi 407)

Si l'on examine de près le texte de Jean de Vignay, l'on constate qu'il a probablement suivi la rédaction β, mais qu'il n'a utilisé aucun des trois manuscrits déjà publiés de cette rédaction (mss BCY de l'édition Van den Wyngaert). Nous avons cru utile de montrer dans quelle mesure il semble suivre la rédaction β, ainsi que les divergences importantes entre sa traduction et tous les textes de l'original latin que nous avons pu examiner. Une comparaison détaillée de l'épisode de la soi-disant "Valee au Deable" (chapitre XXXVII, vers la fin du récit) permet d'apprécier l'écart entre le texte français de Jean de Vignay et ce que nous croyons être — à quelque chose près — le texte original de celui-ci. Nous avons souligné tout ce qui se trouve uniquement chez Jean de Vignay d'une part, dans les manuscrits BCY d'autre part; nous avons mis entre parenthèses les parties du texte qui ne se trouvent pas soit dans BCY, soit dans le manuscrit indiqué; les phrases entre crochets ne se trouvent que chez Jean de Vignay.

"LA VALEE AU DEABLE"

[f. 234^{v}b] Et je vi[1] une autre chose mout espœntable[2]. Quar si comme je aloie par[3] une valee qui est assise sus le flueve de Delices, et vi [dedenz cele valee en l'entree autressi[4]] *comme mout de cors de gens mors sanz nombre*; [et est certain que tout le charroi de Pade[5] et de Tervise fussent touz enpeeschiez[6] de porter ces cors a une foiz[7]]. Et en laquele[8] valee je ooie[9] sensiblement en l'air mout de divers [chans de] [f. 235ra] musique, et meesmement une *harpe* qui estoit illeuc merveilleusement sonnee. Il estoit illec si[10] grant escrois (et si grant noise — *om. dans BCY seulement*) que je avoie mout tres grant paour. Et ceste valee [qui est apelee[11] la Valee au Deable[12]] duroit[13] bien .vij. ou .viij. mile de terre. Et se nul *des*

---

(44) Van den Wyngaert, édition, p. 396.

mescroians y entre, il n'en istra ja hors, mes [est bien tantost[14] occis du deable], ou il muert[15] tantost sanz demeure. Et combien que *touz muirent ensi en icele* [qui i veulent entrer[16]], et[17] toutevoies[18] y voil je entrer[19]. (Et si comme je ai ja dit[20] — *om. B*), je vi tant de cors d'ommes mors [illeuc[21]] que se aucun ne les eust[22] veus, il fust estre veu aussi comme chose incredible[23]. Et en .i. costé de ceste[24] valee, en une roche, vi ge[25] une forme d'omme (mout espœntable[26] — *om. C*), qui estoit si tres espœntable[27] que je cuidoie perdre l'esperit et morir de paor[28], pour laquel chose je disoie *touzjours*[29] en ma bouche, "Verbum caro factum est"; ne je ne fui[30] onques osé apro[f. 235ʳb]chier a cele forme[31] [d'omme], ainz en fui[32] loing par .vij. ou par .viij. pas[33]. Et si comme je n'osai[34] aler la, je m'en alai[35] a l'autre chief de la montaigne, et donc montai sus une montaigne plaine de gravele, en laquele je resgardai[36] de ça et de la; et je ne[37] veoie riens *ne n'ooie*[38], fors celui [instrument[39]] que je ooie[40] touzjors sonner merveilleusement. Et quant je fui[41] el chief du mont, je trouvai la *argent* (en grant quantité qui estoit illeuc[42] assemblé, aussi comme escharde[43] de poissons — *om. B*), duquel je mis en mon giron[44] [et le pensoie[45] donner as hommes qui m'atendoient outre le Val de Salicite. Et je doutai[46] que pour cest argent Diex me[47] empeeschast issir[48] de cele[49] valee]. Et pour ce que je n'en avoie que faire pour moi, je le getai du tout a terre[50], et m'en issi ensi[51] hors par la volenté de Dieu. Et aprés ce, touz les Sarrazins qui oïrent ceste chose[52] me honnoroient mout et disoient que je estoie saint *et baptizié*; et ceulz qui estoient mors en [cele voie de] cele valee, [f. 235ᵛa] il disoient que il estoient homes du deable d'enfer[53].

---

[1]Et aprés ce vi   [2]espouentable   [3]Quant je m'en aloie par   [4]quer dedens cele valee a l'entree je vi aussi   [5]Spade   [6]empeeschiez   [7]de porter en ces a une foiz   [8]cele   [9]oioie   [10]Et si   [11]Et ceste valee est apelee   [12]*P*: Et / ceste valee qui est apelee la / Valee qui est apelee la Valee / au Deable   [13]et duroit   [14]est tantost   [15]meurt   [16]Et combien que touz ceulz qui veulent entrer en cele valee muirent   [17]*Manque dans L*   [18]toutefoiz   [19]aler   [20]comme j'ai dit   [21]illeuc *manque dans L*   [22]avoit   [23]il seroit aussi comme chose imposible a croire   [24]cele   [25]je vi   [26]espouentable   [27]horrible   [28]povour, *ou peut-être* p(o)aour   [29]disoie touzjours et avoie   [30]et je ne fu   [31]forme ou figure   [32]mes me ting   [33]par .vij. pas ou par .viij.   [34]Et je n'osoie   [35]mes m'en alai   [36]et je regardoie   [37]et si ne   [38]ne ne oioie   [39]fors ces instrumens   [40]oioie   [41]fu   [42]illeuc   [43]comme .i. tas de escherdes   [44]geron   [45]et le pensai je   [46]Et aprés ce je doubtai   [47]ne me   [48]a issir   [49]ceste   [50]je le rejete a terre   [51]ainsi   [52]*P*: ceste i chose: i, *en fin de ligne, a été rayé par le scribe*   [53]me honoroient moult

et disoient que je estoie mors. En cele valee estoient homes du deable d'enfer

Il est difficile de croire que certains des éléments qui ne se trouvent que chez Jean de Vignay ont vraiment été ajoutés par le traducteur lui-même. Ainsi, l'on admettra difficilement, en tant que trouvaille d'un traducteur normand, l'allusion aux charrois de Padoue et de Trevise; celle-ci doit certainement remonter à un quelconque texte latin, sans doute d'origine italienne, aujourd'hui perdu. De même, la référence au "Val de Salicite" (ou faudrait-il lire "Salicité"?), que nous n'avons trouvée nulle part ailleurs, semble provenir de ce même exemplaire, qui ne correspond à aucun des manuscrits de la rédaction β. Les éléments communs à cette rédaction et au texte de Jean de Vignay nous semblent pourtant indiquer que c'est bien à partir d'un manuscrit de cette famille que sa traduction a été faite. Comme il reste quatre manuscrits de cette rédaction qui n'ont pas été publiés, sans parler des vingt-neuf manuscrits (conservés) du texte de Guillaume de Solagne qui n'ont même pas été étudiés de près, nous avons cru devoir remettre à plus tard la recherche, que l'état présent des études rend encore trop aléatoire, du manuscrit présumé sur lequel travaillait notre traducteur(45).

JEAN DE VIGNAY ET LA TRADUCTION MEDIEVALE

La question des rapports entre le texte latin et la traduction française nous oblige à aborder le problème épineux de la traduction médiévale en général, et du travail de traduction chez Jean de Vignay en particulier(46). Il ne saurait être question,

---

(45) Strasmann a sans doute raison de ne pas s'aventurer dans une telle recherche: "Die Suche nach der Handschrift, aus der Steckel übersetzt hat, hätte sich auf sämtliche lateinischen Handschriften [...] erstrecken müssen; ein solcher Aufwand an Zeit und Geld schien mir schon deshalb nicht gerechtfertigt, weil keineswegs feststeht, ob diese Handschrift noch existiert" (*Konrad Steckels deutsche Übertragung*, p. 35). Le même point de vue est exprimé par Leslie C. Brook, "Comment évaluer une traduction du treizième siècle? Quelques considérations sur la traduction des lettres d'Abélard et d'Héloïse faite par Jean de Meun", *The Spirit of the Court (International Courtly Literature Society, Toronto, 1983)*, éd. Glyn S. Burgess et Robert Taylor (Londres, 1985), pp. 62-68 (p. 64). Les notes qui suivent notre texte signalent les principales différences (et les concordances) entre le texte de Jean de Vignay et les manuscrits latins imprimés.

(46) Voir, surtout au sujet du latinisme chez Jean de Vignay, D. A. Trotter, " 'En ensivant la pure verité de la letre': Jean de Vignay's translation of Odoric of Pordenone", dans *Littera et Sensus : Essays on Form and Meaning in Medieval French Literature presented to John Fox* (Exeter, 1989), pp. 31-47. Les pages suivantes reprennent l'essentiel de cette étude.

Introduction

bien sûr, de fournir une étude complète de la théorie et de la pratique de la traduction médiévale. Les observations insérées par Jean de Vignay dans les prologues de certains de ses ouvrages nous semblent, pourtant, dignes d'intérêt, car elles nous permettent de mieux comprendre la méthode du traducteur, si différente de la nôtre. Les deux professions de foi les plus explicites se trouvent dans sa traduction de Végèce et dans *Les Enseingnemens de Theodore Paliologue*, deux ouvrages récemment publiés(47) et qui ont, en plus, l'avantage d'appartenir à des époques différentes de la carrière du traducteur:

De la Chose de Chevalerie (1320):
Mes por ce que li livres est en latin liquels n'est pas communement entenduz des chevaliers, a il esté ausi comme mis en nonchaloir. Et ie, sanz nule presumpcion, par commandement, veil metre le dit livre en françois selonz ce que je porré en ensivant la pure verité de la letre. Et se par aventure ie ne sai ensi bien trover le françois plenemant com mestiers seroit au droit entendement du livre, je pri le lector qu'il m'ait escusé et debonerement amende le mesfet, quar ce n'est pas granz los de reprendre autrui fet s'en ne velt amender ce qui est meins bien fet. De metre l'uevre en rime ne me veil entremetre, mes la verité pure sivre selonc la letre. Car si comme l'en dit et maintes foiz avient, en œvre mise en rime sovent faus entrevient(48).

Les Enseingnemens de Theodore Paliologue (1335–1350):
A la tres excellent, tres poissant et tres noble majesté royaul et filz d'Eglise tres crestien, Phelippe, par la grace de Dieu roy des Frans et prince tres soverain sur tous les autres [...]
[...] Et pour ces choses et aultres pluseurs, et meïsmement pour la cause que le plus dez nobles hommes, et especialment hommes d'armes, ne sont pas communement lectrez, ay je mis le dit livre de latin en franceois, affin que il soit plus entendible aux nobles hommes d'armes qui ne sont pas lectrez...(49)

L'on retiendra, d'une part, que Jean de Vignay est partisan de la traduction littérale

---

(47) Voir, pour Végèce, l'édition de Löfstedt (note (22), *supra*) et l'étude de Buridant citée dans la même note; *Les Enseingnemens* sont édités par Christine Knowles (éd.), *Les Enseingnements de Théodore Paléologue* (Londres, 1983). Cf. aussi Julia Bastin, "Le traité de Théodore Paléologue dans la traduction de Jean de Vignai", *Etudes romanes dédiées à Mario Roques* (Paris, 1946), pp. 77-88 (il s'agit surtout d'un résumé du texte).
(48) Ed. Löfstedt, p. 38.
(49) Ed. Knowles, p. 21.

("en ensivant la pure verité de la letre", "la verité pure sivre selonc la letre"). Deux manuscrits du Végèce vont jusqu'à ajouter (après l'explicit) "Ci fenist le livre Flave Vegece, [...], translaté de latin en françois, mot a mot, selonc le latin"(50). Notons aussi que cette "verité" — illusoire, dirions-nous — est liée à l'utilisation de la prose, et qu'une versification du texte latin ("metre l'uevre en rime") aurait comme conséquence une falsification ("en œvre mise en rime sovent faus entrevient"). Il s'agit du célèbre *topos* selon lequel "nus contes rimés n'est verais"(51). Celui-ci est d'autant plus remarquable que cette partie du prologue de Jean de Vignay est "rimoyée", peut-être d'après le Végèce versifié de Jean Priorat de Besançon(52). Se vanter d'avoir suivi la "verité", c'est une déclaration qui ressemble, également, au procédé fort répandu qui consiste à réclamer pour son ouvrage le mérite d'avoir suivi de près des *auctoritates* — *auctoritates* latines, bien entendu. D'autre part, la fonction, la raison d'être même, de la traduction de ces deux ouvrages est précisée. Le latin n'étant pas "communement entenduz des chevaliers", les ouvrages didactiques à leur usage devront être traduits. Nous comprenons le mot *lectré*, dans le deuxième des passages cités, dans un des sens du latin médiéval *litteratus*, c'està-dire "capable de lire et surtout d'écrire le latin", ce qui n'exclut peut-être pas la possibilité de trouver des "nobles hommes, et especialment hommes d'armes" sachant lire le français. Ce sens précis, voire technique, du mot *lectré* semble être

---

(50) Dans un livre intéressant qui traite de l'ensemble de l'histoire de la traduction, L. G. Kelly (*The True Interpreter: A History of Translation Theory and Practice in the West* (Oxford, 1979), pp. 82–83) cite ces mots de Jean de Vignay, tout en contestant leur admissibilité en tant que description de sa technique. Selon Kelly, "by writing in his prologue to Vegetius that he was going to give *la pure vérité de la lettre* [*sic*], Jean de Vignay was not promising literality: his graphic behaviour in the Luke passage [...] shows his 'truth' is insight into realities signified by linguistic signs" (*ibid.*, p. 206). Comme Jean de Vignay ne comprend pas toujours le latin qu'il traduit (c'est, du moins, l'impression qui se dégage des *Merveilles de la Terre d'Outremer*), cette interprétation nous semble discutable. Il faudrait souligner, d'autre part, que c'est au Végèce de Jean de Vignay que la citation s'applique, plutôt qu'aux *Evangiles* (les deux textes, bien entendu, datent des années 1320 et non pas de 1350, comme le voudrait Kelly). Pour les éléments ajoutés après l'explicit du Végèce (deux manuscrits de Cambridge), voir Löfstedt, édition, et Buridant, *Etudes de Langue et de Littérature offertes à André Lanly* (voir note (22), *supra*, p. 53 (qui ne connaît qu'un des deux manuscrits).

(51) Voir B. Woledge et H. Clive, *Répertoire des plus anciens textes en prose française* (Genève, 1964), pp. 25–31. La comparaison entre ce *topos* et celui où le traducteur prône la "verité" de son œuvre est établie par Paul Chavy, "Les Premiers Translateurs français", *French Review*, XLVII (1974), pp. 557–565 (p. 561).

(52) Voir Löfstedt, introduction, p. 5 n.16 et Claude Buridant, *Etudes de Langue et de Littérature offertes à André Lanly* (voir note (22), *supra*), p. 54, qui signale le même phénomène dans un prologue de l'*Histoire de France en français de Charlemagne à Philippe-Auguste* de 1220/30.

inconnu des dictionnaires d'ancien français(53).

Cet enthousiasme pour le mot à mot ne correspond guère à ce que nous comprenons aujourd'hui par "traduction", mais représente une tradition solidement ancrée, sinon la principale tradition, au moyen âge. Le corpus impressionnant établi par les spécialistes de la question permet de juger du manque d'originalité de Jean de Vignay à cet égard(54). Sa méthode, pourtant, ne fait pas l'unanimité parmi les traducteurs de l'époque, témoins les prologues au *Psautier de Metz*, ou aux *Otia Imperialia* et aux œuvres de Cicéron traduites par Jean d'Antioche. Ces textes montrent une appréciation, étonnante par sa modernité, des problèmes linguistiques de la traduction, tant au niveau théorique qu'au niveau pratique de la transition du latin au français(55). La traduction par Jean de Meun de la *Consolatio Philosophiae* de Boèce révèle, également, de tels soucis. Ce texte fut commandé par Philippe le Bel, pourtant (médiocre?) latiniste, qui alla jusqu'à exiger que la traduction ne fût pas trop littérale. Ce qui est intéressant, c'est de constater qu'il dut sans doute l'exiger explicitement, car cela suggère que la traduction littérale était effectivement la norme. Voici ce qu'en dit Jeun de Meun:

> Ja soit ce que tu entendes bien le latin, mais toutevoies est de moult plus legiers a entendre le françois que le latin [...] Or pri tous ceulz qui cest livre verront, s'il leur semble en aucuns lieux que je me soie trop esloingniés des paroles de l'aucteur ou que je aie mis aucunes fois plus de paroles que li aucteur n'i met ou aucunes fois mains, que il le me pardoignent. Car se je eusse espons mot a mot le latin par le françois, li livres en fust trop occurs aus gens lais et li clers, neis moienement letré, ne peussent pas legierement

---

(53) Le mot latin *litteratus*, à la différence de son homologue français, a fait l'objet de plusieurs études. Voir surtout H. Grundmann, "*Litteratus — Illitteratus*", *Archiv für Kulturgeschichte*, XL (1958), pp. 1–65. Un résumé bien documenté du débat (qui est loin d'être clos) autour de ce mot-clé se trouve dans M. T. Clanchy, *From Memory to Written Record: England 1066-1307* (Londres, 1979), pp. 175-201.

(54) Voir Rudolf Baehr, "Rolle und Bild der Übersetzung im Spiegel literarischer Texte des 12. und 13. Jahrhunderts in Frankreich", *Europäische Mehrsprachigkeit. Festschrift zum 70. Geburtstag von Mario Wandruszka*, éd. Wolfgang Pöckl (Tübingen, 1981), pp. 329–348; Claude Buridant, "Translatio medievalis: Théorie et pratique de la traduction médiévale", *Travaux de linguistique et de littérature de l'Université de Strasbourg*, XXI, i (1983), pp. 81–136; Curt J. Wittlin, "Les traducteurs au moyen âge: Observations sur leurs techniques et difficultés", *Actes du XIIIe Congrès international de linguistique et philologie romane (Laval)* (Laval, 1976), II, pp. 601–611, et l'article de Chavy cité dans la note (51).

(55) Voir François Bonnardot (éd.), *Le Psautier de Metz. Texte du XIV siècle* (Paris, 1884), pp. 1-10. Le prologue aux *Otia Imperialia* est cité et discuté par Baehr, *Europäische Mehrsprachigkeit*, p. 348.

entendre le latin par le françois (56).

Or, nous savons que Philippe le Bel étudia le latin au cours de sa jeunesse: ce n'est pas uniquement pour flatter son patron que Jean de Meun signale ses compétences. La dernière phrase de notre citation est particulièrement importante. Par le mot *espons* (< *exponere*) nous comprenons "commenter, gloser, expliquer"(57); il s'agit, à ce moment-là, moins d'une traduction (au sens actuel du terme) que d'un commentaire, d'une explication de texte. Une traduction qui suivrait de trop près le texte latin rendrait impossible la compréhension par les "gens lais" (c'est-à-dire, ne sachant pas le latin), et aurait entravé, chez les "clers, neis moienement letré" (c'est-à-dire, à moins qu'ils ne connaissent un peu de latin) leur étude du latin, qui passe, apparemment, par l'intermédiaire du français. Nous aurons à revenir sur cette interprétation de la traduction, car elle nous semble expliquer certains aspects *a priori* assez déroutants de la langue du texte des *Merveilles de la Terre d'Outremer*.

La prise de position théorique de Jean de Vignay en faveur de la traduction littérale, liée, ne serait-ce que par un lieu commun, à son choix de la prose et non des vers, relève d'une tradition qui remonte, en dernier lieu, à saint Jérôme. Choisissant de suivre de façon littérale le texte des Ecritures, l'auteur de la célèbre traduction latine de la Bible a rompu avec ses propres habitudes, car Jérôme, traduisant (par exemple) Eusèbe et Origène, n'a jamais songé a abandonner la méthode préconisée par Cicéron et Horace. Les écrivains classiques rejetaient, comme nous, le mot à mot — l'on connaît la formule d'Horace à ce sujet, "Nec verbum verbo curabis reddere fidus / Interpres" (*Ars pœtica*, v. 133). Le cas des Ecritures saintes, pourtant, est différent, et Jérôme en était parfaitement conscient: la parole divine ne doit pas courir le risque d'être mal comprise à la suite d'une traduction humaine et donc imparfaite:

> Melius est autem in divinis libris transferre quod dictum est, licet non intellegas quare dictum sit, quam auferre quod nescias. Alioquin et multa alia quae ineffabilia sunt et humanus animus non potest comprehendere, hac licentia delebuntur(58).

---

(56) Texte dans Buridant, *Etudes de Langue et de Littérature offertes à André Lanly* (voir note (22), *supra*, p. 55 et (extrait) dans Serge Lusignan, *Parler vulgairement. Les Intellectuels et la langue française aux XIIIe et XIVe siècles* (Montréal — Paris, 1986), p. 149.

(57) Voir *TL*, III, 1239 et *AND*, II, 270a. Il est à remarquer que Leslie Brook a abouti aux mêmes conclusions que nous en ce qui concerne ce passage (*The Spirit of the Court* (voir n. 45, *supra*), p. 66).

(58) La citation provient du commentaire de Jérôme sur Ezéchiel (*In Ez.* I, 13): voir

En fait, Jérôme n'est pas le seul à avoir suivi la voie qu'il a frayée. Boèce et Duns Scot, par exemple, ont laissé des traductions latines très littérales de textes théologiques grecs(59). Il n'est pas surprenant de constater que les traducteurs de la Vulgate en langue vernaculaire adhèrent à la doctrine de la traduction littérale, et l'on n'oubliera pas qu'une des toutes premières traductions à sortir de la plume de Jean de Vignay, c'est, précisément, sa version des *Epitres et Evangiles*(60).

Le prologue du *Psautier de Metz* (à peu près contemporain des *Merveilles de la Terre d'Outremer*) énumère de manière très détaillée les difficultés auxquelles sera exposé tout traducteur qui croit pouvoir calquer son français sur le latin, comme le fait Jean de Vignay. Ainsi, le français a un lexique plus restreint:

[...] il n'est nulz, tant soit boin clerc ne bien parlans romans, qui lou latin puisse translateir en romans quant a plusour mos dou latin; mais couvient que, per corruption et per diseite des mos françois, que en disse lou romans selonc lou latin, si com: *iniquitas* "iniquiteit", *redemptio* "redemption", *misericordia*, "misericorde" [...](61).

Au cours du XIVe siècle, on le sait, eut lieu un processus de "relexification" ou "relatinisation", au cours duquel le français puisa à cette source intarissable qu'a toujours été pour lui, comme pour toute langue romane, le latin classique et postclassique(62). Les traductions constituent une voie privilégiée pour la transmission

---

G. Q. A. Meershoek, *Le latin biblique d'après saint Jérôme: Aspects linguistiques de la rencontre entre la Bible et le monde classique* (Nijmegen et Utrecht, 1966), p. 18; sur la traduction à cette époque, et auparavant, voir Georges Cuendet, "Cicéron et St Jérôme traducteurs", *Revue des études latines*, XI (1933), pp. 380–400 et W. Schwarz, "The Meaning of *Fidus Interpres* in medieval translation", *Journal of Theological Studies*, XLV (1944), pp. 73–78.

(59) Boèce et Duns Scot ont pourtant cru devoir s'excuser (cf. Schwarz, *Journal of Theological Studies*, XLV, pp. 73–74).

(60) Selon Helge Nordahl, "Verborum ordo mysterium. Petite étude sur l'antéposition absolue du verbe dans la traduction en ancien français du Livre des Psaumes", *Neophilologus*, LXII (1978), pp. 432–348, il n'y a pas de doute que les traducteurs de la Vulgate en langue vernaculaire ont été influencés par les doctrines de Jérome (p. 342).

(61) *Psautier de Metz*, p. 2.

(62) "Le mouvement de relatinisation est aussi ancien que les débuts de la langue française" (Jacques Chaurand, *Introduction à l'histoire du vocabulaire français* (Paris, 1977), pp. 37–49 (p. 37)). Voir aussi Christiane Marchello-Nizia, *Histoire de la langue française aux XIVe et XVe siècles* (Paris, 1979), p. 357 (reprenant deux études de G. Gougenheim) sur le phénomène de la "relatinisation", où les auteurs utilisent des mots avec leur orthographe et leur sens latins.

— la *translatio* au sens médiéval du mot(63) — de mots empruntés à ce latin que l'on (re)découvrait au fur et à mesure que la connaissance des textes latins augmentait. Le français, face au latin, n'aura souvent qu'un seul mot pour traduire plusieurs mots latins (*ibid.*), ou ne disposera pas de l'équivalent d'un mot latin qu'il serait donc préférable de rendre "per circonlucution et exposition"(64). On remarquera aussi l'utilisation assez régulière des "binômes", c'est-à-dire de l'emploi de deux mots français pour traduire un seul mot latin: ce phénomène, courant en ancien français dès les premiers textes, et continué en moyen français, semble être favorisé par les traductions(65). L'auteur du prologue du *Psautier de Metz* sait très bien que la traduction vraiment littérale n'est pas possible; il reconnaît, cependant, que toute déviation du texte sacré risque de provoquer des contresens et des erreurs, voire de l'hérésie: "et en ceu git li peril de ceulz qui s'entremettent de translateir escriptures de latin en romans, especiaulment la Sainte Escripture et les dis des Sains"(66). C'est un point de vue qui se rapproche singulièrement, et pour cause, de celui de Jérôme. Pour celui qui traduit un récit de voyages, le danger consiste seulement à ne pas se faire comprendre du lecteur. Comme le dit Jean d'Antioche dans le prologue de sa traduction de la *Rhetorica ad Herennium*, récemment étudié par Serge Lusignan(67),

Mais il ne pot mie porsiure l'auctor en la maniere dou parler, car la maniere dou parler au latin n'est pas semblable generaument a cele dou françois, ne les proprietez des paroles ne les raisons d'ordener les araisonemenz et les diz dou latin ne sont pas semblables a celes dou françois.

---

(63) "La traduction du texte tend à devenir une 'translation du savoir' " (Lusignan, *op. cit.*, p. 152). Ce n'est pas par hasard, en fait, que la traduction s'appelle la *translatio* au moyen âge. Le mot *traduction*, comme le verbe *traduire*, d'ailleurs, ne date que du XVIe siècle. Sur le rôle des traductions en tant que voie d'introduction de néologismes (latinismes pour la plupart) dans le moyen français, voir Marchello-Nizia, *op. cit.*, pp. 358–362. Sur la terminologie médiévale, cf. Gianfranco Folena, "Volgarizzare e "tradurre": idea e terminologia della traduzione dal medio evo italiano e romanzo all' umanesimo europeo", *La Traduzione, Saggi e Studi* (Trieste, 1973), pp. 59–120.
(64) *Psautier de Metz*, p. 4.
(65) Cf. Claude Buridant, "Problèmes méthodologiques dans l'étude des traductions du latin au français au XIIIe siècle: le domaine lexical. Les couples de synonymes dans l'*Histoire de France en français de Charlemagne à Philippe-Auguste*", *Linguistique et philologie (applications aux textes médiévaux). Actes du Colloque des 29 et 30 avril 1977*, éd. Danielle Buschinger (Paris, 1977), pp. 293–324, et Leslie C. Brook, "Synonymic and near-synonymic pairs in Jean de Meun's translation of the letters of Abelard and Heloise", *Neuphilologische Mitteilungen*, LXXXVII (1986), pp. 16–33.
(66) *Psautier de Metz*, p. 6.
(67) Lusignan, *Parler vulgairement*, p. 144.

Introduction XXIX

Jean d'Antioche aborde ici un problème plus intéressant que celui du lexique, celui des difficultés de syntaxe. Si les calques de vocabulaire rendent problématique la compréhension d'un texte qui est, après tout, destiné à un public non-latiniste(68), les latinismes syntaxiques constituent un obstacle encore plus redoutable. Ici encore, nous avons parfois affaire à un phénomène qui, sans être l'apanage des seules traductions, semble avoir été facilité par celles-ci: pour citer Charles Brucker, auteur de pages très riches consacrées aux constructions infinitives en moyen français, "le traducteur valorise les tendances latinisantes qui, souvent, existaient déjà, à l'état latent, dans la langue"(69). Ces tendances sont visibles, et souvent assez frappantes, chez Jean de Vignay. Il suffit de se reporter à l'épisode de la "Valee au Deable" (voir ci-dessus) pour en trouver la preuve. La phrase latine y est parfois rendue par une syntaxe qui n'a rien de français: ainsi, "quod nisi aliquis illa vidisset quasi sibi incredibile" sera traduit par (P) "Se aucun ne les eust veus, *il fust estre veu aussi comme chose incredible*" ou (L) "il seroit aussi comme chose impossible a croire". Le mot *incredible* n'est attesté ailleurs qu'un demi-siècle plus tard(70). Le verbe impersonnel latin *videtur* est systématiquement traduit, dans *Les Merveilles de la Terre d'Outremer*, par *(il) est veu* ...: ainsi, le latin "Hec autem habet bonas aquas, *cuius ratio esse videtur* ...(ch. I) est traduit par la phrase suivante: "Et en ceste terre certes a mout [L: moult de] bones yaues. Et *la raison de ceste chose est veue estre ceste* [L: cele] ..." (P, f. 207ᵛb). La forme "il fust estre veu aussi comme chose incredible" est donc tout à fait logique, mais on se demande dans quelle mesure elle aurait pu déconcerter les lecteurs de l'époque(71). Ailleurs dans

---

(68) Voir les remarques de G. Di Stefano, *Essais sur le moyen français* (Paris, 1977), II, p. 57, citées par Buridant, *Etudes de Langue et de Littérature offertes à André Lanly* (voir note (22), *supra*), n. 46. Di Stefano souligne, à juste titre, la futilité d'une traduction remplie de mots d'emprunt qui ne seront compris que par ceux qui connaissent déjà la langue originale du texte.

(69) Charles Brucker, "La valeur du témoignage linguistique des traductions médiévales. Les constructions infinitives en moyen français", *Linguistique et philologie* (voir note (65), *supra*), pp. 325-344 (pp. 334-335). Pour Brucker, "il convient de se montrer prudent avant de taxer de calque telle ou telle tendance latinisante; il faut remplacer des faits de ce genre dans le système syntaxique régnant et dans l'histoire de ce système. Ensuite, la traduction, au moyen âge, du latin en français a un effet de grossissement, à deux titres au moins; d'une part, le traducteur qui se heurte à des difficultés d'équivalence peut se voir obligé à recourir à un outil grammatical jusqu'alors laissé en marge de la langue courante et même à forcer l'emploi de cet outil; d'autre part, une tendance latinisante peut être considérée comme une sorte d'exagération révélatrice d'un état latent" (p. 339).

(70) Tobler-Lommatzsch, *s.v. incredible*, IV, 1369-70. *Incredible* dans le sens de "incroyable" apparaît pour la première fois dans un prologue d'Eustache Deschamps, avec le sens de "mécréant" déjà dans les *Chroniques* de Froissart (voir Godefroy, *s.v. incredible*, IV, 568b).

(71) Cette tournure n'est pas du tout identique à l'emploi très répandu du passif avec *voir*, par. ex. "la plus belle et noble armée *qui onques fut gueres veue* (voir Robert Martin

ce même épisode de la "Valee au Deable", Jean de Vignay traduira "ad ipsam autem faciem nunquam fui ausus totaliter appropinquare" par la phrase suivante: "ne je ne fui onques osé aprouchier a cele forme [*L*: forme ou figure] d'omme". Au début du XIVe siècle, *fui* (le ms. *L* porte *fu*) est en train de devenir, dans la plupart des textes, un latinisme ou un archaïsme(72). La construction *estre osé + infinitif* nous semble aussi un latinisme syntactique (les dictionnaires ne la connaissent que dans le contexte de la traduction(73)). Finalement, l'on notera l'emploi du binôme *forme ou figure* (traduisant *faciem*) dans le ms. *L*.

"Qui les [*sc*. les mos latins] vorroit dire selonc lou latin en romant, il ne dit ne latin boin ne romans, mais aucune foiz moitieit latin moitieit romans"(74). Cette partie des *Merveilles de la Terre d'Outremer* n'est peut-être pas, du point de vue linguistique, tout à fait typique par rapport au reste de notre texte et par rapport aux autres traductions par Jean de Vignay, mais elle n'est pas tout à fait exceptionnelle non plus(75). Si nous admettons (et c'est la seule hypothèse admissible) que la traduction fournie par Jean de Vignay dut être, d'une part, compréhensible — pour nous servir de sa propre expression, *entendible* —, et, d'autre part, acceptable à son commanditaire — peut-être Philippe de Valois — et, de manière plus générale, à son public, nous sommes obligés de conclure que ledit commanditaire et ledit public toléraient, voire appréciaient, cette langue qui est, parfois, *moitieit latin moitieit romans*, et qui servait, peut-être, à expliquer (à *esponre*) autant qu'à traduire le texte latin(76).

---

et Marc Wilmet, *Syntaxe du moyen français* (t. 2 du *Manuel du français du moyen âge*, sous la direction de Yves Lefèvre) (Bordeaux, 1980), §330).

(72) *Fui*, on le sait, s'est changé d'abord en *fu* (= [fy]) dès la fin du XIIIe, ensuite en *fus* (orthographe dès la fin du moyen âge). Voir Marchello-Nizia, *op. cit.*, p. 214: malgré quelques rares attestations de *fui*, l'on trouve "*fu* un peu partout". A noter, cependant, que certains dialectes (y compris l'anglo-normand, cf. M. K. Pope, *From Latin to Modern French, with especial consideration of Anglo-Norman* (Manchester, 1934), §1238) ont conservé plus longtemps la forme (purement orthographique?) *fui* à côté de *fu*.

(73) Dans les *Dialogues de Grégoire*, *non ausus accedere* est traduit par "nïent oseiz avant venir" (Tobler-Lommatzsch, VI, 1338). A part cet emploi isolé, la seule construction connue des dictionnaires (et il s'agit de l'anglo-normand) est *estre osé à ou de* suivi de l'infinitif: voir *Anglo-Norman Dictionary*, *s.v. oser*, IV, 470b.

(74) *Psautier de Metz*, prologue, p. 4.

(75) Les introductions aux éditions des *Enseignements* et du Végèce de Jean de Vignay contiennent des observations très pertinentes sur le latinisme chez notre traducteur: voir les éditions de Löfstedt, pp. 4–10 et de Knowles, pp. 12–17.

(76) Claude Buridant cite (*Etudes de Langue et de Littérature offertes à André Lanly* (voir note (22), *supra*), p. 55 et n.29) le prologue d'une traduction de l'*Anticlaudianus* qui semble traiter du problème de la compréhension d'un texte traduit, utilisant le même vocabulaire que Jean de Meun dans sa *Consolatio Philosophiae*: "En la matere a tant de force/Que ja lais hom n'i verra goute/S'aucuns hom ne li espons toute/ Qui bien

NOTRE TEXTE

Le texte de Jean de Vignay a survécu dans deux manuscrits, dont aucun ne semble être l'original. Les éléments qui se trouvent dans les deux exemplaires, et uniquement dans ces deux exemplaires, révèlent, pourtant, une origine commune. Face à cette situation, nous avons choisi d'imprimer le texte du manuscrit *P*, en le respectant aussi scrupuleusement que possible. Ce manuscrit, qui nous paraît, à plusieurs égards, le meilleur, a également l'avantage d'être le moins connu: tous les extraits déjà imprimés des *Merveilles de la Terre d'Outremer* sont tirés du manuscrit *L*. Les variantes du manuscrit *L* se trouvent en bas de page. Nous avons renvoyé aux notes à la fin du volume nos observations sur la langue de la traduction et des manuscrits, ainsi que les renseignements historiques et géographiques qui nous ont paru indispensables à la compréhension du texte.

Nous avons choisi, dans notre édition, de n'employer le tréma qu'en cas de hiatus certain: ainsi, nous imprimons *oï* (< *audivi*), mais (par exemple) *jeu* (*gesir*, p.p.) et *meist* (*metre*, prét. 3). Il s'agit, sans doute, de monophtongues ([y] et [i]), la première voyelle ayant disparu au cours du XIIIe siècle. Bien que devenu traditionnel, l'emploi du tréma nous semble déplacé dans des textes en prose comme le nôtre.

La division en chapitres suit celle de l'édition de Van den Wyngaert (SF), elle-même basée sur le manuscrit *C*. Nous avons imprimé en appendice la table des matières du manuscrit *P* de notre texte.

Les chiffres entre parenthèses () renvoient aux variantes en bas de page; les chiffres entre crochets [] — dans le texte ou dans les notes en bas de page — renvoient aux notes qui suivent le texte.

Les abréviations ont été résolues en adoptant, dans la mesure du possible, l'orthographe qu'utilisent les manuscrits lorsque les mots dont il est question sont écrits sans abréviation. En ce qui concerne *m'lt*, nous imprimons *mout* (la forme la plus courante); évidemment, nous n'avons pas corrigé les deux *molt* du ms. *P*, ni les soixante-quinze *moult* qui se trouvent dans les deux manuscrits (la majorité dans le ms. *L*). Les majuscules en caractères italiques représentent les majuscules coloriées du ms.

---

saiche Anthiclaudïens..." (c'est-à-dire, la traduction se doit d'être en même temps explication). Ce n'est pas tout à fait le sens que nous prêterions à *esponre* dans le texte de Jean de Meun.

XXXII   Odoric

BIBLIOGRAPHIE

ARVEILLER, Raymond, "Addenda au *FEW* XIX/1", série d'articles parus dans *Zeitschrift für romanische Philologie*, LXXXV (1969) ff.

ALTANER, B., "Sprachstudien und Sprachkenntnisse im Dienste der Mission des 13. u. 14. Jhdts", *Zeitschrift für Missionswissenschaft und Religionswissenschaft*, XXI (1931), pp. 113–135.

ALTANER, B., "Sprachkenntnis und Dolmetscherwesen im missionarischen und diplomatischen Verkehr zwischen Abendland (Päpstliche Kurie) und Orient im 13. u. 14. Jahrh.", *Zeitschrift für Kirchengeschichte*, LV (1936), pp. 83–126.

Anglo-Norman Dictionary, éd. Louise W. Stone, William Rothwell et T. B. W. Reid (Londres, 1977–).

ATIYA, Aziz Suryal, *The Crusade in the Later Middle Ages* (Londres, 1938).

BAEHR, Rudolph, "Rolle und Bild der Übersetzung im Spiegel literarischer Texte des 12. und 13. Jahrhunderts in Frankreich", *Europäische Mehrsprachigkeit. Festschrift zum 70. Geburtstag von Mario Wandruszka*, éd. Wolfgang Pöckl (Tübingen, 1981), pp. 329–348.

BASTIN, Julia, "Le traité de Théodore Paléologue dans la traduction de Jean de Vignai", *Etudes romanes dédiées à Mario Roques* (Paris, 1946), pp. 77–88.

BEAZLEY, C. Raymond, "*Directorium ad Faciendum Passagium Transmarinum*", *American Historical Review*, XII (1906–1907), pp. 813–857 et XIII (1907–1908), pp. 66–115.

BOHIGAS, Pere, "Un sumari del llibre de Viatges d'Odoric de Pordenone", *Butlletí de la Biblioteca de Catalunya*, VI (1923), pp. 377–379.

BONNARDOT, François (éd.), *Le Psautier de Metz. Texte du XIVe siècle* (Paris, 1884).

BROOK, Leslie C., "Synonymic and near-synonymic pairs in Jean de Meun's translation of the letters of Abelard and Heloise", *Neuphilologische Mitteilungen*, LXXXVII (1986), pp. 16–33.

BROOK, Leslie C.,"Comment évaluer une traduction du treizième siècle? Quelques considérations sur la traduction des lettres d'Abélard et d'Héloïse faite par Jean de Meun", *The Spirit of the Court (International Courtly Literature Society, Toronto, 1983)*, éd. Glyn S. Burgess et Robert Taylor (Londres, 1985), pp. 62–68.

BRUCKER, Charles, "La valeur du témoignage linguistique des traductions médiévales. Les constructions infinitives en moyen français", *Linguistique et philologie (applications aux textes médiévaux). Actes du Colloque des 29 et 30 avril 1977*, éd. Danielle Buschinger (Paris, 1977), pp. 325–344.

BURIDANT, Claude, "Problèmes méthodologiques dans l'étude des traductions du latin au français au XIIIe siècle: le domaine lexical. Les couples de synonymes dans l'*Histoire de France en français de Charlemagne à Philippe-Auguste*", *Linguistique et philologie (applications aux textes médiévaux). Actes du Colloque des 29 et 30 avril 1977*, éd. Danielle Buschinger (Paris, 1977), pp. 293–324.

BURIDANT, Claude, "Jean de Meun et Jean de Vignay, traducteurs de l'*Epitoma rei militaris* de Végèce. Contribution à l'histoire de la traduction au moyen âge", *Etudes de Langue et de Littérature françaises offertes à André Lanly* (Nancy, 1980), pp. 51–69.

BURIDANT, Claude, "Translatio medievalis: Théorie et pratique de la traduction médiévale", *Travaux de linguistique et de littérature de l'Université de Strasbourg*, XXI, i (1983), pp. 81–136.

BUTLER, P., *Legenda Aurea — Légende Dorée — Golden Legend* (Baltimore, 1899), pp. 36–42.

CARLTON, Robert K., *Odoric of Pordenone — traveller to the Far East: a restoration of a recently discovered manuscript of Odoric's Journal* (Ph.D., University of Kansas, 1977).

Catalogue of the Portion of the Famous Collection of Manuscripts, the Property of the Earl of Ashburnham, known as The Barrois Collection (Londres, 1901), No. 432.

CHAURAND, Jacques, Introduction à l'histoire du vocabulaire français (Paris, 1977).

CHAVY, Paul, "Les Premiers Translateurs français", French Review, XLVII (1974), pp. 557–565.

CIVEZZA, M. da (éd.), Fratris Oderici de Foro Julii Ordinis Minorum iter ad partes infidelium a Fratre Henrico de Glars eiusdem Ordinis descriptum (= Storia universale delle Missioni Francescane, III, 739–81) (Rome, 1859).

CLANCHY, M. T., From Memory to Written Record: England 1066 — 1307 (Londres, 1979).

CORDIER, Henri (éd.), Les Voyages en Asie au XIVe siècle du bienheureux Odoric de Pordenone (Paris, 1891).

CORDIER, Henri et Col. Sir Henry YULE (éd.), Cathay and the Way Thither; being a collection of medieval notices of China, II: Odoric of Pordenone (Londres, 1913 et réimpression par Kraus, Nendeln, Liechtenstein 1967).

CUENDET, Georges, "Cicéron et St Jérôme traducteurs", Revue des études latines, XI (1933), pp. 380–400.

DANIEL, Norman, Heroes and Saracens. A re-interpretation of the Chansons de geste (Edimbourg, 1984).

DESLISLE, Léopold, "Traduction par Jean du Vignai [sic] des Otia imperialia de Gervais de Tilbury", Histoire littéraire de la France, XXXIII (Paris, 1906), pp. 624–628.

DOMENICHELLI, T., Sopre la vita e i viaggi del Beato Odorico da Pordenone (Prato, 1881).

F.E.W. : voir WARTBURG

FOLENA, Gianfranco, "Volgarizzare e "tradurre": idea e terminologia della traduzione dal medio evo italiano e romanzo all' umanesimo europeo", *La Traduzione, Saggi e Studi* (Trieste, 1973), pp. 59–120.

FOULET, Lucien, *Petite Syntaxe de l'ancien français* (3ème édition, Paris, réimpression, 1972).

FULLER, Carol S. (éd.), *A Critical Edition of "Le Jeu des eschés, moralisé", translated by Jehan de Vignay* (Ph.D., The Catholic University of America, 1974).

GATHERCOLE, Patricia M., "An Insight into medieval times. Le *Miroir Historial* de Jean de Vignay", *Fifteenth-Century Studies*, IV (1981), pp. 79–86.

GODEFROY, F. (éd.), *Dictionnaire de l'ancienne langue française* (Paris, 1882–1902).

GRUNDMANN, H., "*Litteratus — Illitteratus*", *Archiv für Kulturgeschichte*, XL (1958), pp. 1–65.

HAKLUYT, Richard, *The Principal Navigations Voyages Traffiques & Discoveries of the English Nation Made by Sea or Over-Land to the Remote and Farthest Distant Quarters of the Earth at any time within the compasse of these 1600 Yeeres* (12 t., Glasgow, 1904).

HOPE, T. E., *Lexical Borrowing in the Romance Languages* (Oxford, 1971).

HORNELL, James, "A Tentative Classification of Arab Sea-Craft", *The Mariner's Mirror*, XXVIII (1942), pp. 11–40.

KAPPLER, Claude et René (trad.), *Guillaume de Rubrouck, Envoyé de saint Louis: Voyage dans l'Empire mongol* (Paris, 1985).

KELLY, L. G., *The True Interpreter: A History of Translation Theory and Practice in the West* (Oxford, 1979).

KLEIBER, Georges, "L'Opposition *cist / cil* en ancien français, ou comment analyser les démonstratifs?", *Revue de linguistique romane*, LI (1987), pp. 5–35.

KNOWLES, Christine (éd.), *Les Enseignements de Théodore Paléologue* (Londres, 1983).

KNOWLES, Christine (éd.), "Jean de Vignay. Un traducteur du XIVe siècle", *Romania*, LXXV (1954), pp. 353–383.

KNOWLES, Christine (éd.), "A 14th century imitator of Jean de Meung: Jean de Vignay's translation of the *De re militari* of Vegetius", *Studies in Philology*, LIII (1956), pp. 452–458.

LATHAM, R. E. (éd.), *Revised Medieval Latin Word-List from British and Irish Sources* (Londres, 1965 et réimpressions).

LAURENT, J. C. M. (éd.), *Liber de Terra Sancta*, dans *Peregrinatores medii aevi quattuor* (Leipzig, 1873).

LETTS, Malcolm (éd.), *Mandeville's travels. Texts and translations* (2 t., Londres, 1953).

LÖFSTEDT, Leena (éd.), *Li Livres Flave Vegece de la chose de chevalerie par Jean de Vignay* (Helsinki, 1982).

LOWES, John Livingston, *The Road to Xanadu. A Study in the Ways of the Imagination* (Londres, 1927).

LUSIGNAN, Serge, *Parler vulgairement. Les Intellectuels et la langue française aux XIIIe et XIVe siècles* (Montréal–Paris, 1986).

MARCHELLO-NIZIA, Christiane, *Histoire de la langue française aux XIVe et XVe siècles* (Paris, 1979).

MARTIN, Robert et Marc WILMET, *Syntaxe du moyen français* (t. 2 du *Manuel du français du moyen âge,* sous la direction de Yves Lefèvre) (Bordeaux, 1980).

MEERSHOEK, G. Q. A., *Le latin biblique d'après saint Jérôme: Aspects linguistiques de la rencontre entre la Bible et le monde classique* (Nijmegen et Utrecht, 1966).

MEYER, Paul, *Documents manuscrits de l'ancienne littérature de la France conservés dans les bibliothèques de la Grande-Bretagne* (Paris, 1871), pp. 69–80.

MONACO, Lucio, "I volgarizzamenti italiani della relazione di Odorico da Pordenone", *Studi mediolatini e volgari*, XXVI (1978–1979), pp. 179–226.

MOULE, A. C., "A Small Contribution to the Study of the Bibliography of Odoric", *T'Oung Pao*, XX (1921), pp. 301–322.

MOULE, A. C., "A Life of Odoric de Pordenone", *ibid.*, pp. 275–290.

MOULE, A. C., *Christians in China before 1550* (Londres, 1930).

NORDAHL, Helga, "Verborum ordo mysterium. Petite étude sur l'antéposition absolue du verbe dans la traduction en ancien français du Livre des Psaumes", *Neophilologus*, LXII (1978), pp. 342–348.

Novum Glossarium Mediae Latinitatis, tome M – N (éd. F. Blatt, Copenhague, 1959–1969).

PELLIOT, Paul, *Notes on Marco Polo* (3 t., Paris, 1959–1973).

PICOT, E., *Catalogue des livres composant la bibliothèque de feu M. le baron James de Rothschild* (5 t., Paris, 1884–1920), IV (1912), pp. 462–463.

POPE, M. K., *From Latin to Modern French, with especial consideration of Anglo-Norman* (Manchester, 1934).

RICHARD, Jean, "La Papauté et les missions catholiques en Orient au moyen âge", *Mélanges d'archéologie et d'histoire de l'Ecole Française de Rome*, 1941–1946, pp. 248–266.

RICHARD, Jean, "Les navigations des Occidentaux sur l'océan Indien et la mer Caspienne (XIIe–XVe siècles)", *Sociétés et compagnies de commerce en Orient et dans l'océan Indien. Actes du huitième colloque international d'histoire maritime (Beyrouth — 5-10 septembre 1966)*, éd. Michel Mollat (Paris, 1970), pp. 353–363.

XXXVIII   Odoric

RICHARD, Jean, "L'enseignement des langues orientales en Occident au moyen âge", *Revue des Etudes Islamiques*, XLIV (1976), pp. 149-164.

RICHARD, Jean, *La Papauté et les missions d'Orient au Moyen Age (13e-15e siècles)* (Rome, 1977).

ROSS, D. J. A., "Methods of Book-production in a XIVth century French miscellany", *Scriptorium*, VI (1952), pp. 63-71.

SARTORI, Antonio, "Odoriciana: Vita e memorie", *Il Santo*, VI (1966), pp. 7-65.

SCHWARZ, W., "The Meaning of *Fidus Interpres* in medieval translation", *Journal of Theological Studies*, XLV (1944), pp. 73-78.

SINOR, Denis, "The Mongols in Western Europe", dans K. Setton et *et al.* (éd.), *A History of the Crusades*, III (Wisconsin, 1975), pp. 513-544.

SORANZO, Giovanni, *Il Papato, l'Europa cristiana e i Tartari: Un secolo di penetrazione occidentale in Asia* (Milan, 1930).

STRASMANN, Gilbert (éd.), *Konrad Steckels deutsche Übertragung der Reise nach China des Odorico de Pordenone* (Berlin, 1968).

Thesaurus Linguae Latinae (Leipzig, 1900-).

TOBLER, A. et E. LOMMATZSCH (éd.), *Altfranzösisches Wörterbuch* (Berlin, 1925-).

TROLL, Christian W., "Die Chinamission im Mittelalter", *Franziskanische Studien*, XLVII (1966), pp. 109-150 et XLIX (1967), pp. 172-202.

TROTTER, D. A., *Medieval French Literature and the Crusades (1100 - 1300)* (Genève, 1988).

TROTTER, D. A., " 'En ensivant la pure verité de la letre': Jean de Vignay's translation of Odoric of Pordenone", *Littera et Sensus : Essays on Form* and *Meaning in Medieval French Literature presented to John Fox*, éd. D. A. Trotter (Exeter, 1989), pp. 31–47.

ULLMANN, B. L., "A Project for a New Edition of Vincent of Beauvais", *Speculum*, VIII (1933), pp. 312–326.

VAN DEN WYNGAERT, Anastasius (éd.), *Sinica Franciscana* (5 t., Quaracchi, Florence et Rome, 1929–1954), I: *Itinera et relationes fratrum minorum s. XIII et XIV.*

WARNER, Sir George F. et Julius P. GILSON, *Catalogue of Western Manuscripts in the Old Royal and King's Collections*, II (Londres, 1921), pp. 339–341.

WARTBURG, Walther von (éd.), *Französisches Etymologisches Wörterbuch* (Bonn, 1928–).

WHITEHEAD, F. (éd.), *La Chanson de Roland* (Oxford, 1942 et réimpressions).

WITTLIN, Curt J., "Les traducteurs au moyen âge: Observations sur leurs techniques et difficultés", *Actes du XIIIe Congrès international de linguistique et philologie romane (Laval)* (Laval, 1976), II, pp. 601–611.

WOLEDGE, B. et H. CLIVE, *Répertoire des plus anciens textes en prose française* (Genève, 1964).

YULE, Col. Sir Henry (voir CORDIER, Henri).

LES MERVEILLES DE LA TERRE D'OUTREMER

3

[f. 207ʳa]

LA DIVISION FRERE ODORIC
DES MERVEILLES DE LA TERRE SAINTE[1]

[CHAPITRE I]

Ja soit ce que [4] mout de gens racontent mout de choses et diverses des manieres et des condicions de ce monde.[5]
   Toutevoies est il assavoir que je, Frere Odoric du Marchié Julien, avant [6] volenté de trespasser la mer, et couvoitant de aler as parties des mescroians, si que
5 je feisse aucuns fruis des ames, vi la et oï mout de grans choses et merveilleuses.
   Quar je premierement trespassant la Mer Adrienne et la Mer Morienne me transportai de Venisse en Trapesonde,[8] une terre qui anciennement estoit apelee Pont. Et ceste terre estoit [f. 207ʳb] mout bien assise. Et est aussi comme une entree de la terre des Perses, des Medes et de mout d'autres regions qui sont outre
10 mer.[9] Et certes je vi en cele terre une chose qui mout me plut, car je vi .i. homme qui menoit avecques lui plus de .iiij. mile perdriz. Cestui homme aloit par la terre, et les perdriz aloient par l'air. Et celui menoit les perdris a .i. chastel, qui est apelé Canege, qui estoit loing de Trapesonde par .iij. jornees.[10] Et ces perdriz estoient de ceste condicion et de ceste proprieté.[11] Car quant cel homme vouloit reposer
15 ou dormir toutes les perdris s'ordenoient entour li, aussi comme poucins [f. 207ᵛa]

Rubrique]; L: *Ci commencent les Merveilles de la Terre d'Outremer selonc ce que Frere Odoriq du Marchié Julien* [2] *de l'Ordre des Freres Meneurs tesmoigne, translatees en françois par Frere Jehen de Vygnai, Hospitalier de l'Ordre de Haut Pas* [3]. Ici, *P* a une illustration à deux pans, recouvrant les deux colonnes du ms.; *L* a une illustration à quatre compartiments.
1. gens] ; L: moult de plusieurs manieres de gens . 3. Toutevoies] ; L: Toutefoiz . 4. volenté] ; L: avoie volenté . 4. aler] ; L: convoitoie aler . 5. fruis] ; L: aucun fruit . 5. la] ; L: si vi la . 5. merveilleuses] ; L: choses grans et merveilleuses . 6. trespassant] ; L: Quer en trespassant premierement . 6. Morienne] ; L: la Mer de Morienne [7] . 7. transportai] ; L: je me transportay . 7. Venisse] ; L: Venise . 7. anciennement] ; L: jadis . 8. ceste] ; P: ceste ceste terre . 8. estoit] ; L: est . 9. entree] ; L: Et est en une entree . 10. homme] ; L: quer il avoit la .i. homme . 11. homme] ; L: Et celi home . 11. terre] ; L: par terre . 12. l'air] ; L: voloient en l'air . 12. perdris] ; L: Et il les menoit . 13. estoit] ; L: est . 14. ceste] ; L: tel . 14. ceste] ; L: tel . 14. Car] ; L: que . 14. cel] ; L: celi . 14. vouloit] ; L: se vouloit . 15. les] ; L: ces . 15. s'ordenoient] ; L: se ordenoient .

entour la geline. Et ainssi en ceste maniere il les menoit a Trapesonde jusques au manoir de l'empereour. Et quant il estoient ainssi devant lui, il en prenoit tant comme il vouloit.

Et celi home devant dit les remenoit arriere au lieu ou il les avoit avant prises.
20 Ce ne sai je pas se il le faisoit par art ou par viande.[13]

Et en cele cité de Pont, si comme l'en dit, est le cors saint Athanase desus la porte de cele cité.[14]

Comment Frere Odorich s'en ala en Armenie

25 Et je me departi de la et m'en alai en la Grant Armenie en une cité qui est apelee Artyron.[15] Et ceste cité estoit mout bonne et mout riche el temps de pieça, et encore fust, se ne fussent les Tartariens et les Sarrazins qui l'ont mout destruite. Quar elle habonde mout en pain, en chars et en mout d'autres vivres, fors en vin et en fruitages. Et ceste cité est mout froide. Car les gens en dient que elle est la
30 plus haute ou au mains des plus hautes terres qui aujourd'ui soient habitees en [f. 207ᵛb] tout le monde.[17] Et en ceste terre certes a mout bonnes yaues. Et la raison de ceste chose est veue estre ceste: quar les vaines et les sourses de ces yaues sont veues naistre et esboulir du flueve d'Eufrates, lequel flueve est loing de cele cité par une jornee, et dequeurt de la. Et ceste cité si est en mi voie d'aler a Thaurisie.[19]

---

16. la] ; L: une . **17.** l'empereour.] ; L: l'emperiere.[12] . **17.** devant lui] ; L: devant l'empereur . **19.** dit] ; L: Et puis le devant dit home . **19.** remenoit] ; L: les en remenoit . **19.** ou] ; L: dont . **19.** prises] ; L: amenees avant . **21.** est] ; L: est si comme l'en dit . **21.** desus] ; L: sus . **24.** *Comment Frere Odorich s'en ala en Armenie*] ; L: *la rubrique manque* . **25.** departi] ; L: Et donc me departi . **26.** el temps] ; L: u temps . **27.** fust] ; L: fust encore . **27.** Sarrazins] ; L: les autres Sarrazins [16] . **27.** mout] ; L: forment . **28.** en chars] ; L: et en chars . **28.** d'autres] ; L: touz autres . **29.** fruitages] ; L: fritages . **29.** ceste] ; L: cele . **29.** dient] ; L: Quer les gens dient . **30.** terres] ; L: que ele est une des plus hautes de toutes les terres . **30.** soient habitees] ; L: soient aujourd'ui habitees . **31.** mout bonnes yaues] ; L: moult de bones eaues . **32.** ceste] ; L: cele . **33.** d'Eufrates] ; L: de Eufrates [18] . **34.** ceste cité si est] ; L: ceste cité est .

[CHAPITRE II]

Comment il s'en ala en la montaigne de Sabisacalo
 Et donc je, departant moi de cele cité, alai a une montaigne qui est apelee Sabisacalo. Et en cele contree est la montaigne ou l'arche Noé est.[21] Et je fusse volentiers monté en cele montaigne, se ma compaignie me vousist avoir atendu. Et
5 comment que je vousise monter y, toutevoies me disoient les gens de cele contree que nul ne pooit onques estre monté en cele montaigne. Quar ce estoit pour ce, si comme l'en disoit, qu'il ne plesoit pas au tres haut dieu.

[CHAPITRE III]

 Et je, departant moi de ceste contree, me transportai a une grant cité roial de [f. 208ʳa] Thaure, qui est dite anciennement Sussis. Et en ceste cité, si comme l'en dit, est l'Arbre Sec, en .i. temple de Sarrazins.[22] Ceste cité est plus noble et meilleur pour marcheandises que n'est par aventure aucune autre qui soit el monde,
5 toutes choses contees. Car aujourd'ui nule chose n'est trouvee el monde qui soit por mengier, ou qui soit d'aucune marcheandise, de quoi il ne soit la en grant habondance. Cele cité est noble en si grant chose, que c'est aussi comme chose non croiable des choses qui la sont eues.
 Et ceste cité est mout bien mise, et mout bien assise. Car aussi comme tout le
10 monde respont a cele cité pour marcheandises.
 Et de ceste cité veulent dire les crestiens que l'emperiere reçoit plus de ceste cité que le roy de France n'a de tout son royaume.

---

1. *Sabisacalo*] ; L: *la rubrique manque* [20] . **2.** Et donc je, departant moi] ; L: Et adonc je me departi . **2.** alai] ; L: et alay . **4.** monté] ; L: alé . **5.** vousise] ; L: vousisse . **5.** monter y] ; L: monter la . **5.** toutevoies] ; L: toutefoiz . **6.** montaigne] ; L: pouoit onques monter en cele montaigne . **7.** disoit] ; L: Et disoient que ce estoit pour ce . **1.** Et je, departant moi] ; L: Et donc je me parti . **1.** ceste] ; L: cele . **1.** me transportai] ; L: et me transportai . **1.** a] ; L: en . **2.** Thaure] ; L: en la terre de Thaure . **3.** en] ; L: dedens . **4.** marcheandises] ; L: Et ceste cité est meilleur pour marcheandises . **5.** monde] ; L: en cest monde . **7.** habondance] ; L: soit pour boire ou pour mengier qui ne soit trouvee la a grant habondance . **7.** chose] ; L: noble si tres granment . **8.** eues] ; L: trouvees . **9.** assise] ; L: Et ceste cité est moult tres bien assise . **10.** marcheandises] ; L: Quer tout le monde vient a cele cité pour toutes marcheandises [23] . **12.** royaume] ; L: que le roy de France de tout son royaume .

Dedenz ceste cité est une montaigne de sel qui donne grant habondance de sel a toute la cité.[24] Et chascun prent tant de ce seil comme il veult et requiert sanz [f. 208ʳb] paier en rien a nul. En ceste cité demeurent mout de crestiens de toutes contrees. Et les Sarrazins et les barbariens si ont seignorie sus eulz en toutes choses.

Et mout de choses autres sont en cele cité qui seroit trop longue chose a raconter avec ces autres.

Comment il se parti de Thaure et ala en la cité de .Soldanie

Et je me departi de ceste cité de Thaure, et alai par .x. jornees a une autre cité qui est apelee Soldanie.

En ceste cité demeure volentiers l'emperiere des Perses el temps d'esté. Et en yver certes il s'en va en une contree qui est sus une mer qui est apelee la mer de Bachut. Ceste cité est en grant terre et en froide, et a en li bonnes yaues; a laquele cité mout grans marcheandises sont portees qui sont la vendues.

[CHAPITRE IV]

Comment il se parti de Soldanie et s'en ala en la cité de Cassan

Je me departi de ceste cité et m'en alai en compaignie [29] vers Ynde La Plus Haute. Et si comme je y aloie ainssi par mout de jornees je me ving a une cité

---

13. Dedenz] ; L: Et dedens . **13.** sel] ; L: seil . **13.** sel] ; L: seil . **15.** nul] ; L: Et en prent chascun tant comme il veult sanz paier en rien a nul . **16.** Et] ; L: Mes . **16.** si] ; L: *manque* . **17.** autres] ; L: d'autres choses . **17.** cele] ; L: ceste . **17.** qui] ; *Ou faut-il lire* qu'i ? . **18.** autres] ; L: que trop longue chose seroit raconter avec ces autres [25] . **20.** *Soldanie*] ; L: *De Soldane* [26] . **21.** departi] ; L: Et aprés ce je me parti . **21.** Thaure] ; L: Thauris . **21.** jornees] ; L: alai .x. journees loing . **23.** En] ; L: Et en . **23.** d'esté] ; L: demeure volentiers en (c)esté l'emp[er]iere des Partes [27] . **24.** va] ; L: Et s'en va en yver . **24.** mer] ; L: en une contree sus la mer . **25.** Bachut] ; L: Bathut [28] . **25.** froide] ; L: Cele cité est assise en grant terre et froide . **25.** yaues] ; L: bones eaues . **26.** vendues] ; L: et moult de marcheandises sont portees a cele cité et sont vendues la . **1.** *Cassan*] ; L: *la rubrique manque* . **2.** departi] ; L: Et donc je me parti . **2.** ceste] ; L: cele . **3.** aloie] ; L: Et si comme je aloie . **3.** jornees] ; L: parmi cele terre par moult de journees . **3.** ving] ; L: je ving .

plaine [f. 208ᵛ a] de pluseurs rois, qui est apelee Cassan, et est cité roial et de grant honneur. Toutevoies les Tartariens l'ont mout destruite. Ceste cité habonde en pain et vin, et en mout d'autres biens. De ceste cité alerent les rois en Jherusalem, et non pas par vertu humaine, mes par vertu devine et par miracle, si comme je croi comme il y alerent si tost. Car il y a bien .l. jornees. Et mout d'autres choses sont en ceste cité que il ne couvient pas mout raconter.

[CHAPITRE V]

Comment le frere s'en ala en la cité de Gest

Et je, departant moi de la, alai a une autre cité qui a non Gest, de laquele la Mer Graveleuse est loing par une jornee, laquele mer est mout perilleuse et merveilleuse. Et ceste cité Gest est habondante grandement de touz vivres, et aussi comme de touz autres biens que l'en porroit dire, et mesmement de figues est ilec trouvé grant habondance. Et si i sont les grapes seches et vertes comme herbe. Et mout sont trouvez illuec plenteureusement et habondaument [f. 208ᵛ b] de "mesteulz", c'est a dire blez mellez, [32] plus par aventure qu'en aucune autre partie du monde. Ceste est la tierce cité, la meilleur que l'emperiere des Perses ait et poursiee en tout son regne. De ceste dient les crestiens que nul crestien n'i puet onques vivre plus d'un

---

4. rois] ; L: a une cité ou il avoit pluseurs roys . 4. Cassan] ; L: et est apelee Tassam . 5. honneur] ; L: auctorité . 5. Toutevoies] ; L: Et toutefoiz . 5. habonde] ; L: habonde moult . 6. vin] ; L: et en vin . 6. biens] ; L: moult d'autres bons vivres . 6. De] ; L: Et de . 6. rois] ; L: les .iij. roys . 6. Jherusalem] ; L: Jerusalem . 7. miracle] ; L: par miracle de Dieu . 8. tost] ; L: et je le croi quer il y alerent si tost [30] . 9. raconter] ; L: quer il a bien .l. journees grans de Jerusalem jusques a cele cité, qu'il ne couvient pas raconter . 1. Gest] ; L: De Gest la cité . 2. la] ; L: Aprés ce je me departi de la . 2. alai] ; L: et m'en alai . 2. cité] ; L: a une cité . 2. non] ; L: est nommee . 2. laquele] ; L: de laquele cité . 3. merveilleuse] ; L: et cele mer est moult perilleuse et moult merveilleuse [31] . 5. dire] ; L: En cele cité de Gest est tres grant habondance de vivres et de touz autres biens que l'en pourroit dire . 5. figues] ; L: de figues et de ressins . 5. trouvé] ; L: la trouvee . 6. herbe] ; L: Et si y sont grapes seiches et vertes en .i. meismes cep . 8. monde] ; L: Et la sont trovés planteureusement et habondanment blez mellés que l'en apele "mesteil", et plus que en aucune autre terre du monde . 9. meilleur] ; L: la tierce cité des meilleurs . 9. Perses] ; L: de Perse . 10. regne] ; L: ait souz li, et est la plus profitable a tout son resgne . 10. crestiens] ; L: Et les crestiens dient . 10. vivre] ; L: ne puet vivre en ceste cité .

an. Et mout d'autres choses sont la eues.

Comment il s'en ala en la cité de Couvini
Et je me departi de cele cité, et trespassai par mout d'autres citez et de terres,
15 et alai a une autre cité, Couvini par non, laquele fu anciennement grant cité. Et ceste fist tres grant damage a Romme el temps ja passé. Et les murs de cele cité comprennent bien environ .l. liues du païs de la. Et encore i sont les palais entiers. Et toutevoies sont il non habitables. Et elle habonde en mout de vivres.

[CHAPITRE VI]

Comme il s'en ala en la terre Job.
Et je, departant moi de cele cité et venant par mout de terres et de citez, alai a la terre Job, laquel est mout tres bel as[f.209ʳa]siete de touz vivres. En cele terre sont montaignes, esqueles les tres beles pastures sont habondaument pour les
5 bestes. La est trouvee miex et en greigneur habondance une liqueur qui est apelee "magne" [37] qu'en aucune autre terre qui aujourd'ui soit el monde. En cele cité sont eues .iiij. bonnes perdris pour mains d'u[n] gros venicien, voire pour mains de .v. parisis. Et la sont tres biaus anciens hommes; et filent les hommes et les fames ne filent point. Et ceste terre se respont du chief de Caldee, jusques outre vers les
10 montaignes.

---

11. eues] ; L: Et moult d'autres choses diverses sont en cele cité qui font moult a merveillier . 13. Couvini] ; L: De Couvim la cité [33] . 14. departi] ; L: Si me parti aprés ce . 14. terres] ; L: par moult d'autres terres et cités . 15. cité] ; L: et ving en une cité qui de lonc temps est apelee Couvim par nom, laquele fu anciennement grant cité et noble . 16. fist] ; L: Et fist . 16. passé] ; L: u temps passé [34] . 17. comprennent] ; L: comprent . 17. environ] ; L: d'anviron . 18. habitables] ; L: Et encore sont dedens la cité touz les palais entiers mais nul n'i habite . 18. elle] ; L: cele cité . 18. vivres] ; L: moult de pluseurs vivres . 1. Job] ; L: la rubrique manque . 2. moi] ; L: Et donc me parti . 3. Job] ; L: et m'en alai par moult de terres et de cités tant que je ving a la terre de Job [35] . 3. laquel] ; L: qui . 3. vivres] ; L: qui est moult tres bien assise et habonde en touz vivres . 5. bestes] ; L: esqueles tres beles pastures sont habondanment pour les bestes norrir [36] . 6. monde] ; L: Et la est trouvee une liqueur qui est appelee "magne", plus et a greigneur habondance que en nulle autre terre qui soit aujourd'ui el monde . 7. perdris] ; L: sont .iiij. bonnes perdris donnees . 7. d'u[n]] ; P: du; L: d'un . 8. biaus] ; L: beaus . 9. respont] ; L: contient . 10. montaignes] ; L: vers les montaignes devers orient [38] .

[CHAPITRE VII]

Comment le frere s'en ala el regne de Caldee

Je m'en issi d'ilec et alai en Caldee qui est mout grant regne. Et si comme je y aloie ainssi, je m'en alai par aprés la Tour Babel, qui est par aventure loing d'icele par .iiij. jornees. Et [en] ceste Caldee, ou [la] propre langue de Caldee est,[39] sont
5 les hommes tres biaus et les fames laides. La vont les hommes pigniez et aornez, [f. 209ʳb] aussi comme les fames vont en Lombardie.[40] Lesquiex hommes portent sus leurs testes cercles dorez et nobles de pelles et les fames ne portent fors une seule vile chemise,[41] qui leur ataint jusques aus genous, et a les manches si larges et si longues que il ataingnent jusques a la terre. Et ces fames vont toutes deschauciees.
10 Et portent une autre maniere de vestement qui avient jusqu'a terre; et ne portent nul treceoir aussi comme en Lombardie, mes leur cheveulz sont espartiz ça et la. Et une chose qui est plus escommeniee. Les fames vont aprés les hommes pour prier les, aussi comme les hommes vont ci aprés les fames pour prier les.

Et certes mout d'autres choses sont en cele contree qui ne font pas mout a
15 raconter.

---

1. Caldee] ; L: *De Caldee* . 2. Caldee] ; L: Je me parti de la et m'en alai en Caldee . 3. ainssi] ; L: Et si comme je aloie en cele terre . 3. alai] ; L: je trespassay . 3. d'icele] ; L: de cele terre . 4. ceste] ; P: Et ceste . 4. [la]] ; P: sa . 4. sont] ; L: Et ceste Caldee est cele Caldee ou la propre langue de Caldee est parlee par coustume, et sont . 5. biaus] ; L: beaus . 5. laides] ; L: et les fames sont laides . 5. vont] ; L: Et vont . 6. vont] ; L: font . 7. pelles] ; L: Et portent les hommes cercles sus leur testes et ces cercles sont dorés et ennoblis de pelles . 8. vile] ; L: vielle . 9. terre] ; L: a terre . 9. ces] ; L: les . 10. vestement] ; L: vestement par desus la chemise . 10. terre] ; L: jusques a terre . 11. treceoir] ; L: treçouer . 11. Lombardie] ; L: aussi comme il font en Lombardie . 11. la] ; L: mes ont les cheveus espandus ça et la sus les espaules . 12. chose] ; L: Et si usent la d'une autre chose . 12. escommeniee] ; L: esconmeniee . 13. les] ; L: quer les fames fuient les homes et les prient tout aussi comme les homes prient ailleurs les fames . 15. raconter] ; L: Et si font moult d'autres choses qui ne sont pas a raconter, pour ce qu'il ne sont pas moult honestes, mes contre nature [42] .

Comment le frere se parti de Caldee, et s'en ala en Ynde

Et je me departi d'ilec et ving en Ynde [43] qui est dedenz cele terre, laquele les Tartariens ont mout destruite. Et en cele terre sont [f. 209ᵛa] granment d'ommes qui ne menjuent tant seulement que dates. Desqueles dates vous arés .xlii. livres pour mains d'un petit venicien, et aussi de mout d'autres choses.

Comment il vint en une contree qui est apelee Ormés

Je me departi de cele Ynde et m'en ving par mout de contrees jusques a la Grant Mer.[45] Et la premiere terre certes que je trouvai est apelee Ormés. Et est une terre mout bien enmuree, et terre de mout et de grans marcheandises. Et en cele terre est tant et si grant chaleur que sauf la maniere du parler les genetaires des hommes leur issent des cors et descendent jusques au milieu des cuisses. Et pour ce les gens de cele contree, s'il veulent vivre, il font une ointure de quoi il s'oingnent. Car autrement les hommes morroient du tot en tout. Et quant il se sont ainssi oinz, il metent les devant diz membres en sachez et les lient entour els. Et en cele contree les hommes usent d'un navire qui est appelé [f. 209ᵛb] "jasse", qui est tant seulement cousu de fust. Je montai en une de ces nes, mes je n'i pou onques trouver point de fer.[46] Et si comme je montai en ce vessel, je me transportai en .xx. et .viij. jors jusques a Tane, en laquel cité .iiij. de nos Freres Meneurs avoient souffert

---

16. Ynde] ; L: *De Ynde* .   **17.** d'ilec] ; L: Et donc je me departi de la .   **17.** terre] ; L: Ynde laquele est avironnee une partie dedens cele terre .   **17.** laquele] ; L: laquele Ynde .   **18.** d'ommes] ; L: moult granment de gent .   **19.** dates] ; L: fors dates tant seulement .   **20.** petit] ; P: petit gros; L: petit .   **20.** choses] ; L: et aussi arés vous grant marchié de moult d'autres choses .   **22.** Ormés] ; L: *la rubrique manque* [44] .   **23.** departi] ; L: Et donc je me parti .   **23.** Ynde] ; L: par mer .   **23.** ving] ; L: m'en alai .   **23.** contrees] ; L: journees .   **24.** trouvai] ; L: Et la premiere cité que je trouvay .   **25.** marcheandises] ; L: Et est une cité moult bien enmuree, et plainne de grant marcheandise .   **25.** Et] ; L: Mes .   **26.** chaleur] ; L: si tres grant chaleur .   **26.** sauf] ; L: sauve .   **27.** cuisses] ; L: les genetaires aloingnent as homes et issent de leur propre lieu et descendent jusques u milieu des cuises .   **28.** ointure] ; L: les gens de cele contree usent d'un oingnement .   **28.** s'oingnent] ; L: se oingnent .   **29.** tout] ; L: Ou autrement il ne porroient vivre .   **30.** els] ; L: atachent entour eulz pour soustenir les .   **31.** contree] ; L: Et en ce païs .   **32.** fust] ; L: usent d'une maniere de navire que il apelent "jasse", et [est] fait et chevillié de fust tant seulement .   **32.** nes] ; L: Et je entrai en une de ces neis .   **33.** montai] ; L: Et quant je fui monté .   **33.** ce] ; L: cel .   **34.** jors] ; L: par .xxviij. journees .   **34.** laquel] ; L: laquele .

35　glorieus martyre pour la foi Jhesu Crist.[47]
　　　Ceste terre est mout bien assise, et y est grant habondance de pain et de vin et d'arbres. Et ceste terre fu anciennement mout grande. Car ce fu la terre du roy Porus, qui fist jadis mout tres grant bataille avec le roy Alixandre.[48] Mes le pueple de ceste terre est ydolatre. Car il aourent le feu, et les serpens et les yaues
40　et les arbres. Et ceste terre gouvernent les Sarrazins qui la pristrent a force et sont orendroit souz l'empire du Daldalien.[49]
　　　En ceste terre sont trouvees diverses manieres de bestes. Et la meesmement sont lyons noirs [50] a grant quantité. Et aussi y [f. 210ʳa] sont singes et chaz momons. Et uns oisiaus que il apelent "noctues", pour ce que il vont de nuiz; et
45　sont aussi grans comme les coulons sont en Lombardie.[52] Et aussi i sont les souriz si grans comme sont ici les chaiaus del loirre qui habite en yaues. Et les chaz ne valent riens a prendre les. Et pour ce prennent la les chiens [53] les souriz. Et en cele contree chascun homme a devant sa maison .i. pel d'un arbre qui est apelé "faciolus",[54] aussi grant comme seroit ici une grant coulompne; et le pié de cel
50　arbre ne seche pas tant comme il soit arousé d'yaue.
　　　Et mout de nouveletez autres sont la, qui mout seroit bele chose a oïr.
　　　En cele contree qui est apelee Thana si comme il est ja dit, souffrirent .iiij. Freres Meneurs glorieus martire pour la foy Jhesu Crist. Lequel martyre est fait en

---

36. est] ; L: a .　**37.** d'arbres] ; L: de fruit d'arbres .　**37.** grande] ; L: Et fu anciennement moult grant .　**37.** fu] ; L: Et fu .　**38.** avec] ; L: moult de grans guerres contre .　**39.** pueple] ; L: tout le pueple .　**39.** aourent] ; L: Et aoure .　**39.** yaues] ; L: eaues .　**40.** Sarrazins] ; L: est gouvernee des Sarrazins .　**41.** souz] ; L: et sont desouz .　**42.** trouvees] ; P: t trouvees (t *rayé par le scribe*) .　**42.** bestes] ; L: bestes sauvages .　**43.** sont] ; L: Et meesmement .　**44.** momons] ; L: moult de singes et de chaz momons [51] .　**44.** oisiaus] ; L: Et oisiaus .　**44.** vont] ; L: volent .　**47.** souriz] ; L: Et si sont la si grans souriz comme les faons du loirre sont ici; c'est le loutre qui habite es eaues, si que les chaz ne valent riens a prendre les. Mes les chiens les prennent en ce païs la .　**48.** pel] ; L: fichié .i. pel .　**49.** grant] ; L: et ce pel est aussi grans .　**49.** coulompne] ; L: colompne .　**50.** seche] ; L: seiche .　**50.** pas] ; L: point .　**50.** d'yaue] ; L: eaue .　**51.** autres] ; L: d'autres noveletez .　**51.** la] ; L: en celi païs .　**51.** oïr] ; L: lesqueles seroient moult beles a oïr me[s] ce seroit trop longue chose (a oïr: *rayé par le scribe*) a raconter .　**52.** Thana] ; L: Tana .　**52.** dit] ; L: si comme j'ai devant touchié [55] .　**53.** Meneurs] ; L: de nos Freres Meneurs .　**53.** est] ; L: fu .

ceste maniere.[56]

[CHAPITRE VIII]

Quant ces freres estoient en Ormés, il firent convenant as notonniers d'une nef, que il iroient a Polombe. Et quant il furent en cele nef, [f. 210ʳb] il furent portez maugré leur jusques a Thane, la ou sont .xv. maisons de crestiens. C'est assavoir de [N]estoriens qui sont descordables de nostre foi, et sont hereges.[58] Et quant il
5 furent la, il trouverent hostel, et furent hostelez en la maison d'un de ceulz hereges. Et si comme il estoient la, contens et tençon [59] fu meue entre le seigneur de cele maison et la fame de li que il bati forment celui soir. Et si comme elle fu ainssi batue, ele s'en complainst devant l'evesque de celui lieu, et li conta en sa langue. Et celui evesque li demanda se elle porroit prouver ce que ele disoit. Et donc li respondi ele,
10 disant que elle le prouveroit bien: "Quar .iiij. crestiens françois religieus estoient la en nostre maison quant il me fist ce. Demandez leur, car il vous en diront la verité." Et si comme cele fame parloit ainssi, .i. homme d'Alexandrie qui estoit la present depria l'evesque que il les envoiast [f. 210ᵛa] querre. Et disoit que il estoient hommes de grant science, et que il savoient bien les escriptures. Et pour ce disoit
15 il que bonne chose seroit de disputer avec eulz de la foy. Et quant l'evesque l'oÿ, il envoia por eulz querre.

Et si comme il fussent ainssi amenez devant li, ces .iiij. freres, c'est assavoir Frere Thomas de Tholentin en la marche d'Anthonne, Frere Jaques de Spade,[63]

---

1. Ormés] ; L: en la cité de Ormés . **2.** Polombe] ; L: a ces notonniers de louer leur neif pour aler en la cité de Polombe [57] . **2.** en] ; L: entrés en . **2.** cele] ; L: leur . **3.** maugré] ; L: malgré . **3.** Thane] ; L: Tane . **3.** sont] ; L: la ou il a . **4.** [N]estoriens] ; P: Vestoriens; L: Mes il sont Vestoriens . **5.** la] ; L: en cele cité . **5.** ceulz] ; L: ces . **6.** la] ; L: estoient laiens . **7.** soir] ; L: contens mut celi soir en[tre] le seigneur de cele maison et sa fame si que il la bati forment . **7.** fu] ; L: Et quant ele out esté . **8.** complainst] ; L: se plaint . **8.** lieu] ; L: a l'evesque du lieu . **8.** langue] ; L: conte le fait en son language [60] . **9.** disoit] ; L: Et l'evesque li demanda se ele le pourroit prouver . **10.** que] ; L: et dist que . **11.** ce] ; L: quer .iiij. crestiens françois religieus estoient en leur maison quant il la bati . **11.** leur] ; L: Si leur demandez . **12.** verité] ; L: il vous en diront bien la verité . **12.** d'Alexandrie] ; L: d'Alixandre . **13.** depria] ; L: deproia . **14.** bien] ; L: moult bien . **15.** disputer] ; L: seroit a disputer . **17.** fussent] ; L: Et quant il furent . **18.** Tholentin] ; L: Tolentin [61] . **18.** d'Anthonne] ; L: Antonne [62]

14

et Frere Demetrien, qui estoit frere lai, mes il savoit les langages, et Frere Pierres de Saine. Et celui Frere Pierres de Saine fu lessié a l'ostel, pour garder leur choses. Les autres .iij. freres alerent a celui evesque. Et si comme il estoient ainssi devant l'evesque, celui d'Alexandria commença a disputer avec eulz de nostre foy. Et si comme icels desloiaus disputassent avec ces freres il disoient Jhesu Crist estre seul pur homme et non pas Dieu.[66] Et si comme il disoient ainssi, celui Frere Thomas leur prouva par raisons [f. 210^{v}b] et par examples celui estre vrai Dieu et homme. Et les confondi si ces Sarrazins que il ne pooient dire le contraire. Et quant celi evesque se vit ainssi confuz, dont commença il a crier a haute voiz devant tout le pueple : "Et que dis tu de Mahommet, qu'en dis tu ?" Et les Sarrazins avoient adonc cele coustume, que se il ne se peussent desfendre par parole, que il se desfendoient par espees et par batailles. Et quant il ot ainssi demandé a ces freres, [il] respondirent et distrent, "Se nous t'avons prouvé par raisons et par examples que Crist est vrai Dieu et vrai homme, qui fu celui qui donna la loy en terre, contre laquele Mahommet vint, et fist loy contraire a ceste loy : se tu es sage tu pues savoir qu'est de lui en la meilleur partie."[68] Donc celui evesque et les autres Sarrazins crioient a haute voiz derechief : "Toi, qu'en dis tu de Mahommet?". Et donc Frere Thomas respondi, "Vous me porrez tant demander 'que dis tu de Mahommet?' que je arai trop grant honte du [f. 211^{r}a] taire.

"Et puis donc que vous voulez que je vous respoingne, je respon et vous di que

---

19. langages] ; L: savoit moult bien les languages [64] . 20. Saine] ; L: Pierre de Saine [65] . 21. autres] ; L: Et les autres . 21. evesque] ; L: a l'evesque . 21. estoient] ; L: Et quant il furent . 22. d'Alexandria] ; L: celi home d'Alixandre . 23. il] ; L: Et en desputant ceulz desloiaus . 24. pur] ; L: pour . 25. raisons] ; L: par vive raison . 25. homme] ; L: que il estoit vrai Dieu et vrai home [67] . 26. si] ; L: Et confondi si ces Sarrazins . 27. il] ; L: il commença donc . 27. pueple] ; L: touz ceuls qui la estoient . 28. tu] ; L: Et que dis tu de Mahommet, quoi . 29. parole] ; L: que quant il ne se pouoient desfendre soi par parole . 30. batailles] ; L: par armes et par batailles . 30. [il]] ; L; *manque dans* P . 31. examples] ; L: par resons et par essamples . 31. Crist] ; L: Jhesu Crist . 32. celui] ; L: et fu cil . 33. loy] ; L: et fist une loy contraire . 33. sage] ; L: et cele loi se tu es sage . 33. qu'est] ; L: que il est . 34. Donc] ; L: Et donc . 35. derechief] ; L: crierent derechief a haute voiz . 35. tu] ; L: Que dis tu toutefois . 38. respoingne] ; L: Et puis que vous voulés que je vous en response . 38. di] ; L: je respon et di .

Mahommet est filz de perdicion et est avec le deable son pere mis en enfer, et non
pas li tant seulement mes touz les autres qui sa loy tiennent et gardent seront mis
en enfer avec lui, comme tele loy soit felonnesse et plaine de pestilence et fausse et
est toute contre Dieu et contre le salu des ames."[69]
    Et les Sarrazins oians ces choses commencierent touz assembleement a crier
ensemble : "Il ont dit mal du prophete." Et donc pristrent il les freres et les lierent
el soleil, si que par la chaleur du soleil il souffrissent plus dure mort. Car la chaleur
du soleil est la si grant que se aucun y perseveroit par l'espace d'u[ne] messe, il
morroit du tout en tout.[70] Et toutevoies furent il ilec loans Dieu et glorefians de
tierce jusques a nonne, touzjours sainz et hetiez. Et les Sarrazins voiant ceste chose,
pristrent conseil entre eulz. Et vindrent as freres disant : "Nous vou[f. 211ʳb]lons
alumer .i. feu grant et large elquel nous vous geterons. Et se vostre foy est ainssi
vraie comme vous dites, le feu ne vous ardra point. Et se elle est fausse et mauvese
vous serez ars du tout en tout el feu." Et donc les freres leur respondirent disanz :
"Nous sommes appareilliez de entrer en feu ou en chartre et faire pour nostre foi,
evesque, tout quanque vous porrez deviser; et touzjors nous troverez appareilliez.
Et toutevoies, evesque, tu dois savoir une chose que se le feu nous art il ne vendra
pas par defaute de nostre foi, mes tant seulement de nos pechiez. Car Diex nous
lesseroit bien ardoir pour nos pechiez. Mes ceste chose seroit touzjors sauve et
bonne si comme ele puet estre meilleur el monde.[71] Quar en tout le monde n'est

---

39. enfer] ; L: avec le deable son pere en enfer . **41.** lui] ; L: mis en enfer avec li (en enfe: *rayé par le scribe*) . **41.** felonnesse] ; L: quer tele loy est felonnesse . **44.** ensemble] ; L: Et quant ces Sarrazins oïrent ces choses, il commencierent a crier touz ensamble . **44.** donc] ; L: adonc . **45.** el] ; L: au . **46.** perseveroit] ; L: estoit . **46.** messe] ; P: du messe; L: d'une messe . **47.** toutevoies] ; L: toutefoiz . **47.** Dieu] ; L: furent illec ces freres loans Dieu . **48.** nonne] ; L: nonne passee . **48.** hetiez] ; L: touz sains et touz drus . **48.** chose] ; L: Et quant ces Sarrazins virent ceste chose . **49.** pristrent] ; L: il prinstrent . **49.** disant] ; L: disans . **49.** vou[f. 211ʳb]lons] ; L: voulon . **50.** geterons] ; L: et vous jeteron dedens . **52.** feu] ; L: dedens ce feu . **52.** disanz] ; L: respondirent et distrent . **54.** appareilliez] ; L: Evesques, nous sommes touz appareilliez d'entrer pour nostre foy en feu et en chartre et de faire quant que vous pourrez penser, et touzjours nous trouverés touz pres a ce faire . **55.** toutevoies] ; L: toutefoiz . **55.** chose] ; L: doiz tu savoir une chose . **55.** que] ; L: quer . **56.** pas] ; L: ce ne sera pas . **56.** de] ; L: mes sera tant seulement pour . **57.** pechiez] ; L: par la faute de nos pechiez . **58.** monde] ; L: Et si seroit touzjours nostre foy bonne et saine tant comme elle puet estre meilleur el monde .

autre foy que ceste, qui puisse .i. homme faire sauf."[72] Et si comme il fust adonc
60 ainssi ordené que ces freres devoient estre ars, la voiz vola et la renomee fu par toute
cele terre, si que [f. 211ᵛa] touz ceulz du païs tant petiz comme grans, tant hommes
comme fames acouroient touz pour regarder ceste chose. Et ces freres furent menez
sus le lieu en la place de la cité la ou le feu estoit alumé mout tres grant. Et si
comme il fu ainssi alumé, Frere Thomas aloit pour soi meismes geter el feu. Et
65 si comme il s'i vouloit geter, .i. Sarrazin le prist par le chaperon et dist, "Ne vas
pas la quar tu es le plus viel et pues avoir sus toi aucun experiment par quoi le feu
ne te porroit ardoir;[73] mes lesse i aler .i. autre." Et donc tantost .iiij. Sarrazins
pristrent a force Frere Jaques et se penoient de geter le el feu. Et il leur disoit,
"Lessiez moi, car je me geterai bien el feu moi meismes." Et il n'entendoient de
70 riens a ses paroles, mes le geterent tantost el feu. Et si comme il l'orent ainssi geté
el feu, et il demorast el feu en tel maniere que le feu estoit si grant et si haut que
nul ne pooit veoir celui frere, mes [f. 211ᵛb] toutevoies il ooient sa voiz si comme il
apeloit touzjours la Vierge Marie glorieuse. Et donc quant le feu fu degasté du tout
en tout, celui Frere Jaques estoit en estant sus les charbons liez et joieus les mains
75 en crois et les iex levez el ciel, a pur coer et a pensee entiere touzjors en loant Dieu.
Et combien que le feu fust si grant et plenteureus, [74] toutevoies n'i ot il riens de

---

59. ceste] ; L: n'est foi ne creance fors ceste .   **59.** sauf] ; L: par quoi .i. home puist estre sauvé .   **60.** ordené] ; L: Et si comme il fu adonc ordené ainsi .   **60.** fu] ; L: la voiz et la renommee ala .   **61.** ceulz] ; L: touz cil .   **62.** fames] ; L: petis et grans, homes et fames .   **62.** acouroient] ; L: acourirent .   **62.** freres] ; L: Et donc ces freres .   **63.** en] ; L: et en .   **63.** ou] ; L: la cité ou .   **64.** alumé] ; L: Et si comme ce fu fait .   **64.** aloit] ; L: aloit premier .   **65.** geter] ; L: Et si comme il li voloit entrer .   **65.** dist] ; L: et li dist .   **67.** autre] ; L: mes lesse aloir y .i. des autres .   **68.** Jaques] ; L: Frere Jaques de Spade .   **68.** penoient] ; L: et se penerent moult .   **69.** meismes] ; L: quer je m'i jeterai bien moy meisme .   **69.** Et] ; L: Mes .   **70.** feu] ; L: mes le jeterent dedens tantost .   **70.** l'orent] ; L: Et quant i l'orent .   **71.** estoit] ; L: el feu qui estoit .   **72.** frere] ; L: que nul ne le pooit veoir .   **72.** voiz] ; L: si ooient il toutesfoiz la voiz de li .   **73.** apeloit] ; L: reclamoit .   **74.** tout] ; L: de tout en tout .   **74.** estant] ; L: tout en estant .   **74.** liez] ; L: lié .   **75.** Dieu] ; L: et touzjours loant Dieu .   **76.** plenteureus] ; L: si grant et si plenteureus .

lui blecié, et briément riens n'en fu trouvé brullé.

Et quant le pueple vit ceste chose, il commença a escrier soi tout ensemble et dist, "Cels ci sont sains, ceulz ci sont sains, c'est felonnie de tormenter les.
80 "Ore voions nous que leur foi est sainte et bonne." Et quant le peuple ot ce dit, Frere Jaques fu apelé pour issir hors du feu, et en issi hors, sain et sanz lesion.

Adonc quant l'evesque vit ceste chose, il commença a crier a haute voiz, "Il n'est pas saint, il n'est pas saint. Mes il ne puet estre ars, pour ce que la cote que il a el dos est de [f. 212^{r}a] la laine de la terre de Habine. Et pour ce commande je
85 que il soit mis el feu despoillié tout nu." Et la vindrent les tres mauvés Sarrazins et alumerent le feu greigneur au double que il n'avoit esté devant, afin d'acomplir la volenté de leur evesque.[77]

Et donc despoillierent il Frere Jaques, et le laverent et puis l'oinstrent tres bien d'uille. Et afin que le feu fust greigneur, et que il ardist plus fort et a ce que celui
90 Frere Jaques peust plus tost estre ars, il geterent huille el feu a grant habondance et bouterent a grant vertu celui Frere Jaques el feu.[78] Et Frere Thomas et Frere Demetrien estoient dehors a genous en oroisons et en grans devocions. Et derechief Frere Jaques issi hors du feu sanz lezion ne bleceure, aussi comme au premier. Et le pueple voiant ceste chose crioit tout ensemble d'une volenté disant, "C'est pechié,
95 c'est pechié, de cou[f. 212^{r}b]roucier ces gens, car il sont sains." Et ainssi estoit grant rumeur et grant noise el pueple. Et quant le potestat de la vile, c'est a dire cil qui tient la seignorie,[79] vit ce secont miracle, il apela Frere Jaques a li et le fist

---

77. brullé] ; L: si n'i ot il riens de li blecié, ne nule chose ne fu trouvee brulé de li ne de son habit . 78. pueple] ; L: le commun du pueple . 79. felonnie] ; L: Ces homes ci sont sains, ces homes ci sont sains, c'est felonnie . 80. voions] ; L: veons . 80. bonne] ; L: bone et sainte . 81. feu] ; L: Frere Jaque issi hors du feu quer les Sarrazins l'apelerent [75] . 81. lesion] ; L: et ainssi en issi hors tout sain et sanz nulle lesion . 84. est] ; L: la cote que il a est . 84. Habine] ; L: Hadine, qui ne puet ardoir [76] . 84. je] ; L: Et pour commande je . 85. despoillié] ; L: soit despoillié et mis el feu . 85. vindrent] ; L: Et donc vindrent . 86. devant] ; L: que il n'avoit esté . 88. Jaques] ; L: Et despoillerent Frere Jaques . 88. bien] ; L: trestout . 89. ardist] ; L: et ardist . 89. que] ; L: et que . 90. ars] ; L: fust plus tost ars . 90. feu] ; L: il geterent el feu de l'uille . 91. vertu] ; L: par grant vertu . 92. devocions] ; L: si estoient par dehors a genoz en grant devotion et en oroisons . 93. bleceure] ; L: sanz mal avoir . 93. premier] ; L: tout aussi sain comme au premier . 94. ensemble] ; L: crioit ensemble . 96. pueple] ; L: Et grant rumeur et grant noise estoit ainsi el pueple pour eulz . 97. cil] ; L: c'est cil .

vestir de ses vestemens. Et li dist: "Veez, Freres, alez vous en a la grace de Dieu car vous ne soufferez plus nul mal de nous. Quar nous voion bien que vous estes bons
100 et sains, et que vostre foi est bonne et vraie et sainte, et finaument nous le voions. Mes afin que nous vous conseillons plus seurement, issiez de ceste terre le plus tost que vous porrez, car cel evesque si s'esforce a tot son pouoir de oster vous la vie."

Et quant il dist ces paroles, il estoit aussi comme complie. Et donc tout le pueple ydolatre, et tout l'autre pueple, estoient touz espoentez et disoient, "Nous
105 avons veu de ces gens tant et si grans merveilles que nous ne savons quel [f. 212ᵛa] loy nous devons tenir et garder." Et si comme il deissent ainssi, le potestat fist prendre ces freres et les fist porter outre .i. bras de mer, qui estoit loing de celle terre par .i. pou d'espace, et la estoit .i. bort. Et celui en qui meson il avoient esté hostelez en la cité devant les acompaigna jusques la. Et ainssi trouverent maison
110 en la maison d'un ydolatre. Et si comme il fussent la, l'evesque ala [au] potestat et li dist:

"Que faison nous, la loy de Mahommet est destruite se nous ne faison autre chose. Car ces François relegieus iront orendroit preeschant par toute la contree. Et quant il aront fait tant et si grans choses, ceulz que tout le pueple a ja veu en
115 ceste contree, toz se convertiront a eulz. Et ainssi la loy de Mahommet ne vaudra rien d'ore en avant. Mes toutevoies que la loy ne soit du tout en tout destruite, tu dois savoir une chose, que Mahommet commanda en sa loy que se aucun occioit .i.

---

98. ses] ; L: ces . **98.** Freres] ; L: Entre vous, Freres . **99.** bien] ; L: Nous veons bien . **100.** sainte] ; L: et que vostre loy est bonne et sainte . **100.** voions] ; L: et le voion clerement . **101.** conseillons] ; L: conseillon . **102.** s'esforce] ; L: cel evesque se esforce . **102.** vie] ; L: a vous oster la vie . **103.** dist] ; L: il leur dist . **103.** complie] ; L: heure de complie . **104.** pueple] ; L: tout li pueples ydolatres et autres . **104.** espoentez] ; L: touz esbahiz et espuantés . **106.** garder] ; L: tenir ne garder . **106.** deissent] ; L: parloient . **108.** d'espace] ; L: qui estoit .i. pou loing de cele cité . **108.** bort] ; L: .i. boint (?); ou bornt (?) [80] . **109.** devant] ; L: en cele dite cité . **110.** ydolatre] ; L: Et furent aussi a hostel en la maison d'un autre ydolatre . **110.** la] ; L: Et tant comme il estoient la . **110.** [au]] ; P: a la; L: au . **112.** nous] ; L: Sire, que faison nous . **113.** la] ; L: toute ceste . **115.** contree] ; L: et tout ce que le pueple a veu et seu en ceste contree . **116.** rien] ; L: riens . **116.** que] ; L: Mes pour ce que . **117.** occioit] ; L: tuoit .

crestien, tant aroit il de merite comme se il l'aloit aourer a Meques." [f. 212ᵛb] Donc devez vous savoir que la loy des Sarrazins est tele aussi comme la loy des crestiens est l'Evangile. Meques si est le lieu ou Mahommet gist. A laquel Meques les Sarrazins vont aussi comme les crestiens font au sepulcre.

Et donc le potestat respondi a l'evesque et dist, "Va et fai si comme tu voudras, je le te di." Donc celui evesque prist tantost .iiij. hommes armez, pour aler occirre ces freres. Et si comme il passoient une yaue, il fu nuit, et ainssi ne les porent trouver ce soir. Et tantost celui evesque fist prendre touz les crestiens qui estoient en la terre et les fist metre en chartre. Et si comme il fu mienuit, les freres se leverent pour dire matines. Et donc les hommes qui avoient esté envoiez a eulz, si les trouverent et les amenerent dehors souz .i. arbre. Et si comme il les orent amenez illec, il leur disoient, "Vous devez savoir que nous avons commandement de nostre evesque, et de nostre potestat, [f. 213ʳa] que nous vous devons occirre. Laquel chose nous acompliron toutefoiz et non pas volentiers, car vous estes bons hommes et sains. Mes toutevoies nous ne le poons faire autrement, quar se nous n'obeisson au commandement qui nous est fait, nous morrions du tout en tout, et nos fames et nos enfans." Et les freres leur respondirent disant ainssi : "Vous qui estes venus ci, pour ce que par la mort temporel nous puisson recevoir la [vie] pardurable, faites diligaument ce qui vous est commandé, car nous somes appareilliez de soustenir forciblement pour nostre foy et pour l'amour de Nostre Seigneur Jhesu Crist ce que vous nous ferez de tormenz."

Et donc ceulz ainssi hardiement responnans et tres fermement, celui crestien

---

118. merite] ; L: il aroit autant de merite . **118.** l'aloit] ; L: comme se il aloit *(ou peut-être* i l'aloit *?)* . **119.** Donc] ; L: Et donc . **119.** comme] ; L: tele tout aussi comme . **120.** l'Evangile] ; L: l'Euvangile . **121.** sepulcre] ; L: Et aussi vont les Sarrazins a Meques comme les crestiens font en Jerusalem au sepulchre [81] . **123.** Donc] ; L: Et adonc . **124.** freres] ; L: ces .iiij. freres . **124.** yaue] ; L: eaue . **124.** nuit] ; L: nuit oscure . **126.** terre] ; L: en cele terre . **126.** mienuit] ; L: Et quant mienuit vint . **128.** trouverent] ; L: a euls, les trouverent . **128.** dehors] ; L: hors . **128.** comme] ; L: Et quant . **129.** illec] ; L: la . **129.** disoient] ; L: distrent . **130.** occirre] ; L: de vous occirre . **131.** chose] ; L: Lequel commandement . **132.** autrement] ; L: Et nous ne le poon ne n'oson faire autrement . **133.** morrions] ; L: nous meismes morrion . **134.** enfans] ; L: et nos fames aussi . **134.** ainssi] ; L: respondirent ainssi et distrent . **135.** pardurable] ; P: *manque*; L: la vie pardurable . **138.** tormenz] ; L: Ainssi vous qui estes venuz ci pour ce, faites ce qui vous est commandé, si que par la mort corporel nous puisson recevoir la vie pardurable, quer nous sommes appareilliez de soustenir forciblement pour nostre foy et pour l'amour de Nostre Seigneur Jhesu Crist tout quant que vous nous ferés de tormenz .

140   qui les avoit acompaigniez et ces autres .iiij. hommes tençoient mout ensemble, quer le crestien leur responnoit, et disoit, "Se je eusse aucune armeure, ou [ce que] vous voulez faire ne seroit pas fait, ou vraiement vous me donneriez la [f. 213^{r}b] mort avec eulz." Et donc firent il les freres despoillier. Et tantost Frere Thomas reçut decolement de son chief, les mains jointes en croiz. Et l'un feri Frere Jaques el chief
145   et le trencha jusques es iex, et tantost li osta le chief. Frere Demetrien certes fu feru d'un glaive tres forment parmi la mamele. Et aprés li fu le chief trenchié. Et si comme il orent rendu les ames a Dieu par leur martyre, tantost l'air est fait si luisant et si cler que touz s'en merveilloient forment. Et aussi demoustra la lune grant clarté et tres grant resplendeur. Et tantost aprés ce si grans tonnerres et si grans foudres
150   et si grans esclairs vindrent que touz finaument cuidoient bien morir. Et cele nef qui les devoit porter a Polombe et les porta jusques a Thane fu noiee maugré sien. En tel maniere que de tout quanqui estoit dedenz et de li ne fu onques puis nule chose seue briément ne veue. Et au matin envoia l'evesque prendre les choses de ceulz freres. Et donc fu trouvé Frere [f. 213^{v}a] Pierres de Senes compaignon des .iij. autres
155   freres. Et quant il l'orent ainssi trouvé, il le pristrent et le menerent a l'evesque. Et il et les autres Sarrazins l'araisonnerent, et li prometoient grans choses s'il vouloit renier sa loy, et garder entierement cele de Mahommet. Et si comme il parloient ainssi a li, il se moquoit d'eulz et les despisoit merveilleusement.[83] Et si comme

---

140. ensemble] ; L: le crestien qui les avoit acompaigniés tençoit forment a ces .iiij. hommes . **141.** [ce que]] ; P: *trou dans le ms.* . **142.** fait] ; L: aucune armeure pour euls deffendre finaument, ou ce que voulés faire ne seroit pas fait . **142.** mort] ; L: donneriez mort . **144.** chief] ; L: out le chief coupé et fu decolé . **144.** l'un] ; L: .i. autre . **145.** iex] ; L: et li trencha la teste jusques es iex . **145.** chief] ; L: puis li coupa le chief tout outre . **146.** mamele] ; L: Et Frere Demetrien fu feru forment d'un glaive tout outre parmi les mameles . **146.** trenchié] ; L: Et aprés ce out il le chief coupé . **147.** ames] ; L: Et quant il orent rendues les ames . **147.** est] ; L: fu . **148.** merveilloient] ; L: que tuit se merveilloient . **148.** lune] ; L: Et la lune demoustra . **149.** resplendeur] ; L: et grant resplendeur . **150.** morir] ; L: Et tantost si grans tonnerres, si grans foudres et si grans esclairs vindrent que tout cuidoient bien finaument mourir . **151.** Thane] ; L: Tane . **151.** maugré] ; L: mal gré . **153.** veue] ; L: En tel maniere que touz quansqu'il estoient dedens nulle chose ne fu onques veue ne sauvee [82] . **153.** l'evesque] ; L: l'evesque envoia . **153.** freres] ; L: ces freres . **154.** Senes] ; L: Pierre de Saine . **156.** Sarrazins] ; L: Et l'evesque et les autres Sarrazins . **156.** choses] ; L: tres grans choses . **156.** s'il] ; L: se il . **157.** comme] ; L: Et tant comme . **158.** d'eulz] ; L: et il se moquet d'euls .

il les despisoit ainssi, il le commencierent a tormenter du matin jusques a midi par
60 diverses manieres de tormens. Et comment que il li feissent ensi, toutevoies estoit il
en la foy sanz mouvoir et ferme, en faussant leur loy et en destruiant forciblement. Et
quant les Sarrazins virent que il ne se vouloit departir de sa volenté, il le pendirent
sus .i. arbre, ou il demora de nonne jusques a la nuit. Et quant il fu venu a la
nuit, il l'osterent de l'arbre sanz lesion et sanz bleceure nule du monde. Et quant
65 il virent ce, il le partirent parmi le milieu. Et au matin riens ne fu trouvé de li
[f. 213ᵛb] briément. Toutevoies il fu revelé a une digne personne que Diex avoit
mucié son cors jusques a certain temps,[84] elquel temps il le manifesteroit quant
il li pleroit. Et pour ce que Dieu tout puissant demoustrast que les ames de eulz
fussent el regne des ciex, en celui jour que iceulz tres beneois freres sont fais glorieus
70 martirs, celui evesque des paiens se mist a dormir. Et si comme il se dormoit en
son lit, il s'aparurent a li comme martyrs glorieus, luisans et resplendissanz comme
soleil. Et tenoit chascun en sa main une espee. Et les branlerent sus l'evesque
en tel maniere comme se il le vousissent trenchier parmi. Et quant il vit ceste
chose, il se commença a escrier a tres haute voiz que toute sa mesniee acoururent
75 a li hastivement, et demanderent que il avoit et que il vouloit. Et si comme il
l'enqueroient ainssi, il leur respondi et dist, "Ces François que je fis occirre sont
ci venus a moi, et me vouloient occirre a leur espe[f. 214ʳa]es que il avoient." Et
donc celui evesque envoia querre le potestat, c'est a dire le seigneur de la ville, et
li raconta tot ce qui li estoit avenu, en conseillant soi a lui, que finaument il feroit

---

159. ainssi] ; L: Et il virent que il les despisoit ainsi . **159.** matin] ; L: de le matin
. **160.** ensi] ; L: feissent tres grans mauls . **160.** toutevoies] ; L: toutefois . **161.**
ferme] ; L: estoit il ferme en la foy sanz mouvoir . **161.** forciblement] ; L: en fausant et
en destruiant leur loy forciblement . **164.** nuit] ; L: Et quant la nuit fu venue . **165.**
partirent] ; L: couperent . **165.** riens] ; L: nulle chose . **166.** briément] ; L: *manque*
. **166.** Toutevoies] ; L: Toutefoiz . **167.** mucié] ; L: noncié . **168.** pleroit] ; L: il
le manifesteroit si comme il li plairoit . **168.** puissant] ; L: poissant . **168.** eulz] ; L:
d'euls . **169.** sont] ; L: furent . **171.** s'aparurent] ; L: se apparurent . **171.** glorieus,]
; P: .i. martyrs: .i. *rayé par le scribe* . **171.** resplendissanz] ; L: clers et resplendissans
. **172.** branlerent] ; L: branloient . **173.** parmi] ; L: comme il vousissent celi trenchier
parmi . **174.** mesniee] ; L: si que toute sa mesniee . **175.** demanderent] ; L: et li
demanderent . **178.** ville] ; L: envoia querre le potestat de la ville . **179.** finaument] ;
L: *manque* .

180 de ceste chose et que il creoit du tout en tot morir par iceulz. Donc li conseilla le potestat que il feist une grant aumosne pour eulz se il vouloit eschaper de la main de ceulz que il avoit occis. Et donc tantost il envoia pour les crestiens que il detenoit en chartre. Et quant il vindrent a li, il leur requist pardon humblement de ce que il leur avoit fait faire. Et se fist frere et compaignon d'eulz. Et quant ce fu fait,
185 il commanda que se il avoit onques mesfait a nul crestien, que il les requeroit de pardon. Et ainssi il les lessa aler du tout en tout touz quites. Et aprés ce il leur fist edefier .iiij. eglises.[86] Mes toutefoiz il fist en chascune demorer .iiij. prestres sarrazins. Et quant l'emperiere du païs oï que ces freres [f. 214^{r}b] orent soustenu tel sentence, il envoia et ordena que celui evesque fust pris et mené a li les mains liees.
190 Et si comme il fu ainssi amené devant li, il li demanda pour quoi il avoit fait morir si cruelment ces freres. Et donc quant il li ot ce demandé, il li respondi, "Je fis ces freres ainssi morir car il vouloient destruire nostre loy, et certes il distrent mal de nostre prophete." Et donc li dist l'emperiere, "Tu chien tres cruel![87] Quant tu veis que Diex avoit delivré celui frere .ij. foiz du feu, comment fus tu si osé que tu
195 leur donnas tel mort?". Et quant il ot ce dit, il le fist couper parmi, li et toute sa mesniee. Et pour ce que il avoit fait morir ainssi les freres a leur gloire et a leur merite, et fait soustenir tel mort, il la souffri tant seulement a son destruiement.

Et en ceste contree est gardee une coustume. Quar nul cors n'i est enseveli. Mes sont les cors delessiez es champaignes, et tantost il sont [f. 214^{v}a] destruis pour
200 la tres grant chaleur. Et adonc les cors de ces .iiij. freres furent la par .xiiij. jours

---

180. creoit] ; L: creoit bien . **180.** iceulz] ; L: par iceuls François . **180.** Donc] ; L: Dont . **181.** vouloit] ; L: s'i voloit . **182.** occis] ; L: que il avoit fait ocirre . **183.** chartre] ; L: C'est que il delivrast les crestiens que il tenoit en chartre. Et donc les envoia querre . **184.** faire] ; L: des mauls que il leur avoit faiz . **184.** d'eulz] ; L: d'iceuls . **185.** commanda] ; L: il fist crier . **186.** pardon] ; L: que il en requeroit pardon [85] . **186.** quites] ; L: Et ainsi lessa aler les crestiens touz quites . **187.** demorer] ; L: fist il demourer en chascune . **189.** ordena] ; L: commanda . **190.** fu] ; P: il il fu; L: Et quant il fu . **191.** respondi] ; L: Et il li respondi . **192.** morir] ; L: Je fis ainsi morir ces freres . **192.** distrent] ; L: disoient . **194.** veis] ; L: Quant quant tu voiz . **194.** feu] ; L: du feu par .ij. foiz . **194.** osé] ; L: fus tu puis si osé . **196.** mesniee] ; L: decouper parmi le milieu, et toute sa mesniee avec . **197.** destruiement] ; L: sa destruction . **198.** coustume] ; L: Et en cele contree a tel coustume . **198.** Quar] ; L: Que . **199.** champaignes] ; L: Mes sont lessiez es champs . **199.** destruis] ; L: et il sont tantost destruiz . **200.** freres] ; L: Et le[s] cors de ces freres .

el soleil, et si furent trouvez aussi fres et aussi entiers comme il estoient le jour que il souffrirent mort et glorieus martyre.

Et donc quant les crestiens qui estoient en cele terre virent ceste chose, il pristrent les cors et puis les mistrent en sepouture.

Comment Frere Odorich prist les os de ses compaignons

Adonc je, Frere Odorich, qui soi bien de leur glorieus martyre, si alai la et pris leur cors qui avoient ja esté mis en sepouture.

Et pour ce que Diex par ses sains fait mout et de grans miracles, il voult meesmement ouvrer par cels ici. Quar je, Frere Odorich devant dit de l'Ordre des Meneurs, si comme je eusse pris les os de ces freres, et je les eusse liez en beles touailles, et je les portoie en Ynde en .i. lieu de nos freres avec .i. compaignon et .i. vallet.[88] Je me hostelai en la maison d'un hostelier. Et ces os, qui miex doivent estre nommez reliques saintes, je mis souz [f. 214ᵛb] mon chief, et m'endormi. Et si comme je me dormoie, cele maison fu soudement enbrasee des Sarrazins pour moi faire morir, et crioient a haute voiz: "Car c'est le commandement de l'imperateur que celui muire de qui la maison est arse." Et la maison ainssi embrasee, mon compaignon issi hors avec le vallet, et je remés dedenz, moi et les os. Et si comme je estoie en la maison qui ja ardoit, je pris les os de ceulz freres et me mis en .i. anglet

---

201. soleil] ; L: furent la el solleil par .xiiij. jours . **202.** martyre] ; L: que il sosfrirent leur glorieus martyre . **203.** quant] ; L: Et quant . **203.** terre] ; L: cité . **204.** puis] ; L: *manque* . **206.** *compaignons*] ; L: *la rubrique manque* . **207.** martyre] ; L: qui oï noveles de leur glorieus martire . **207.** si] ; L: *manque* . **208.** leur] ; L: les . **209.** miracles] ; L: Dieu fait pour ses sains moult de grans miracles . **210.** ici] ; L: vout ouvrer mesmement pour ceulz ci . **210.** Quar] ; L: Que . **210.** dit] ; L: le devant dit Frere Odoric . **211.** pris] ; L: oi prins . **211.** ces] ; L: ses . **211.** liez] ; L: et liés . **212.** lieu] ; L: pour porter en Ynde a .i. lieu . **214.** m'endormi] ; L: *manque* . **215.** dormoie] ; L: Et quant je fu endormi . **216.** morir] ; L: cele meson fu soudement embrasee de feu que les Sarrazins y bouterent pour moi ardoir . **216.** Car] ; L: Que . **216.** commandement] ; L: du commandement . **216.** l'imperateur] ; L: l'emp[er]iere . **217.** arse] ; L: que celi doit morir de qui la maison art [89] . **217.** embrasee] ; L: Et quant la maison fu ainsi embrasee . **218.** vallet] ; L: li et le vallet . **218.** dedenz] ; L: et je dedens .

220 de la maison. Merveilles sont a dire. Quar les .iij. anglez de cele maison furent ars, et ne remaint de cele maison seulement fors celui elquel je estoie. Et la ou je estoie ainssi en cel anglet le feu estoit sus moi, et ne me fesoit nul mal, ne il n'ardoit point l'anglet de cele maison tant longuement comme je fui dedenz la maison avec les os. Le feu ne descendi onques, mes se tenoit desus aussi comme air. Et si tost comme
225 je fu issu hors de la maison avec les os ele fu donc arse du tout en tout, [f. 215ʳa] et non pas tant seulement icele, mes mout d'autres qui estoient prochaines a cele. Et ainssi m'en issi de la sanz lesion. Enseurquetout une autre chose m'avint qui avint en alant m'en. Quar si comme je m'en aloie ainssi avec ces os par la mer a une cité qui est apelee Polombe, la ou le poivre croist habondaument,[90] le vent
230 nous defailli du tout en tout, pour laquel chose les ydolatres qui nous menoient aourerent leur diex que il leur donnast vent propre. Mes il ne leur porent donner. Et aprés Sarrazins vindrent et orerent que il eussent vent, et travaillierent mout, et toutevoies ne porent il tant faire que il l'eussent par leur supplicacions.
Et aprés ce il fu commandé a moi et a mon compaignon que nous feissons prieres
235 a nostre seul Dieu que il nous donnast bon vent, finablement comme les vivres et les neccessaires failloient,[91] et distrent que, se il pooit estre eu par nous, il nous feroi[f. 215ʳb]ent grant honneur. Et celui qui estoit mestre de la nef et gouverneur parla a nous en la langue d'Armenie que il ne fust entendu des autres,[92] et dist,

---

220. maison] ; L: Et me mis en la maison dedens .i. anglet *(la première partie de la phrase manque dans L)* . 220. dire] ; L: Et c'est merveille a dire . 221. remaint] ; L: demoura . 221. maison] ; L: de toute la maison . 221. estoie] ; L: fors cel angle en quoi je estoie . 222. moi] ; L: Et encore estoit le feu sus moy la ou je estoie en cel anglet . 223. os] ; L: ne il n'ardoit point l'anglet, ne n'ot onques mal tant comme je fu dedens la meson avec les os . 224. feu] ; L: Ne le feu . 225. arse] ; L: ele fu arse tantost . 226. cele] ; L: moult d'autres qui en estoient pres . 227. lesion] ; L: Et ainsi m'en alai de la sans mal avoir . 228. m'en] ; L: m'avint en alant m'en . 228. mer] ; L: par mer . 228. a] ; L: en . 229. ou] ; L: ou . 231. propre] ; L: si que il envoiassent propre vent . 232. orerent] ; L:Sarrazins qui estoient la orerent . 232. mout] ; L: *cette phrase manque* . 233. toutevoies] ; L: toutefoiz . 233. l'eussent] ; L: que il en eussent point . 234. moi] ; L: il me fu commandé . 234. prieres] ; L: feisson proieres . 235. comme] ; L: finaument quer . 236. pooit] ; L: pouoit . 236. eu] ; L: estre empetré . 238. d'Armenie] ; L: de Armenie . 238. dist] ; L: dist que .

"Se nous ne poons avoir vent, nous geterons ces os en la mer."
 Et donc quant moi et mon compaignon oïsmes ceste chose, nous feismes nos oroisons a Dieu. Et quant nous veismes que nous ne poions avoir vent, nous promeismes mout de choses a l'onneur de la glorieuse Vierge, et a celebrer mout de messes que nous peussons dont avoir aucun bon vent. Et si comme nous ne pooions avoir vent, adonc je pris .i. de ces tres petis os, et dis au vallet que il alast au bort de la nef geter le en la mer hastivement. Et donc quant cel os fu geté dedenz la mer, tantost le vent nous est fait si bon et si propre que il ne nous defailli onques devant la que nous venismes a port, auquel nous venismes a salu par les merites de cels freres.
 Et si comme nous estions en la cité de Polombe illec [f. 215ᵛa] au port, nous montames en une autre nef qui est nommee "coque", si comme il est dit par desus, que nous alissons en Ynde La Haute a Çayton, une cité ou .ij. couvens de Freres Meneurs sont, pour ce que nous meissons illec ces saintes reliques. Et donc en ceste nef estoient bien .vijᶜ. autres hommes marcheanz. Et pour ce que ces ydolatres ont entre eulz une coustume que avant que il s'appliquent a venir au port, il enquierent par toute la nef et veulent savoir que il y a, si enquierent meismement se il y a nus os de gens mors. Et se il les trouvoient, il les geteroient en la mer tantost. Et

---

239. poons] ; L: poon . **239.** geterons] ; L: jeteron . **240.** oïsmes] ; L: quant mon compaignon et moy oï . **241.** oroisons] ; L: nostre oroison . **241.** poions] ; L: porrions . **242.** Vierge] ; L: moult de choses a la glorieuse Virge Marie . **243.** vent] ; L: pour ce que elle nous donnast aucun bon vent . **244.** vent] ; L: Et donc quant je vi que nous ne poion avoir point de vent . **244.** adonc] ; L: *manque* . **245.** hastivement] ; L: et le baillai au vallet et li envoie jeter tout secretement en la mer . **245.** quant] ; L: Et quant . **245.** dedenz] ; L: en . **246.** bon] ; L: nous fu si bon . **246.** defailli] ; L: failli . **248.** freres] ; L: devant que nous venimes a port de salu par la merite de ces freres . **249.** port] ; L: Et quant nous estion en la cité de Polombe au port . **250.** "coque"] ; L: apelee une "coque" . **250.** dit] ; L: si comme j'ai dit . **251.** Ynde] ; L: pour aler en Ynde . **252.** sont] ; L: ou il a .ij. couvens de nos Freres [93] . **252.** reliques] ; L: pour mettre la ses saintes reliques . **253.** bien] ; L: Et il estoient bien en ceste coque . **254.** que] ; L: quer . **254.** port] ; L: prendre port . **255.** veulent] ; P: et veulent et veulent . **255.** si] ; L: et . **255.** il] ; L: s'il . **256.** trouvoient] ; L: s'il les treuvent . **256.** geteroient] ; L: getent .

cil qui les aroient si seroient en peril de mort.[94] Et si comme il cerchassent par tout, ja soit ce que grant quantité d'os y estoient par la grace de Dieu, il ne les pourent trouver. Et ainssi par la volenté de Dieu, nous les portasmes a .i. lieu de
260 nos freres diligaument la ou il furent receus et presentez a grant honneur et a tres grant reverence. [f. 215ᵛb] Et ainssi fait le tout poissant Dieu mout d'autres choses par iceulz freres sains. Et encore tiennent les ydolatres et les Sarrazins, car quant il sont tenus d'aucune enfermeté,[95] il vont et prennent de la terre ou il furent occis et la levent, et quant elle est lavee il boivent la laveure en vin ou en yaue et tantost
265 il sont delivrez de leur enfermetez du tout en tout.

---

257. seroient] ; L: Et cil qui les porte est . **257.** cerchassent] ; L: queroient . **259.** trouver] ; L: ja soit ce que il y eust grant quantité des os, si ne les porent il trouver par la grace de Dieu . **259.** volenté] ; L: le plaisir . **259.** portasmes] ; L: portames honestement . **260.** diligaument] ; L: *manque* . **261.** reverence] ; L: presentés et receus a honneur et a grant reverence . **261.** Dieu] ; L: Et aussi fist Dieu tout poissant . **261.** choses] ; L: miracles . **262.** sains] ; L: sains freres . **262.** tiennent] ; L: Et encore ont en coustume . **262.** Sarrazins] ; L: de cele cité . **262.** car] ; L: que . **263.** d'aucune] ; L: ont aucune . **263.** prennent] ; L: il prennent: vont et *manque* . **263.** occis] ; P: occis occis . **265.** tout] ; L: et la levent et boivent la laveure avec le vin et tantost sont gueris del tout en tout .

[CHAPITRE IX]

Ci parole le frere de la terre ou le poivre croist
   Pour ce que nous sachon comment le poivre est eu, vous devez savoir que en .i. empire, la ou je alai par mer, Minibar par non. Et en nul autre partie du monde que l'en sache, il ne croist habondaument, fors que la. Et le bois certes en quoi le poivre
5 croist contient bien en soi .xviij. jornees. Et en ce bois sont .ij. citez, l'une par non Flandrine et l'autre a non Cingule. En ceste cité Flandrine aucuns des habitans sont juis et les autres crestiens. Et entre ces .ij. citez est touzjors aussi comme [f. 216ʳa] bataille de l'une a l'autre, en tel maniere que les crestiens seurmontent touzjours et vainquent les juis. Et en ceste contree certes est eu le poivre par ceste maniere.
10 Quar il croist premierement aussi comme en fuilles d'erre. Lesqueles fueilles avec l'erbe sont apoiees de jouste les grans arbres, aussi comme nos vingnes sont ici mises. Et ces fueilles si donnent fruit, aussi comme les grapes font les raisins, et metent hors le fruit en si grant quantité que il sont aussi comme au froissier. Et si comme il est meur, il est de verte couleur. Et ainssi est il vendengié et cueilli
15 comme les grapes sont ici, en metant le au soleil pour sechier. Et quant il est sechié, il est mis en vessiaus. Et certes en ce bois sont flueves esquiex il a mout de mauvés cocodrilles, et mout de tiex mauvés serpens.[98]

---

1. croist] ; L: *la rubrique manque* . 2. sachon] ; L: sachons . 3. non] ; L: qui a non Minibar [96] . 4. la] ; L: Quer poivre ne croist si habondaument en nulle autre partie du monde tant comme la . 5. non] ; L: l'une qui a non . 6. Cingule] ; L: et l'autre Cingule [97] . 6. Flandrine] ; L: En la cité de Flandrine . 8. bataille] ; L: est touzjours bataille . 8. a] ; L: et de . 9. certes] ; L: *manque* . 9. eu] ; L: a l'en . 10. d'erre] ; L: d'ierre . 12. mises] ; L: Lesqueles fuilles et leur branches sont apoiees contre les grans arbres dedens le bois aussi comme nos vignes sont mises es arbres en aucuns liex . 12. donnent] ; L: Et feuilles donnent . 12. raisins] ; L: les grapes des resins . 13. metent] ; L: meitent . 13. en] ; L: a . 13. froissier] ; L: brisier . 14. meur] ; L: Et quant il est meur . 15. ici] ; L: ici *manque* . 15. soleil] ; L: et est mis au solleil . 16. en] ; L: l'en le met es . 16. en] ; L: Et en . 16. esquiex] ; L: esquelz . 16. a] ; L: il habite . 17. cocodrilles] ; L: moult de mauveses bestes qui ont non "cocodrilles" . 17. tiex] ; L: Et moult d'autre .

[CHAPITRE X]

Et el chief de cest bois devers midi est une cité qui a non Polombe en laquele le meilleur gin[f. 216ʳb]gembre naist qui croisse par aventure en tout le monde. Et en cele cité sont tant et si grans marcheandises, que ce seroit chose non croiable a mout de gens. Et touz ceulz de cele contree aourent .i. buef pour leur dieu, et dient que
5 c'est .i. saint. Et le font .vj. anz labourer et el septiesme il est mis en commun, et va la ou il veult, et nul ne l'ose couroucier. Et il tiennent ceste coustume en soi et la gardent, laquele est abhominable a dire, et engendre une horribleté, et toutevoies je la raconterai pour descouvrir leur felonnie.[100] Car chascun matin il prennent .ij. bacins d'or ou d'argent. Et quant il metent ce buef hors de l'estable, il [les]
10 mettent desouz li, et requeillent l'orine de li en l'un et en l'autre son ordure. Et de l'orine il levent leur faces, et de l'autre ordure il metent premierement el milieu de leur veue, et aprés sus leur .ij. joes et aprés ce el milieu de leur poitrine, si que il en metent en .iiij. liex. Et quant il ont ainssi [f. 216ᵛa] fait, il dient que il sont saintefiez par aventure. Et si comme le pueple fait, aussi fait le roi et la royne. Et
15 aussi semblablement aourent il une autre ydole qui est homme la moitié et la moitié buef. Et cesti ydole leur respont par la bouche, et leur requiert mout de foiz a avoir le sanc de .xl. enfans vierges, et il li font si comme il le requiert. Et pour ce vouent hommes et fames donner leur filz et leur filles a ceste ydole, aussi comme les hommes

---

1. cest] ; L: ce .   2. gin[f. 216ʳb]gembre] ; L: ginginbre .   2. croisse] ; L: croist qui soit .   5. saint] ; L: que il est saint .   5. septiesme] ; L: el .vij. an .   6. couroucier] ; L: corcier [99] .   6. tiennent] ; L: Et si tiennent .   7. horribleté] ; L: ceste coustume, qui est abhominable et plaine de horribleté .   7. toutevoies] ; L: toutefoiz .   8. raconterai] ; L: la raconterai je .   8. prennent] ; L: Quer il prennent chascun matin .   9. metent] ; L: meictent .   9. [les]] ; P: li .   10. li] ; L: il meitent desouz li les bacins .   11. l'orine] ; L: Et cele orine .   11. metent] ; L: et la fiente il meitent .   12. veue] ; L: premierement en leur veue .   12. leur] ; L: et puis enmi leur .   13. metent] ; L: meitent .   13. .iiij.] ; L: .iij. .   14. comme] ; L: Et tout aussi comme .   15. semblablement] ; L: Et tout aussi communement .   16. buef] ; L: moitié home et moitié buef .   16. cesti] ; L: ceste .   18. hommes] ; L: Et se veuent hommes .   18. donner] ; L: a donner .   18. ceste] ; L: cele .

et les fames vouent ici donner leur filz et leur filles a aucune relegion. Et ainssi par
20 ceste maniere les hommes occient leur enfanz devant cest ydole, afin que le sanc
des enfanz leur soit sacrefié. Et pour ce muerent mout d'enfans en ceste maniere.
Et ainssi fait ce pueple mout d'autres choses lesqueles ce seroit abhominacion a
oïr. Et en ceste ylle mout d'autres choses sont eues et croissent aséi et pluseurs
autres choses qu'il ne couvient pas escrire. Une autre tres mauvese coustume ont
25 les ydolatres de ce regne. Quar [f. 216ᵛb] quant .i. homme muert ou est mort, se
il a fame, il l'ardent toute vive, et dient que ele s'en va maindre avec son mari en
l'autre monde. Et se la fame a enfans de son mari, se ele veult ele puet demorer
avec ses enfans, et ne li est point reputé a vergoigne. Et se la fame moroit avant,
l'en n'en contraindroit le mari par nule loy, mes puet, se il veult, prendre une autre
30 fame.
 Et certes encore est la une autre coustume. Car les fames boivent le vin et les
hommes non. Et les fames se font rere les visages et les barbes, et les hommes non.
Et aussi font il de mout d'autres merveilles et choses bestiaus que il n'afiert pas
mout a escrire ci.

35 *[Du resgne de Mobar]*
 De ce regne sont .x. jornees jusques a .i. autre regne qui a non Mobar, lequel
est mout grant regne, et a souz soi mout de terres et mout de citez. Et en ce regne
est le cors du beneoit saint Thomas l'apostre. Duquel l'eglise est plaine de mout
40 d'ydoles. Et en laquele eglyse sont [f. 217ʳa] par aventure .xv. paire de maisons

---

19. filles] ; L: les gens font ci donner leur enfans . 19. relegion] ; L: religion [101]
. 20. cest] ; L: cele . 21. sacrefié] ; L: afin qu'il soient sacrefiés et que le sanc des
enfans leur soit sacreficé . 21. muerent] ; L: meurent . 22. ainssi] ; L: aussi . 22.
abhominacion] ; L: lesquelles feroient grant orribleté . 23. croissent] ; L: Et en ceste
terre sont et croissent . 23. aséi] ; *lire* aséi[z] *(?)* . 24. qu'il] ; L: qu'i . 30. fame] ; L:
Une autre tres mauvese coustume ... prendre une autre fame *manque* . 31. coustume]
; L: Et encore ont il la une autre maniere . 31. Car] ; L: Que . 32. non] ; L: n'en
boivent point . 32. barbes] ; L: le visage et la barbe . 33. mout] ; L: Et font moult .
33. et] ; L: et de . 34. ci] ; L: qui n'afierent pas mout a raconter . 36. Mobar]] ;
manque dans P; *rubrique de* L . 37. Mobar] ; L: Et donc je me parti de cele terre et
m'en alai el resgne de Mobar par non, ou il a .x. journees de la . 38. regne] ; L: lequel
resgne est mout grant . 39. l'apostre] ; L: le cors saint Thomas apostre . 40. d'ydoles]
; L: en une eglise qui est toute plaine de ydoles . 40. laquele] ; L: cele . 40. paire] ;
L: pere .

de crestiens, lesquiex sont tres felons et tres mauvés hereges. Mes Frere Jehan du Vignay qui translata cest livre de latin en françois si dit au contraire, que sauve la grace de celui qui ce dist, selonc la *Legende Dorée*, le cors du dit saint Thomas est en Edisse la cité. En laquele cité il ne puet vivre longuement ne bougre ne herege, 45 si comme il est plus plainement contenu en la leugende du dit saint, et en met a tesmoing le livre de la dite legende.[102]

[CHAPITRE XI]

Et semblablement, en ce regne est .i. ydole mout merveilleus, que touz ceulz de la contree d'Ynde honnorent mout, car il est grant aussi comme saint Christofle est paint des painteurs en ces parties, et si est tout de pur or.[103] Et si a au col une corde de pierres precieuses, laquel corde vaut mout tres grant pris. Et l'eglyse de
5 cele ydole est toute d'or pur. Car la couverture est toute d'or, et le pavement est semblablement. Et a cest ydole aourer acourent [f. 217ʳb] gens de lointaignes parties aussi comme les crestiens vont de loing a saint Pierre de Romme, ou a saint Jaque. Et les uns de ceulz qui viennent a cel ydole viennent la corde el col. Les autres a une table qui leur est liee au col et aus mains. Les autres .i. coutel fichié el braz, et
10 le coutel n'est remué du bras ne de la plaie devant que il vient a l'ydole, si que aprés

---

41. lesquiex] ; L: qui . **42.** Vignay] ; L: Johan de Vygnai de l'Ordre de saint Jaque de Haut Pas . **42.** françois] ; L: qui mist de latin en françois . **42.** contraire] ; L: si dit . **43.** grace] ; L: l'onneur et la grace . **43.** selonc] ; L: que selonc . **44.** cité] ; L: en la cité de Edisse . **44.** herege] ; L: Et la ne puet durer longuement ne bougre ne herege nul . **45.** leugende] ; L: legende . **46.** tesmoing] ; L: et de ce met en tesmoing . **1.** semblablement] ; L: aussi . **1.** ce] ; L: cel . **1.** .i.] ; L: une . **1.** mout] ; L: moult tres . **2.** mout] ; L: et aourent . **2.** aussi] ; L: Et cel ydole est grant, ausi grant . **3.** parties] ; L: comme l'en fait saint Christofle en nos paintures, ou greigneur . **3.** a] ; L: Et a pendu . **4.** pris] ; L: qui vaut moult tres grant nombre d'or . **5.** cele] ; L: cesti . **5.** pur] ; L: de pur or . **6.** semblablement] ; L: Et couverture et tout, et le pavement aussi . **6.** gens] ; L: gent . **7.** vont] ; L: viennent . **7.** Pierre] ; L: Pere . **7.** Jaque] ; L: en Galice [104] . **8.** qui] ; L: Et aucuns des gens qui . **8.** a] ; L: Et les autres ont . **9.** aus] ; L: as . **10.** le] ; L: cel . **10.** vient] ; L: devant qu'il est venu .

ce il en a le bras tot martri. Et les autres font autre chose. Quar quant il issent de
leur maison, il font .iij. pas. Et el quart pas il font une trace tant comme l'un d'eulz
est lonc, et se getent a terre,[105] et aprés il se lievent et prennent .i. encensier avec
l'encenz et le feu. Et sont les enfanz qui encensent illec sus cele longueur d'eulz. Et
15 ainssi vont touzjors faisant en chascun quart pas et vont ainssi jusques a l'ydole,
dont il metent bien grant temps pour aler a cel ydole. Et comme il voisent touzjors
en faisant ainssi comme j'ai dit, et quant il vont ainssi et il vuelent faire aucune
chose de neccessité, ou men[f. 217^{v}a]gier ou boivre, il font illec .i. signe en la voie
ou il font ce qui est dit devant, si que il sachent combien il sont venuz, et que il
20 sachent ou il doivent reprendre leur erre. Et ainssi la continuent il, tant que il sont
venus a cel ydole. En l'eglise de cel ydole est .i. lac fait de main d'omme, auquel les
pelerins vont, et getent dedenz or et argent et aucuns y getent pierres precieuses.
Et ces choses font il en l'onneur de cel ydole et pour l'edificacion de l'eglyse. Et
donc il traient de ce lac mout d'or et d'argent et de pierres precieuses. Et pour
25 ce, quant il veulent faire aucune chose en cele eglise, il enquierent parmi le lac et
truevent tout ce qui est geté dedenz. Et certes en ce jour que celui ydole fu fait,
ceulz de la contree i vont et le prennent et metent sus .i. tres bel char. Et aprés le

---

11. martri] ; L: malmis . **11.** de] ; L: hors de . **12.** el] ; L: au . **13.** lonc] ; L: une trace de leur longueur . **14.** feu] ; L: avec feu et encens . **14.** enfanz] ; L: Et ont enfans . **14.** d'eulz] ; L: de iceulz . **15.** touzjors] ; L: vont il touzjours . **15.** l'ydole] ; L: faisant a chascun .iiij. pas tant que il sont devant l'ydole . **16.** cel ydole] ; L: et meitent grant quantité de temps a aler la . **17.** en] ; L: Quer il vont touzjours . **17.** dit] ; L: je di . **18.** boivre] ; L: boire . **19.** devant] ; L: ou il vont faisant ce que j'ai dit . **20.** erre] ; L: si que par ce signe il sachent ou il ont lessié et ou il doivent reprendre leur erre . **20.** il] ; L: Et ainsi font . **21.** de] ; L: Dedens le temple de . **21.** lac] ; L: lac d'eaue . **21.** les] ; L: ces . **23.** en] ; L: Et le font en . **23.** cel] ; L: cele . **23.** l'eglyse] ; L: l'euvre de ce temple . **24.** de] ; L: Et l'en oste de . **24.** precieuses] ; L: precieuses pierres . **25.** quant] ; L: Et quant . **25.** eglise] ; L: nouveleté ou reparation en ce temple . **25.** le] ; L: il quierent et peechent en ce . **26.** ydole] ; L: Et a la journee que cel ydole . **27.** vont] ; L: vont la . **27.** prennent] ; L: et prennent l'ydole . **27.** char] ; L: et le meitent sus .i. tres bel chariot . **27.** aprés] ; L: Et donc .

roy et la royne et touz les pelerins et encore le pueple touz assemblez ensemble le metent hors de l'eglise, a grant chant et a toutes manieres d'instrumens, a laquele
30 [f. 217ᵛb] chose je fui une foiz present. Et si comme cest ydole est ainssi mis hors de son eglyse, mout de vierges vont devant li .ij. et .ij. et vont merveilleusement chantantes devant li. Et aprés ce certes vont les pelerins qui sont venus a ceste feste, et se boutent souz ce char, et en font les roes passer par desus els, et dient que il veulent morir pour leur dieu. Et ainssi le char qui est apesanti por cel ydole
35 trespasse par desus ceulz qui sont desouz li, et les froisse et coupe touz parmi le milieu,[106] et tantost il muerent. Et il demainent cel ydole ainssi en faisant ainssi, jusques a .i. lieu ordené a ce. Et quant il l'ont amené a cel lieu, il l'en remainent arriere a son premier lieu ou a leur eglise a grans chans et a grans instrumens aussi comme au premier. Et si n'est nul an du monde que il n'i muire plus de .vᶜ. hommes
40 en ceste maniere. Et donc il prennent les cors des mors et les ardent. Et dient que [f. 218ʳa] il sont sains quant il se sont lessiez morir pour leur dieu. Et une autre chose est faite de ces gens meismes. Car aucuns vient qui dit, "Je me veul occirre pour mon dieu." Et donc viennent ses amis et ses parens, et touz les jugleors de la contree, pour faire li feste pour ce que il veult morir pour son dieu. Et donc li

---

28. assemblez] ; P: tout touz assemblez . 28. ensemble] ; L: le roy et la royne, les pelerins et tout le pueple assemblés touz ensemble . 29. metent] ; L: meitent . 30. chose] ; L: a laquele chose veoir et regarder . 30. fui] ; L: fu . 30. comme] ; L: Et quant . 31. eglyse] ; L: temple . 31. vierges] ; L: pluseurs vierges . 32. li] ; L: et chantent meloudieusement devant l'ydole . 32. certes] ; L: Et aprés ces caroles . 33. els] ; L: euls . 34. ydole] ; L: qui est pesans tant pour l'ydole que pour la pesanteur de li . 35. coupe] ; L: et les coupe et detrenche . 35. touz] ; L: *manque* . 36. muerent] ; L: meurent . 36. cel] ; L: Et donc demainent cele . 36. ainssi] ; P: ainssi ainssi; L: ainsi . 37. lieu] ; L: i l'ont amené jusques a ce lieu . 38. ou] ; L: *manque* . 38. eglise] ; L: son temple . 38. chans] ; L: grant chant . 38. grans] ; L: *manque* . 38. aussi] ; L: tout aussi . 39. an] ; L: Et il n'est nule anee . 39. muire] ; L: que il ne muire la . 40. ceste] ; L: cele . 40. maniere] ; L: que j'ai dit . 42. meismes] ; L: Et aussi font aucuns de ces gens en autre maniere . 42. vient] ; L: Quer il vient la aucun . 43. ses] ; L: ces . 44. veult] ; L: por faire feste a celi qui dit qu'i veult (qu'i[l] veult?) . 44. donc] ; L: Et puis .

45 pendent au col .v. coutiaus tres aguz, et le mainent devant l'ydole a grant chanterie.
Et comme il est devant l'ydole, il prent adonc .i. de ce[s] tres agus coutiaus et crie
a haute voiz et dit: "Je detrenche ma char pour mon dieu." Et comme il a trenchié
de sa char en quel lieu que il veult, il la gete en la face de l'ydole, et dit: "Je me
lesse morir pour mon dieu," et ainssi en la parfin s'ocist illec pour son dieu. Et
50 tantost que il est mort, son cors est ars, et cuident que il soit saint, pour ce que
il s'est tué por son dieu. Et ainssi mout d'autres grans choses sont faites de ces
gens qui ne sont pas a escrire. Le roy de celle ylle est mout [f. 218ʳb] riche d'or et
d'argent et de pierres precieuses. Et en ceste ylle sont trouvees autant de bonnes
[pelles] comme en nule autre partie du monde. Et aussi mout d'autres choses sont
55 trouvees en ceste ylle, lesqueles seroit trop longue chose a escrire.

[CHAPITRE XII]

Comment le frere vint en la contree de Lamori

Je me departi de ceste contree, et m'en alai devers le midi, et ving .l. jornees
par la grant mer, en une contree qui est apelee Lamori, et la commençai je a perdre
l'estoile transmontaine pour la terre qui la me couvri.[108] Et en cele terre est si
5 tres grant chaleur, que touz, tant hommes comme fames, vont nus, et ne se cuevrent

---

45. coutiaus] ; L: couteaus . **46.** comme] ; L: quant . **46.** l'ydole] ; L: l'ydole *manque*
. **46.** adonc] ; L: adonc *manque* . **46.** ce[s]] ; P: ce; L: ces . **46.** coutiaus] ; L:
couteaus . **47.** voiz] ; L: haute voiz voiz . **47.** trenchié] ; L: Et donc trenche . **49.**
dieu] ; L: pour toy mon dieu . **49.** s'ocist] ; L: s'occist en la parfin . **50.** tantost] ;
L: Et si tost . **50.** cuident] ; L: croient fermement . **51.** tué] ; L: il c'est tué . **51.**
d'autres] ; L: Et moult d'autres . **52.** gens] ; L: faites par cele gent ydolatre . **52.** pas]
; L: point . **52.** escrire] ; L: escrire pour l'orribleté de leur fais . **52.** ylle] ; L: terre .
52. et] ; L: *manque* . **53.** ylle] ; L: Et la . **54.** [pelles]] ; P: paroles; L: pelles . **55.**
ylle] ; L: cele terre . **55.** escrire] ; L: et tant que ce seroit trop longue chose a raconter
et feroit ennuy as oians [107] . **1.** *Lamori*] ; L: *De Lamori* . **2.** departi] ; L: parti .
2. ceste] ; L: cele . **4.** l'estoile] ; L: la veue de l'estoille . **4.** en] ; L: Et la en . **5.**
tant] ; L: tans .

ne ne vestent de nule chose. Et eulz se moquoient mout de moi. Car il disoient que Dieu avoit fait Adam tout nu, et je me vouloie vestir maugré sien. Et en ceste contree toutes les fames sont mises au commun si que il n'i a nul homme qui puisse dire vraiement, "Ceste est ma fame", ne la fame, "Cestui est mon mari." Et
10 quant [f. 218ᵛa] la fame a enfanté filz ou fille, ele donne l'enfant auquel qu'ele veult de ceulz avec qui elle a jeu, et celi apele il son pere. Toute la terre est mise en commun, si que nul ne puet dire par verité, "Ceste ou cele partie de terre est moie", mes toutevoies ont il maisons en especial. Ceste gent est mortel et felonnesse. Car il menjuent aussi illec char des hommes, que c'est chose escommeniee. Et aussi
15 menjuent il char de mouton et de buef. Et les chars humaines que il menjuent sont des enfans, qui sont la portez a vendre d'autres contrees. Et ceste terre toutevoies est bonne de soi, car il ont grant habondance de char, de blé et de ris. Et si ont illec grant habondance de canfre, de fust d'aloés, d'or et de mout d'autres choses qui la naissent. A ceste ylle si garnie d'espices vont les marcheans de loing. Et portent
20 avec eulz enfans et les vendent a ces mescreans. Quar es contrees prochaines les hommes habondent d'enfans merveilleusement, en tant que il ne les pueent tous

---

6. chose] ; L: et ne se cuevrent de nulle chose . **6.** moi] ; L: Mes se moquoient de moy moult . **6.** disoient] ; L: Et disoient . **7.** maugré] ; L: malgré . **9.** dire] ; L: si que nul homme ne puet dire . **9.** fame] ; L: fame aussi . **10.** fille] ; L: a eu enfant, soit filz ou fille . **10.** quel qu'ele] ; L: que ele . **11.** il] ; L: l'enfant . **12.** moie] ; L: Ceste piece de terre est moie, ou ceste . **13.** toutevoies] ; L: toutefoiz . **13.** maisons] ; L: mesons ou habitacles . **13.** en] ; L: par . **13.** Ceste] ; L: Cele . **14.** char] ; L: la char . **14.** escommeniee] ; L: comme chose esconmeniee . **15.** mouton] ; P: char de i mouton: i *rayé par le scribe* . **15.** sont] ; L: est char . **16.** vendre] ; L: la aportés vendre . **16.** Et] ; L: *manque* . **16.** toutevoies] ; L: toutefoiz . **17.** ont] ; L: il y a . **17.** char] ; L: chars . **17.** illec] ; L: Et ont la . **18.** de] ; L: et de . **18.** d'aloés] ; L: de aloés . **18.** d'autres] ; L: de autres . **19.** naissent] ; L: croissent . **19.** garnie] ; L: qui est si garnie . **20.** mescreans] ; L: mescroians qui les menjuent . **20.** prochaines] ; L: prochaines contrees de cele ylle . **21.** que] ; L: et tant que .

norrir ne ne veulent. Et pour [f. 218ᵛb] ce eslisent il ceulz que il veulent et les retiennent devers eulz, et les autres il vendent as marcheanz qui vont en celle ylle, et quant il les ont achetez il les tuent et les menjuent.[109] Et aussi a il en cele
25 contree de bonnes choses et de males pluseurs qui ne sont pas ici escriptes. En ceste ille certes par devers midi est .i. autre royaume qui a non Symoltra, elquel il est une generacion de gent singuliere, qui se merchent du fer chaut bien en .xij. liex en la face. Et ainssi font aussi hommes comme fames. Et ceulz de cel royaume font bataille aussi comme touzjors avec ceulz qui vont nus. En cele contree est grant
30 habondance de choses.

Et en ce royaume en est .i. autre, Botenigo est apelé par non, et est devers midi.[110] Et mout de choses nessent en ce roiaume que je n'escri pas.

[CHAPITRE XIII]

En ce roiaume dedenz est une grant isle qui est apelee Java par non, qui est bien avironnee d'yaue par .iij. mile liues. Et le roy de ceste ylle Jave a bi[f. 219ʳa]en souz soi .vij. roys a couronne. Et ceste ylle est mout bien habitee, et est la seconde meilleur ylle qui soit. Et en cele est né le canfre et les bebes i sont nees et les
5 nois mugades et mout d'autres espices.[111] Et en cele ille est grant habondance de vivres fors que de vin.

---

22. veulent] ; L: veulent norrir . **23.** eulz] ; L: par devers soy . **23.** as] ; L: aus . **23.** ylle] ; L: ylle et les revendent . **25.** de] ; L: moult de . **25.** pluseurs] ; L: pluseurs *manque* . **25.** escriptes] ; L: ci devisees . **26.** certes] ; L: Certes en ceste ylle . **26.** Symoltra] ; L: Symolira . **26.** est] ; L: il a . **27.** singuliere] ; L: gent singuliers . **27.** du] ; L: d'un . **28.** aussi] ; L: Et tout aussi font . **28.** cel] ; L: ce . **31.** ce] ; L: celi . **31.** est] ; L: royaume est encore . **31.** non] ; L: qui a non Bothenigo . **32.** nessent] ; L: croissent . **1.** dedenz] ; L: En ce royaume . **1.** non] ; L: qui a non Java . **1.** est] ; L: et est . **2.** d'yaue] ; L: de eaues . **2.** mile] ; L: .iiijᵐ . . **2.** Jave] ; L: Java . **3.** a] ; L: roys portans . **4.** nees] ; L: y croissent . **6.** vivres] ; L: touz vivres . **6.** de] ; L: fors de .

Le roy de ceste ylle a .i. palais mout merveilleus. Car il est mout grant, et les degrez en sont mout grans et haus et lez; et de cest degrez l'un voir est d'or et l'autre d'argent, et li mur vraiement de celi palais est par dedenz tout couvert de
10 pieces d'or, esquelles chevaliers sont entailliez de seul or. Et ont entor leur testes .i. grant cercle d'or, aussi comme nos sains ont ci le dyademe, et ce cercle est tout plain de pierres precieuses. Et enseurquetout la couverture de ce palais est toute d'or pur. Et si que nous parlons briément et finaument, ce [palais] est plus riche et plus bel que nul qui soit aujourd'ui el monde. Et toutevoies le Chien de Tharaie fu
15 mout [f. 219ʳb] de foiz en bataille avec cestui roy en champ, lequel Chien il vainqui touzjors et seurmonta. Et aussi y a il mout de choses que je n'escri pas.

[CHAPITRE XIV]

Comment le frere vit les arbres qui getent la farine
Dedenz ceste contree est une autre contree qui est apelee Paten, que les autres apelent Thalamasim.
Le roy de ceste contree a mout d'ylles souz soi.
5 En ceste contree sont trouvez les arbres qui getent hors farine, aucuns certes qui donnent miel, et aucuns qui donnent venim,[114] qui est le plus perilleus venim qui soit el monde. Car contre li n'est trouvé nul remede fors .i., quer se aucun en

---

7. ceste] ; L: cele . **7.** grant] ; L: moult grans . **8.** lez] ; L: sont haus et grans et les . **9.** d'argent] ; L: et l'un est d'or et l'autre est d'argent . **9.** palais] ; L: et tout le mur de ce palais . **10.** or] ; L: et en ces pieces de chevaliers entailliés qui sont d'or . **11.** d'or] ; L: Et ont cercles en lor testes qui sont touz d'or, et sont aussi assis entour leur testes . **11.** aussi] ; L: *manque* . **11.** ci] ; L: nos sains ont . **12.** de] ; L: et ces cercles sont touz plains de . **12.** enseurquetout] ; P: en ce seurquetout: ce *rayé par le scribe*; L: Et par desus . **12.** couverture] ; L: toute la couverture . **13.** finaument] ; L: Et a briément parler finaument . **13.** [palais]] ; P: plalais; L: palais . **14.** toutevoies] ; L: toutefoiz . **14.** Chien] ; L: Grant Chien . **15.** cestui] ; L: contre cesti . **16.** seurmonta] ; L: et il vainqui touzjours et seurmonta celi Grant Chien [112] . **16.** il] ; L: Et encore a il la . **16.** pas] ; L: moult de choses autres que je ne devise pas pour cause de brieté . **1.** farine] ; L: *la rubrique manque* . **2.** autre contree] ; L: autre terre . **3.** apelent] ; L: et les autres l'apelent . **3.** Thalamasim] ; L: Calamasim [113] . **4.** soi] ; L: li . **5.** En] ; L: Et en . **6.** donnent] ; L: aucuns autres arbres donnent . **6.** donnent] ; L: et aucuns autres donnent . **7.** soit] ; L: perilleus qui soit . **7.** n'est] ; L: Quer contre il n'est .

avoit pris (sauf l'onneste maniere de parler, quar toutes choses netes sont nettes as
nettes gens), prengne de la fiente de l'omme et destrempe en yaue, et la boive, et
par ce il sera delivré du tout en tout de ce venim.[115] Et les arbres metent hors
la farine en ceste maniere quar il sont grans et non pas moult haus. Et l'en les
trenche a une [f. 219ᵛa] coingniee vers le pié ou entour la racine par quoi l'en prent
une liqueur qui en ist en maniere de cole. Laquele liqueur il metent en sas fais
de fueilles, et les lessent par .xv. jors au soleil. Et en la fin des .xv. jours farine
est faite de cele liqueur. Laquele il metent aprés ce par .ij. jours en l'yaue de la
mer, et puis aprés la levent de l'yaue douce. Et ainssi en font paste mout bonne
et donc font de cele paste ce que il veulent, ou viandes ou mout bon pain. Duquel
je, Frere Odorich, ai ja mengié. Et toutes ces choses certes vi je de mes propres
iex. Et ce pain est mout bel par dehors et dedenz est .i. pou noir. En la rive de
ceste contree devers midi est la mer qui est dite Mer Morte, d'yaue qui touzjours
court vers midi.[116] Et se aucune chose va par devers la rive de cele mer, et il chiee
en l'yaue, il ne sera jamés trouvé. Et en cele contree sont rosiaus bien plus lons
de .xl. piez, grans comme arbres. Et autres rosiaus de cane i sont trouvez que il

---

8. pris] ; L: en estoit empoisonné .   8. de] ; L: sauz *(ou peut-être* sanz *?)* l'onnesté de
.   9. gens] ; L: quer toutes choses sont neittes as neittes gens .   9. prengne] ; L: il doit
prendre .   9. l'omme] ; L: d'ome .   9. boive] ; L: et destremper et boire .   10. de] ;
L: du tout de .   10. les] ; L: ces .   10. metent] ; L: meitent .   11. il] ; L: maniere il
.   12. coingniee] ; L: congniee .   12. prent] ; L: et prennent l'en .   13. cole] ; L: une
liqueur qui en ist, et est en maniere de gonme .   13. liqueur] ; P: laquele liquele liqueur;
L: laquel liqueur .   13. metent] ; L: est mise .   13. sas] ; L: sachés .   14. lessent] ; L:
et est lessié .   14. jors] ; L: par .viij. ou par .xv. jours .   15. liqueur] ; L: cele liqueur
est convertie en farine .   15. ce] ; L: Et donc meitent cele farine aprés .   16. levent] ; L:
et puis la levent .   16. l'yaue] ; L: d'eaue .   17. paste] ; L: et de cele paste font adonc .
17. pain] ; L: ou pain mout bon .   18. mengié] ; L: Duquel je, Frere Odoric, menjai el
païs .   18. je] ; L: Et certainement je vi toutes ces choses .   19. noir] ; L: mes il est
par dedens tout noir .   21. court] ; L: et l'eaue en court touzjours .   21. devers] ; L: va
devers .   22. l'yaue] ; L: et chiee dedens par aucune aventure .   22. sont] ; L: croissent .
23. piez] ; L: bien de .xl. piés de lonc .   23. grans] ; L: et si sont haus .

apelent "casse". Et ces rosiaus [f. 219ᵛb] se estendent touzjours par terre, aussi comme une herbe qui est en Ytalie et est appelee "gramagne". Et en chascun lieu de cele casse, il metent hors racine et ont bien une mille de lonc. Et en ces canes sont trouvees pierres que les aucuns qui les ara sus soi, ne puet estre entamé par fer, ne courroucié, et tout le commun des hommes de ceste contree les portent sus eulz.[118] Et donc pour la vertu des pierres les hommes viennent et prennent leur petiz enfans, et les encisent .i. pou el bras et rencloent illec une de ces pierres pour ce que il ne soit entamé par nul fer. Et pour ce que la plaie faite el bras de l'enfant fust tost resoudée, il metent dedenz de la poudre d'un poisson, par quoi la plaie qui est petite est tantost resoudee, et la pierre remaint el bras. Et pour ce que ces pierres sont de grant vertu, et que ces hommes les portent volentiers, pour ce sont il fais fors en bataille et grans coursiers par [f. 220ʳa] mer.

Vraiement pour ce que ceulz qui nagent par la mer sont souvent courouciez de ces hommes, il truevent .i. remede, car il portent en leur neis quarneaus de fust et grans treis et pielz tres agus de tres fort bois, et avec il portent saietes sanz fer. Et pour ce que ceulz hommes sont armez mauvesement, ceulz qui nagent par mer les

---

24. "casse"] ; L: Et autres rosiaus y croissent aussi comme cane qu'il appelent "casse" . **24.** estendent] ; L: s'estendent . **25.** herbe] ; L: comme fait une herbe . **25.** est] ; L: croist . **25.** appelee] ; L: Ytalie qui est apellee . **25.** "gramagne"] ; L: "gramagne" et en France "herbe terrestre" [117] . **25.** lieu] ; L: neu . **26.** cele] ; L: ceste . **26.** metent] ; L: il met . **26.** bien] ; L: bien ça que la . **28.** couroucié] ; L: pierres qui ont tel vertu que quiconques les porte sus soy ne puet estre entamé ne navré de fer . **29.** pour] ; L: Et pour . **29.** des] ; L: de ces . **30.** enfans] ; L: les hommes prennent leur enfans petiz . **30.** rencloent] ; L: encloent . **30.** une] ; L: unes; *le s est peut-être rayé* . **31.** fer] ; L: afin que il ne puissent estre entamés par nul ferement . **32.** poisson] ; L: Et meitent dedens la plaie de l'enfant, pour faire la tantost resouder, de la poudre d'un poisson . **32.** quoi] ; L: par laquel poudre . **33.** bras] ; L: et demeure la pierre dedens le bras . **34.** hommes] ; L: hommes de ce païs . **35.** fors] ; L: sont il fors et hardis . **36.** Vraiement] ; L: Et vraiement . **36.** nagent] ; L: qui vont najant . **36.** mer] ; L: par mer . **36.** couroucciez] ; L: sont volentiers courciez . **37.** .i.] ; L: .i. autre . **37.** portent] ; L: ont . **37.** quarneaus] ; L: quarreaus . **38.** pielz] ; L: piex . **38.** il] ; L: et et avec ce il: *la répétition se trouve à la fin d'une colonne et au début de la colonne suivante* . **39.** ceulz] ; L: ces . **39.** mauvesement] ; L: ne sont pas bien armés . **39.** mer] ; L: *le début de la phrase manque* .

navrent et trespercent a leur peulz tres agus et a leur saietes. Et ainssi en ceste maniere cil qui sont tiex se desfendent forciblement d'eulz, et font une maison de ces fus [119] et donnent voiles a leur nes et couvertures et maisonnetes et mout d'autres choses qui leur sont profitables grandement.

Et certes mout d'autres choses sont en cele contree, lesqueles escrire et oïr les seroit aussi comme esbahissement, pour laquele chose je ne les veull pas a present escrire. Car je veul raconter autres choses.

---

40. trespercent] ; L: il les percent et navrent . **40.** peulz] ; L: piex . **41.** tiex] ; L: qui sont ainsi garnis . **41.** maison] ; L: et aunent leur neis . **43.** choses] ; L: et donnent leur veles au vent et font mout d'autres choses . **43.** grandement] ; L: forment profitables . **44.** choses] ; L: Et mout d'autres choses sont . **45.** esbahissement] ; L: lesqueles seroit grant esbahissement a oïr . **45.** laquele] ; L: laquel . **45.** veull] ; L: vueil . **46.** choses] ; L: Mes propose raconter autres choses, si que trop seroit lonc a meitre ci plainement tout ce que je vi la [120] .

[CHAPITRE XV]

Comment il vint el regne de Campa

De cestui regne est .i. autre re[f.220ʳb]gne mout loing par mout de jornees, et a non Campa. Duquel regne la contree est mout bele. Quar dedenz est grant champaigne et plaine de touz vivres et de bons.[122] Le roy de ceste contree, si
5 comme l'en disoit quant je i fui, si avoit bien .iiᶜ. entre filz et filles, car il a mout de fames que il tient. Et ce roy a .xiiij. mille d'olifanz privez que il fait aussi tenir et garder des hommes de ceulz qui li sont subjectz, comme l'en fait les bués et les autres bestes en Ytalie.[123]

En ceste meismes contree est trouvé une merveilleuse chose. Car chascune
10 generacion des poissons qui sont en la mer vient en ceste contree a si grant quantité que quant il viennent ainssi, l'en ne voit riens autre chose en la mer que poissons.

Et ces poissons, quant il sont pres du rivage, il se getent desus la rive, ce qui est chose merveilleuse. Et si comme il sont ainssi en la rive, les hommes viennent et en prennent et en ont tant comme il veulent.

15 Et ces poissons [f.220ᵛa] sont .ij. jors ou .iij. sus la rive. Et aprés ce, cil qui ne sont pris [s'en revont]. Et puis aprés vient une autre maniere de poissons et fait aussi comme ces autres ont fait. Et ainssi avient de chascune maniere de poissons qui viennent ainssi ordeneement jusques au desrenier. Laquel chose il font tant

---

1. *Campa*] ; L: *De Champanie* . 2. re[f.220ʳb]gne] ; L: Je m'en alai en .i. autre resgne qui est . 2. loing] ; L: moult loing de cesti . 3. Campa] ; L: et est nommé Campanie [121] . 3. contree] ; L: Et la contree de ce resgne . 4. champaigne] ; L: Quer il a grant champaigne dedens . 4. et] ; L: et est . 5. fui] ; L: je fu la . 5. filles] ; L: que filz que filles . 7. subjectz] ; L: a ces hommes et a ses subjés . 7. bués] ; L: beus . 9. contree] ; L: En ceste contree . 9. une] ; L: est une . 10. generacion] ; L: maniere de generations . 10. mer] ; L: poissons de la mer . 11. l'en] ; L: il viennent, l'en . 12. rive] ; L: la rive tout hors de l'eaue [124] . 13. chose] ; L: chose tres . 13. en] ; L: a . 13. hommes] ; L: les gens . 15. cil] ; L: ceulz . 16. revont]] ; P: .en .ont; *ms. illisible:* [s']en [v]ont*(?)*; L: s'en revont . 16. vient] ; L: revient . 17. aussi] ; L: tout aussi . 17. fait] ; L: cel autre a fait . 17. Et] ; L: Et et . 18. viennent] ; L: et viennent . 18. desrenier] ; L: derrenier .

seulement une foiz l'an. Et quant l'en demande a ceulz de la contree pour quoi il
font ainssi, il responnent et dient que en ceste maniere il viennent honnorer leur
emperiere.

    En ceste meismes [contree] vi je en la Grant Mer une maniere de poisson a
eschalle faite comme .i. lymaçon,[125] qui estoit bien greigneur de tour que le cerne
du portal de l'Eglise saint Anthoine de Pade, et veoir la est mout esbahissant chose.
Et quant les mariniers la virent aler teste levee, et la bouche estoit aussi grant
comme .i. four, il douterent mout; mes il est pereceus de aler, et ne court pas tost
fors aussi comme l'yaue le maine, et la nef si avoit bon cours, si que il ne pout
aprouchier. [f. 220ᵛb] Duquel nous fumes delivrés par l'aide de Dieu, car a tous
nous c'estoit peril de mort, et de afondrer la nef. Et aussi y a il mout d'autres
choses qui seroient par aventure non croiables a aucuns s'il ne les veoient, pour quoi
je n'ai cure d'escrire les. Et donc comme en ceste contree aucun muert qui a fame,
celui mort est ars, et sa fame avec li toute vive. Car il dient que ele s'en va avec
son mari a l'autre monde pour demorer la avec li.

    Et je vi de mes iex une fame qui recevoit le chief de son mari [126] en son giron,
et chantoit et baloit. Et entretant l'en li aluma le feu entour li, et ainssi l'ardirent

---

19. l'an] ; L: *cette phrase manque* . **20.** ainssi] ; L: il viennent ainsi . **20.** et] ; L: responnent et *manque* . **20.** honnorer] ; L: il dient que il viennent pour honorer . **22.** je] ; P: meismes vi je; L: ceste meisme contree . **23.** eschalle] ; L: vi je .i. poisson qui avoit eschale . **23.** .i.] ; L: comme la coque d'un . **23.** estoit] ; L: et l'eschale estoit . **24.** Pade] ; L: Spade . **24.** chose] ; L: et c'est moult esbahissant chose que a li voeir . **25.** aler] ; L: le voient aler . **26.** mout] ; L: il le doutent mout, quer il a la bouche aussi grant comme .i. four . **26.** aler] ; L: d'aler . **27.** l'yaue] ; L: l'eaue . **27.** la nef si] ; L: et la nef ou nous estion . **28.** aprouchier] ; L: aprochier de nous . **28.** fumes] ; L: Et ainsi en fumes . **28.** Dieu] ; L: par la volenté Dieu . **29.** nous] ; *corriger en* nous tous? . **29.** nef] ; L: quer les mariniers dient que c'est peril de mort a touz que a li encontrer, qu'i n'afondre la neif . **29.** il] ; L: Et aussi a il la . **31.** cure] ; L: je n'o point de volenté . **31.** muert] ; L: Et quant aucun muert en ceste contree . **31.** a] ; L: et il a . **32.** mort] ; L: le mort . **32.** fame] ; L: et l'art l'en sa fame . **32.** dient] ; L: Et dient . **32.** avec] ; L: avecques . **33.** a] ; L: en . **34.** recevoit] ; L: qui tenoit . **34.** giron] ; L: jeron .

et le cors de son mari avec. [Mes se la fame est mort, l'en n'art pas le mari avec.].

[CHAPITRE XVI]

Comment le frere vint en l'ylle de Nicunere

De ceste contree je me departi, et en najant par la Grant Mer devers midi et trouvai mout d'ylles et de contrees, desqueles l'une est appelee Nicunere. Ceste ylle est mout grant, et comprent bien environ .ij. [f. 221ʳa] mille liues. En laquele ylle
5 les hommes et les fames ont ausi comme teste de chien. Et ces gens aourent .i. buef pour leur dieu, pour laquel chose chascun porte en son front .i. buef d'or ou d'argent en signe que ce buef est leur dieu. Touz ceulz de ceste contree tant hommes comme fames vont touz nus et ne portent nule chose du monde, fors une touaille a couvrir leur nature. Et ces gens sont grans de cors et mout fors en bataille.
10 Et quant il vont ainssi em bataille touz nus, il portent .i. seul escu qui les cuevre du chief jusques es piez. Et quant il i vont et il avient que il prennent aucun homme qui ne se puet raembre par son argent,[128] tantost il l'occient et puis le menjuent tout cuit.[129] Et se il en pueent avoir peccune, donc le lessent il aler.

Et le roy de ceste contree porte bien a son col .iij. cens pelles mout grans, par
15 quoi il dist .iij. cens oroisons pour ses diex chascuns jour.

Et si porte certes [f. 221ʳb] en sa main une pierre precieuse bien longue d'un espan. Et si comme il la porte, li est avis que cele pierre est une flambe de feu. Et si comme l'en dit, ceste pierre est la plus precieuse que aucun du monde ait aujourd'ui.

---

36. avec] ; L: et l'ardirent ainsi avec . 36. avec.]] ; *cette phrase manque dans* P . 1. *Nicunere*] ; L: *la rubrique manque* . 2. departi] ; L: Et je me parti donc de ceste contree . 2. et] ; L: *manque* . 2. najant] ; L: en alant a nage . 2. midi] ; L: devers le midi . 3. Nicunere] ; L: Vicunere (*V majuscule*) [127] . 4. mille] ; L: .ijᵐ . . 5. fames] ; L: En laquele ylle homes et fames . 10. em] ; L: en . 11. que] ; L: Et quant il avient que . 12. homme] ; L: aucun home en bataille . 12. raembre] ; L: raimbre . 12. l'occient] ; L: i l'occient tantost . 13. menjuent] ; L: et le menjuent . 13. il] ; L: Et s'il . 13. donc] ; L: *manque* . 13. aler] ; L: il le lessent aler . 14. cens] ; L: .iijᶜ . . 15. cens] ; L: .iijᶜ . . 15. ses] ; L: ces . 15. chascuns] ; L: chascun . 16. certes] ; L: Et certainement il porte . 17. espan] ; L: qui est bien d'un espan de lonc [130] . 17. li] ; *ou peut-être* il? (*ms. illisible*) . 18. aujourd'ui] ; L: Et si comme l'en dit, ceste pierre est la plus precieuse que nul du monde ait aujourd'ui. Et quant il la porte, il est avis que ceste pierre jete une flambe de feu .

Toutevoies le Grant Chien, emperiere des Tartariens de Cartage, s'esforça bien d'avoir cele pierre. Et onques par force, par enging ne par peccune il ne la pout avoir.

Et en ceste contree celi tient et garde bien justice. Et par tout son regne l'en puet aler seur. Et mout de choses sont en ceste contree que je n'ai cure d'escrire.

---

19. Toutevoies] ; L: Toutefoiz .   **19.** emperiere] ; L: qui est emperiere .   **19.** Cartage] ; L: Tartage .   **19.** bien] ; L: bien aucune foiz .   **20.** onques] ; L: Mes onques .   **22.** celi] ; L: ce roy .   **23.** seur] ; L: Et l'en puet aler par tout son regne seurement .   **23.** choses] ; L: d'autres choses .

[CHAPITRE XVII]

Comment le frere vint en l'ylle de Sillan

Une autre ylle si est qui a non Syllan. Laquelle contient et avironne bien plus de .ij. mile liues. Et la sont serpens ausi comme sanz nombre et mout de bestes sauvages en tres grant quantité et meesmement oliffans.

5   En ceste contree est .i. mont, en quoi les gens dient que Adam pleura desus ce mont Abel son filz .c. [f. 221ᵛa] ans.[132] Et el milieu de cele montaigne est une tres bele plaine en quoi il a .i. lac, et non pas mout grant. Mes toutevoies il est bien parfont et est l'yaue bien grant dedenz, et dient la gent que ce sont les pleurs et les lermes que Eve et Adam plorerent, laquel chose toutevoies si n'est pas creue
10 estre vraie. Quar l'yaue naist illec et dequeurt. Et le fons de ceste yaue est plain de pierres precieuses. Laquel yaue est mout plaine de sansues. Et le roy de cele ylle ne prent pas ces pierres, mes pour l'ame de li une foiz ou .ij. l'an il y lesse aler les povres gens de la contree, et tant comme il puent prendre de ces pierres, il leur donne tout. Et que ces povres gens puissent aler desouz l'yaue que il ne
15 soient empeeschiez des sansues, il prennent .i. fruit qui a non "lymoine",[133] et le pestrissent bien et s'en oingnent bien, et donc se plungent en l'yaue, et quant il sont ainssi oint les sansues ne leur pueent mesfaire. Et ainssi en ceste maniere [f. 221ᵛb]

---

1. *Sillan*] ; L: *la rubrique manque* [131] . 2. qui] ; L: est pres de ceste qui . 3. mile] ; L: avironne plus de .ij.ᵐ. . 5. mont] ; L: Et cele contree est en une tres grant montaigne . 5. que] ; L: et dient la gent du païs que . 5. pleura] ; L: ploura . 6. .c. [f. 221ᵛa]] ; L: cent . 7. bele] ; L: une moult bele . 7. lac] ; L: et a illec .i. lac . 7. toutevoies] ; L: toutefoiz . 8. parfont] ; L: est il parfons . 8. l'yaue] ; L: et l'eaue est . 9. lermes] ; L: que ce sont les lermes . 9. plorerent] ; L: plourerent . 9. laquel] ; L: laquele . 10. vraie] ; L: toutefoiz n'est pas a croire . 10. naist] ; L: Pour ce que cele eaue croist . 10. yaue] ; L: eaue . 10. plain] ; L: plains . 11. plaine] ; L: Et est cele eaue plaine . 12. ylle] ; L: terre . 14. tout] ; L: mes abandonne l'eaue a peschier une foiz l'an as povres gens pour l'ame de li, et leur donne tout quant que il en pueent avoir . 14. Et que] ; L: Et pour ce que . 14. l'yaue] ; L: dedens l'eaue . 15. sansues] ; L: sans avoir nul empeeschement de ces sansues . 16. pestrissent bien] ; L: pestelent mout bien . 16. oingnent bien] ; L: s'en oignent . 16. l'yaue] ; L: l'eaue . 17. mesfaire] ; L: quer les sansues ne leur pueent mesfaire quant il sont ainsi oings .

les sansues ne leur font nul mal ne a entrer ne a issir. Et prennent, se il pueent, de ces pierres precieuses. L'yaue qui ist par la montaigne de ce lac, descent au pié de la montaigne. Et la sont trouvez les bons rubiz et les bons dyamans, et mout aussi d'autres bonnes pierres precieuses. Et la certes sont trouvees les bonnes perles, par la ou ceste yaue descent en la mer. Et pour ce dit l'en que ce roy a pluseurs pierres precieuses, plus que nul autre roy qui soit aujourd'ui el monde. Et en ceste ylle sont diverses manieres de bestes. Et aussi de mout d'oisiaus et d'autres bestes qui demeurent la. Et dient ceulz de ceste contree que ces bestes ne mesfont a ceulz dehors, fors tant seulement a ceulz qui la sont nez. Et en ceste ylle sont les oisiaus mout grans, aussi comme sont oes, et ont .ij. testes. Et en ceste ylle a tres grant plenté de vivres, et mout d'autres biens que je n'escri pas.

---

18. mal] ; L: Et ne leur font nul mal . **18.** pueent] ; L: Et donc chascun prent tant comme il puet . **19.** lac] ; L: Et l'eaue qui ist de ce lac . **20.** les] ; L: sont aucunes foiz les . **21.** d'autres] ; L: et aussi mout d'autres . **22.** mer] ; L: Et mout de bons pelles fines u condit ou ceste eaue descent en la mer . **25.** la] ; L: Et en ceste ylle sont diverses manieres de bestes et de oisiaus qui demeurent la . **25.** ceste] ; L: cele . **26.** dehors] ; L: ne mesfont point a ceulz qui viennent dehors (*ou faut-il lire* de hors?) . **26.** qui] ; L: fors a ceuls qui . **27.** testes] ; L: Et en cel ylle sont les olifans moult grans et autres (oisiaus *rayé par le scribe*) manieres d'oisiaus sont la, qui ont .ij. testes, et sont aussi grans comme oues . **28.** plenté] ; L: a mout grant plenté . **28.** mout] ; L: et de moult . **28.** pas] ; L: que je ne puis pas touz deviser .

[CHAPITRE XVIII]

Comment il vint en l'ylle Dondin [f. 222ʳa]

De ceste ylle m'en alai je a une grant ylle qui est devers midi, qui est apelee Dondin, qui vaut autant a dire comme "ort".

Et en ceste ylle demeurent mauvés hommes. Quar il menjuent les chars crues,
5 et toutes autres ordures que l'en puisse dire, et ont entre eulz laide coustume, quar le pere menjue le filz et le filz le pere.

La fame menjue le mari, et le mari la fame. Et ce font il par ceste maniere. Soit posé que le pere d'aucun soit malade. Tantost le filz ira a .i. astronomien, c'est assavoir a .i. prestre, et li dira ainssi: "Sire, alez savoir a nostre dieu se mon pere
10 puet estre delivré de ceste enfermeté, ou se il en morra."

Donc ce prestre et .i. autre homme font leur oroison et dient, "Sire, tu es nostre dieu, et pour dieu te aourons nous. Respon nous a ce que nous te dirons. Tel homme est mout malade. Et pour ce te requeron nous que tu nous dies se il doit morir, ou estre delivré de ceste [f. 222ʳb] langueur." Et le deable respont et
15 dit par la bouche de l'ymage, "Ton pere ne morra pas, mes il sera delivré de ceste enfermeté; de quoi tu doiz faire tel chose, et ainssi il sera delivré." Et ainssi ce deable ensaigne la maniere comment celi deable se doit contenir envers son pere. Et donc aprés le pere est servi du filz diligeaument de si a tant que il est tout gueri. Et se celui deable die que il doie morir, le prestre ira au malade et li metra .i. drap
20 sus la bouche et tantost il l'estaindra, et morra.

---

1. *Dondin*] ; L: *la rubrique manque*. 2. je] ; L: Adonc je me parti de cel ylle et alai. 3. Dondin] ; L: et est apellee en leur langue Dondyn [134]. 4. ceste] ; L: cele. 4. hommes] ; L: pueples. 4. les] ; L: les *manque*. 5. puisse] ; L: puet. 5. eulz] ; L: entr'eulz. 5. coustume] ; L: laide coustume et mauvese. 7. mari] ; L: la mari. 7. par] ; L: Et c'est tout en. 8. ira] ; L: s'en ira. 9. prestre] ; L: prestre de leur loy. 11. Donc] ; L: Et adonc. 12. aourons] ; L: t'aouron. 12. dirons] ; L: diron. 16. enfermeté] ; L: Ton pere ne morra pas de ceste enfermeté, mes en sera delivré. 16. quoi] ; L: pour quoi. 16. delivré] ; L: gueris. 17. ensaigne] ; L: Et ainssi ensaigne cel deable. 17. celi] ; L: cel autre. 18. tant] ; L: jusques a tant. 18. gueri] ; L: gueris. 20. il] ; L: et il. 20. et] ; L: et ainsi.

Et comme il l'ara ainssi occis, il le trenchera par pieces, et les amis et les parens sont conviés a li mengier, et touz les jugleurs de la contree aussi, et le menjuent a grant chant et a grant joie; a aussi grant joie comme l'en fait noces en Ytalie quant l'en espouse fame,[135] aussi font il la quant il menjuent .i. homme mort qui
25 leur apartenoit. Et toutevoies il en prennent les os et les metent souz terre a grant sollempnité. Et les parens qui n'ont pas esté a ceste feste le re[f. 222ᵛa]putent a tres grant honte pour eulz. Et je les reprenoie mout et disoie que il ne fesoient pas bien, et demandoie, "Pourquoi faites vous ainssi contre nature? Car se .i. chien estoit occis et mis devant .i. autre chien, si n'en mengeroit il en nulle maniere; et vous
30 qui estes veus estre hommes raisonnables, si faites si grant bestiauté." Et a ce il me responnoient et disoient, "Ce faison nous pour ce que les vers ne les menjassent, que se les vers les menjoient les ames d'eulz soufferoient grans painnes." Et ainssi leur pooie je dire tant comme je vouloie, mes il n'en vouloient onques autre chose faire et ne vouloient lessier ceste coustume que il tenoient.
35 Moult d'autres nouveletez sont la, que je n'escri pas. Car se homme ne les veoit il ne les croiroit pas. Quar en tout le monde ne sont tant de merveilles comme il sont en ce regne, sanz nul autre pareilles.

Et cest petit de choses ai je fait escrire. Car je en sui certain et n'en doute en riens que il ne soit ain[f. 222ᵛb]si comme je raconte.

---

21. comme] ; L: Et quant .   **23.** joie] ; L: et le menjuent en chantant a grant joie .   **24.** aussi] ; L: tout aussi .   **24.** mort] ; L: aucune personne .   **25.** apartenoit] ; L: appartient .   **25.** toutevoies] ; L: toutefoiz .   **25.** prennent] ; L: il prennent .   **25.** metent] ; L: meitent .   **26.** parens] ; L: Et s'il a aucuns parens .   **26.** n'ont] ; L: n'aient .   **26.** le] ; L: il le .   **28.** demandoie] ; L: et leur demandoie .   **28.** nature] ; L: contre Dieu [136] .   **28.** chien] ; L: se chien .   **30.** raisonnables] ; L: vous qui deussiés estre home resonnables .   **30.** si] ; L: *manque* .   **31.** nous] ; L: Nous le faison .   **31.** menjassent] ; L: ne le menjucent .   **32.** que] ; L: quer .   **32.** d'eulz] ; L: leur ames .   **33.** tant] ; L: je leur pouoie dire tant .   **34.** faire] ; L: mes il ne vouloient croire autre chose .   **35.** n'escri] ; L: n'escris .   **36.** pas] ; L: Quer nul ne les croiroit qui ne les verroit .   **36.** en] ; L: Ne en .   **37.** regne] ; L: comme en celi resgne .   **37.** pareilles] ; L: sanz nulles autres pareilles .   **38.** cest] ; L: ce .   **38.** sui] ; L: fu .   **39.** riens] ; L: ne doubte point .

40   Et je enquis a pluseurs de ceste ylle qui bien le sevent, et touz le dient et parolent aussi comme parmi une bouche. Et sevent que ceste ylle contient en soi .xxiiij. mille ylles,[137] esqueles il sont bien .lxiiij. rois couronnez.
      La greigneur partie de celle ylle de Do[n]din est bien habitee des hommes. Et je fais ci fin de cele Ynde, et n'en veul a present dire autre chose, mes entent seulement
45   dire aucune chose de l'autre Ynde, de la Haute.

[CHAPITRE XIX]

Comment il vint en la province de Manci
   Et il est assavoir que comme je aloie a nage par la Grant Mer vers orient, je ving par mout de jornees a cele grant province de Manci, que nous apelons Ynde La Plus Haute. Je enquis de ceste Ynde diligaument a crestiens, Sarrazins, ydolatres,[139]
5 et aussi comme touz les officiers du Grant Chien, qui touz se concordent ensemble et dient aussi comme parmi une bouche, et dient que ceste province de Manci a bien .ij. mile grans citez qui [f. 223ʳa] sont bien aussi grans con [Tervice] ou Vincencie, qui ne sont pas mis le nombre d'iceles, mes seulement aussi comme la cité de Venice,

---

41. parolent] ; L: parollent . 41. ylle] ; L: Et chascun païs set que ceste Ynde . 42. mille] ; L: .xxiiijᵐ . . 42. il] ; L: et en ces ylles . 43. La] ; L: Et la . 43. ylle] ; L: d'ycelle ylle . 43. Do[n]din] ; P: dodin *(sans barre nasale)*; L: dondin . 44. fin] ; L: fin ici . 44. cele] ; L: ce . 45. chose] ; L: mes entent a dire aucune autre chose . 45. Haute] ; L: qui est dite Ynde la Haute . 1. Manci] ; L: *De Mancy* [138] . 2. assavoir] ; L: Si est assavoir . 2. aloie] ; L: que si comme je m'en aloie . 3. grant] ; L: une grant . 3. de] ; L: qui est apellee . 3. apelons] ; L: apelon . 4. Haute] ; L: La Haute . 4. enquis] ; L: Et la enquis . 4. a] ; L: et a . 4. Sarrazins] ; L: a Sarrazins . 5. touz] ; L: a touz . 5. Chien] ; L: Grant Chien que aucuns appellent le Grant Caen [140] . 5. touz] ; L: que touz . 5. concordent] ; L: concordoient . 6. dient] ; L: disoient . 6. que] ; L: et dient *manque* . 6. Manci] ; L: Mancy . 7. mile] ; L: .ijᵐ . . 7. con] ; L: comme . 7. [Tervice]] ; P: Treservice; L: Tervise . 8. mis] ; L: mises . 8. d'iceles] ; L: d'iceles grans cités .

Pade, et Melen. Florence et ces autres meneurs citez [141] il apelent viletes. Et il
a tant grant multitude de gent en ceste contree, que ce seroit chose non croiable as
crestiens se aucuns le racontoit. Et en cele contree est grant habondance de pain
et de vin, de ris, de chars, de poissons et de touz les vivres de quoi les hommes
usent el monde. Et touz les homes de ceste contree sont aussi comme ouvriers et
marcheans, si que par povreté que il aient, comme il se puissent aidier de leur mains,
il ne requerroient nule aumosne. Et si sont assez biaus homes de cors, mes il sont
toutefois pales, et ont la barbe petite et longue comme chaz, et les fames sont de
trop plus beles que les hommes.[143]

---

9. Melen] ; L: mes seulement ausi comme est Spade, Venise, Melen, Florence . 9. ces] ; L: Quer toutes ces . 9. viletes.] ; L: Et pour ce est elle apelee Ynde la Major; *ajouté dans* L; *manque dans* P . 10. multitude] ; L: Quer il a tant et si grant multitude . 11. crestiens] ; L: non creable a oïr . 11. aucuns] ; L: aucun . 11. cele] ; L: En ceste . 13. usent] ; L: les hommes doivent user . 13. Et] ; L: *manque* . 13. comme] ; L: comme tous . 15. aumosne] ; L: si que, tant comme il se peuent aidier de leur mains, il ne querroient nulle aumosne pour povreté qu'il aient [142] . 16. pales] ; L: pales de vis . 16. barbe] ; L: ont barbe .

[CHAPITRE XX]

La premiere cité de ceste province que je trouvai, si est apelee Cestalan.[144] Ceste cité est bien aussi grant [f. 223rb] comme .iij. foiz Venice, et est loing de la mer une jornee. Et est assise sus .i. flueve de quoi l'yaue sormonte la terre pour la mer bien par .xij. jornees.[145] Tout le pueple de ceste cité et de toute la contree de Manci,
5 de la Haute Ynde, sont ydolatres. Ceste cité a tant et de si grant navie que ce seroit non croiable chose a aucuns. Car en toute Ytalie n'a pas tant de grant navie comme ceste seule cité a. En ceste cité puet l'en bien avoir .ccc. livres de gingembre pour mains d'un gros venicien.[146] Et certes en ceste contree sont les plus beles oies qui soient en nul autre lieu que l'en puisse trouver, et a meilleur marchié. Car
10 une de leur oues est bien grant comme .ij. des nos, et toute blanche comme lait, et a une bouche sus la teste a la quantité d'un oef. Et cele bouche est d'autel couleur comme sanc.[147] Et ces oues ont desuz la gueule une pel pendant aval, et ces oues sont tres grasses et en a l'en une bien cuite et bien atornee pour mains d'un gros venicien. Et aussi [f. 223va] comme des oues, aussi est il des anes et des gelines.
15 Car il sont la ainssi grans, laquel chose est grant merveille. Et la sont les greigneurs serpens qui soient el monde, et les gens en prennent mout que il menjuent aprés moult doucement, et en ostent la partie venimeuse que il congnoissent bien.[148] Et tiennent ces serpens pour si noble mes que il font a mengier les .i. disner sollempnel,

---

1. trouvai] ; L: de celes que je trouvai . 2. Venice] ; L: Venice par .iij. foiz . 2. mer] ; L: de mer . 3. jornee] ; L: par une journee . 3. est] ; L: Mes elle est . 3. quoi] ; L: duquel . 3. sormonte] ; L: seurmonte . 3. mer] ; L: pour le flo de la mer . 4. contree] ; L: province . 5. Ynde] ; L: de Mancy, en Ynde la Haute . 5. si] ; L: et si . 5. navie] ; L: navire . 6. aucuns] ; L: ce seroit chose non croiable a raconter . 6. navie] ; L: tant de navire . 7. a] ; L: comme il a en ceste seule cité . 7. .ccc.] ; L: .iij\c. . 7. gingembre] ; L: gingimbre . 8. certes] ; L: certainement . 9. oies] ; L: oues . 10. leur] ; L: de ces . 12. aval] ; L: et toute blanche ... pendent aval: *manque dans* L . 14. comme] ; L: comme il est . 14. anes] ; L: anetes . 15. grans] ; L: aussi grans selonc leur quantité . 15. merveille] ; L: *cette phrase manque* . 15. sont] ; L: Et en ce païs sont . 16. aprés] ; L: aprés *manque* .

et qui n'a .i. de cestes serpens, il seroit dit que il n'a riens fait. Et en ceste cité est
20 grant habondance de touz vivres, plus par aventure que en ville qui soit el monde.

[CHAPITRE XXI]

Comment le frere s'en ala en la contree de Çayton

Je me departi de ceste contree et m'en trespassai de la par molt de terres et par
moult de citez et ving en une noble terre. Çayton [149] par non estoit apelee. En
laquele nous Freres Meneurs avon .ij. liex,[150] asquiex liex je portai l'un des os des
5 devant dis Freres Meneurs qui avoient souffert martyre pour la foy Jhesu Crist. En
ceste cité est habondance de [f. 223ᵛb] toutes ces choses qui sont neccessaires a vie
humaine. Quar l'en y a .iij. livres et .viij. onces de sucre pour mains de demi gros
venicien.[151] Ceste cité est grant aussi comme seroit .ij. fois Bouloigne, et en ceste
cité sont mout de moustiers de relegious, qui aussi comme touz aourent les ydoles.
10 Et en l'un de ces moustiers fui je, elquel il avoit bien .iij. mile relegieus, qui avoient
.xj. mile ydoles. Et celui qui estoit veu estre le plus petit ydole estoit bien aussi
grant comme seroit saint Christofle. Et a cele heure que ceulz donnent a mengier
a leur diex, je les alai veoir. Et il leur donnent a mengier en ceste maniere. Toutes
les choses que il leur offrent a mengier a ces ydoles, il leur tendent tres chaudes,
15 si que la fumee en monte jusques as ydoles. Laquel fumee, il dient que c'est le
mengier aus ydoles, et toute l'autre viande fors la fumee, il l'ont pour eulz, et les

---

19. cestes] ; L: ces . 19. seroit] ; L: sera . 20. vivres] ; P: viveres: e *rayé par le scribe*; L: vivres . 20. ville] ; L: cité . 1. Çayton] ; L: *la rubrique manque* . 2. departi] ; L: parti . 2. par] ; L: et me trespassai par . 3. terre] ; L: cité *(rayé par le scribe)* terre . 3. apelee] ; L: qui est dite Çayron par non . 4. nous] ; L: nos . 4. asquiex] ; L: aquelx . 4. os] ; L: je portai des os . 5. qui] ; L: Freres qui . 5. martyre] ; L: avoient esté martyres; *peut-être* martyrés ? . 6. ces] ; L: les . 7. sucre] ; L: çucre . 8. Bouloigne] ; L: *cette phrase entière manque* . 9. moustiers] ; P: citez moustiers: citez *rayé par le scribe* . 9. relegious] ; L: de religieus . 10. je] ; L: Et je fu en l'un de ces mostiers . 10. mile] ; L: .iijᵐ . . 10. relegieus] ; L: religieus . 11. mile] ; L: .xjᵐ . . 11. estre] ; L: estre veu . 12. Christofle] ; L: grant comme nous tenon saint Christofle a nous [151] . 13. veoir] ; L: Et je les alai veoir a cele heure que il donnent a mengier a leur diex . 14. offrent] ; L: il offrent . 14. tendent] ; L: donnent .

menju[f. 224ᵣa]ent. Et ensi en ceste maniere il dient que il ont bien peu leur diex. Et toutevoies ceste terre selonc sa pourporcion est veue une des meilleurs qui soit aussi comme el monde, et en toutes les choses que cors humain requiert et li est
20   neccessaire [ele est habondante]. Mout d'autres choses porroient estre dites de ceste terre, lesqueles je ne sai point.

[CHAPITRE XXII]

Comment le frere s'en ala en Sucho

De ceste contree je m'en ving vers orient, a une cité qui a non Sucho,[153] qui a bien .xxx. mille par environ. Et la sont les greigneurs gelines que je vi onques, blanches comme noif, et n'ont nules pennes, mes seulement laine si comme brebis
5   portent.[154] Et ceste cité est mout bele, et est assise sus la mer.

Comment le frere s'en vint a une montaigne

Je me departi de ceste cité, et m'en alai par .xiij. jornees[155] et trespassai par mout de terres et de citez, et par moult d'autres divers liex. Et si comme je aloie
10   ainssi, je ving [f. 224ᵣb] a une grant montaigne, en .i. costé de laquele montaigne toutes les bestes qui la habitoient sont noires, et les hommes et les fames ont mout estrange maniere de vivre. Et de l'autre costé de la montaigne toutes les bestes sont blanches. Et les hommes et les fames de l'autre costé de cele montaigne, si ont une autre diverse maniere de vivre.[156] Toutes les fames qui la sont mariees
15   ont .i. grant baril ou vessel de cor que il portent en leur chief,[157] si que il soient congneues que il soient mariees.

---

17. ensi] ; L: ainsi . **17.** diex] ; L: en ceste maniere il ont bien, se dient il, repeus leur diex . **18.** toutevoies] ; L: toutefoiz . **18.** pourporcion] ; L: porporcion . **18.** des] ; L: est une des . **19.** el] ; L: aussi el . **20.** habondante]] ; P: *manque*; L: ele est habondante . **20.** Mout] ; L: Et moult . **20.** estre] ; L: bien estre . **21.** sai] ; L: ne escris . **1.** Sucho] ; L: *la rubrique manque* . **2.** e] ; L: Et de . **2.** ving] ; L: je ving . **3.** bien] ; L: et contient bien . **3.** environ] ; L: d'aviron . **4.** comme] ; L: mes ont seulement ausi comme laine comme . **7.** montaigne] ; L: *la rubrique manque* . **10.** costé] ; L: et en une costé . **10.** laquele] ; L: cele . **11.** habitoient] ; L: habitent . **11.** sont] ; L: sont toutes . **13.** costé] ; L: de ce costé . **14.** Toutes] ; L: Quer toutes . **15.** baril] ; L: ont .i. baril . **16.** mariees] ; L: congneues estre mariees .

Comment il vint a .i. flueve ou il vit diversement peschier
   Je m'en alai de [la] par .xxviij. jornees et par mout de terres et de citez, et
ving a .i. grant fluev[e]. Et donc je m'aplicai a une cité qui a .i. pont a travers par
desus ce flueve. Et el chief du pont, je fui en la maison d'un hostelier, qui vouloit
faire mon plaisir et dist: "Se tu veulz veoir bien peschier, vien avec moi." Et ainssi
me mena sus ce pont. Et si comme je y estoie, je vi et regar[f. 224ᵛa]dai en ces
nes ou barges, plunjons liez sus perches que celi homme prist, et les lia a .i. fil a la
gorge de chascun, que quant il se plungoient en l'yaue et prenoient les poissons il
ne les peussent mengier. Et donc mist en une barge .iij. paniers, l'un a l'un bout
de la nef, et l'autre a l'autre, et l'autre el milieu. Et quant il out ainssi fait, il deslia
ces plungons, et il se plungierent tantost en l'yaue. Et ainssi il prenoient pluseurs
poissons que ces plungons meismes metoient en leur paniers. Donc en petite heure

---

18. peschier] ; L: *la rubrique manque* . **19.** Je] ; L: Et donc je . **19.** [la] par] ; P: de par; L: de la par . **19.** par] ; L: journees outre par . **20.** ving] ; L: tant que je ving . **20.** fluev[e]] ; P: fluev; L: fleuve [158] . **20.** a] ; L: Et de la m'en alai a . **21.** flueve] ; L: .i. pont pour passer a travers par dessus ce fleuve . **21.** du] ; L: de ce . **21.** fui] ; L: fu . **21.** hostelier] ; L: hostelier a hostel [159] . **21.** vouloit] ; L: qui, si comme il apparoit, vouloit . **22.** faire] ; L: moult faire . **22.** et] ; L: et me . **22.** bien] ; L: bien voeir . **23.** estoie] ; L: estoie illec . **23.** regar[f. 224ᵛa]dai] ; L: vi et resgarde . **24.** nes] ; L: neis . **24.** barges] ; L: ou barges *manque* . **24.** liez] ; L: qui estoient liés . **24.** prist] ; L: et donc celi home vint et prist ces oisiaus . **25.** chascun] ; L: et lia d'un fil la gorge a chascun . **25.** que quant] ; L: pour ce que quant . **25.** l'yaue] ; L: l'eaue . **25.** et] ; L: et il . **25.** il] ; L: que il . **26.** paniers] ; L: penniers . **27.** nef] ; L: neif . **27.** l'autre] ; L: l'autre bout . **27.** l'autre] ; L: et le tiers . **28.** plungons] ; P: p plungons; L: plungons de desus les perches . **28.** l'yaue] ; L: l'eaue . **28.** prenoient] ; L: ainsi prenoient . **29.** paniers] ; L: penniers . **29.** heure] ; L: Et donc en assés pou d'heure .

30 touz ces vessiaus furent plains de poissons. Et l'oste, quant il furent plains, ostoit le fil de leur col et les lessoit plungier en l'yaue, si que il se peussent illec des poissons. Et quant il s'estoient peus, il s'en retornoient a leur liex, et il les lioit illec aussi comme devant. Et certes je menjai de ces poissons.

35 *Comment il vit autrement peschier*
Et de la je trespassai par moult de jornees et vi une autre maniere de [f. 224ᵛb] peschier. Car il sont honmes qui ont tines ou cuves plaines de yaue chaude en une barge [160] ou nef, et ces hommes sont nus et ont chascun .i. sac a son col, et se plungent en l'yaue et prennent les poissons a la main et metent en leur sacs, et puis
40 montoient et les metoient en leur barge. Et donc se metoit l'un en cele yaue chaude et l'autre aloit peschier. Et ainssi faisoit l'un aprés l'autre, et en ceste maniere il prenoient mout de poissons.

---

30. vessiaus] ; L: vesseaus .   30. plains] ; L: Et donc, quant l'oste vit que les paniers estoient plains .   30. ostoit] ; L: il osta .   31. col] ; L: de la gorge a ces oisiaus .   31. poissons] ; L: et les lessa plungier, tant que il fussent repeus des poissons de l'eaue .   32. peus] ; L: il se furent saoulés .   32. retornoient] ; L: s'en retournerent .   32. lioit] ; L: lia .   33. poissons] ; L: Et je meismes menjai de ces poissons que les plungons pristrent .   35. *peschier*] ; L: *la rubrique manque* .   36. trespassai] ; L: Et donc errai je .   38. nef] ; L: Quer je vi homes en une barge qui avoient une tine ou une cuve plaine de eaue chaude .   38. sont] ; L: estoient .   38. ont] ; L: avoient .   39. prennent] ; L: se plungoient en l'eaue et prenoient .   39. metent] ; L: metoient .   39. sacs] ; L: sac .   40. metoient] ; L: et puis le metoient .   40. l'un] ; L: celi qui avoit peschié .   40. yaue] ; L: eaue .   41. faisoit] ; L: faisoient .   42. prenoient] ; L: et prenoient en ceste maniere .

[CHAPITRE XXIII]

Comment il vint en Cansaye
    Je me departi de la, et ving a une cité qui a non Cansaye, qui vaut autant a dire comme "cité de ciel". Ceste cité est greigneur que nule qui soit orendroit el monde et a bien d'environ .c. mille, et si n'a dedenz espace qui ne soit bien habitiee. Et si
5 y a bien tel maison ou il a bien aucune foiz .x. ou .xij. paire d'ostes. Et ceste cité si a forsbours grans, c'est a dire bours hors la cité et les portes, [f. 225ʳa] esquiex il a plus de gent que la cité ne contient dedenz. Et ceste cité a .xij. portes principaus et pres de chascune de ces portes a pres de .xij. mille, et sont citez greignours que Venice ou Pade. Et dont l'en ira bien .vj. jornees ou .vij. parmi .i. de ces bours,
10 et toutefoiz il sera avis que l'en y a poi repairié. Ceste cité est assise entre yaues de lac qui ne se muet, aussi comme la cité de Venisse. Et il a dedenz cele cité plus de .xij. mille pons, et en chascun pont sont pluseurs gardes, qui gardent cele cité pour le Grant Chien. Et du costé de la cité court .i. flueve, aprés lequel ceste cité est assise. Et ceste cité est comme une ferriere, car ele est plus longue que lee. Et
15 de ceste enquis je et soi diligaument des crestiens, de Sarrazins, d'ydolatres, et de mout d'autres qui me distrent touz aussi comme parmi une bouche, et s'acordent que ceste cité a bien .c. [f. 225ʳb] mille d'environ. Et il ont .i. commandement

---

1. Cansaye] ; L: *De Cansaie* [161] . 2. la] ; L: Aprés ce je m'en parti . 2. Cansaye] ; L: Cansaie . 2. vaut] ; L: est . 3. orendroit] ; L: est la greigneur qui soit aujourd'ui . 4. mille] ; L: bien cent mille d'e[n]viron . 4. espace] ; L: espace nulle . 5. d'ostes] ; L: d'esteux . 6. a] ; L: cité a . 6. portes] ; L: forsbours hors des murs moult grans et hors des portes . 7. principaus] ; P: p principaus: p *rayé par le scribe*; L: principaus portes . 8. mille] ; L: et joignant bien pres de chascune de ces portes a mains de .xij. mille . 8. et] ; L: *manque* . 8. que] ; L: que n'est . 9. Pade] ; L: Venise ou Spade [162] . 9. dont] ; L: donc . 9. bours] ; L: parmi .i. de ces bours par .vj. jours ou par .vij. . 10. sera] ; L: et si sera . 10. poi] ; L: bien pou . 11. lac] ; L: les eaues d'un lac . 11. comme] ; L: comme est . 11. Venisse] ; L: Venise . 13. costé] ; L: Et d'un des costés . 13. la] ; L: de ceste . 13. lequel] ; L: sus lequel . 14. lee] ; L: Et ceste cité est toute plus longue que lee [163] . 15. des] ; *Corriger en de ?* . 17. d'environ] ; L: Et je enquis, et soi de vrai par crestiens, Sarrazins, ydolatres et par moult d'autres, qui s'acordoient touz en .i. dit et me distrent que ceste cité a bien cent mille d'environ tout entour .

de par le seigneur, quar chascun feu paie chascun an .i. balis, c'est .i. denier de
la terre, a ce Grant Chien, et qui valent autant comme florin et demi, et sont fais
en la maniere d'un ver qui fait la saie, et d'escorche de morier.[164] Et certes il ont
ceste maniere. Quar .x. ou .xij. mesnagiers font tant seulement .i. feu, et ensi
paient pour .i. feu tant seulement. Et ces feus de ceste cité sont .iiij. vins et .v.
compaignies, avec .iiij. compaignies de Sarrazins. Ce sont [.iiij.] vins et .ix.. Et une
compaignie fait bien .x. mille feus, et les uns si sont crestiens et les autres si sont
marcheans, les autres trespassans par la contree. Et dont fui je merveillié comme
tant de cors pooient habitier ensemble. En cele cité a grant habondance de pain,
de char, de porc, de vin et de ris. Le vin est apelé autrement "bigini", et est reputé
pour mout noble boivre. Et de touz autres vivres trueve l'en illeuc grant [f. 225ᵛa]
habondance. Ceste est cité roial, en laquelle le roy de Manci demouroit touzjors
jadis. Et en cele cité .iiij. de nos freres convertirent .i. homme mout poissant a
nostre foy, en la maison duquel je estoie hostelé. Et il me disoit aucune fois: "Pere,
veuls tu venir veoir la terre?".[167] Et je li dis une fois, "Je y veul aler"; adonc

---

18. le] ; L: par leur . **18.** quar] ; L: que . **18.** paie] ; L: poie . **19.** ce] ; L: pour le treu au . **19.** valent] ; L: et ce denier si vaut . **19.** florin] ; L: fleurin . **20.** maniere] ; L: et est fait en maniere . **20.** et] ; L: et sont . **21.** maniere] ; L: Et il ont en cele cité ceste maniere . **21.** Quar] ; L: Que . **21.** seulement] ; L: ne font tant seulement que . **22.** paient] ; L: ainsi poient . **22.** vins] ; L: .iiij^{xx} . . **23.** .ix.] ; P: .viij. vins et .ix.; L: .iiij^{xx}. et .ix. compaignies [165] . **24.** mille] ; L: bien mil . **24.** si] ; L: si *manque* . **24.** si] ; L: si *manque* . **25.** trespassans] ; L: sont trespassans . **25.** comme] ; L: Et donc fu je moult esbahi comment . **26.** cors] ; L: cors de personnes . **26.** habitier] ; L: pouoient habiter . **27.** et] ; L: et *manque* . **27.** vin] ; L: Et le vin . **27.** "bigini"] ; L: vigin . **28.** mout] ; L: pour moult tres . **28.** boivre] ; L: boire . **29.** habondance] ; L: Et si treuve l'en illec grant habondance de touz autres vivres . **29.** Ceste] ; L: Et ceste . **29.** Manci] ; L: Mancy . **30.** jadis] ; L: demouroit jadis [166] . **30.** cele] ; L: ceste . **31.** foy] ; L: convertirent .iiij. de nos freres a nostre foy .i. moult puissant home . **32.** veul] ; L: Je il veuil . **32.** adonc] ; L: donc .

57

montasmes nous en une barge ou nef. Et ainsi alames a .i. de ces grans moustiers
qui la estoient. Et quant nous y fumes alez, il apela .i. de ces relegieus et dist: "Vois
35 tu ce François? C'est .i. homme relegieus crestien;[168] il est venu de la ou le soleil
couche, et va orendroit a Cambalec pour prier que le Grant Chien ait longue vie.
Et pour ce moustre li aucune chose que il puisse veoir, qui soit merveilleuse se elle
est ci, si que, se il retornoit en ses contrees, qu'il le peust dire, 'J'ai tel chose veue
nouvele en Cansay'." Donc dist celui qu'il li vouloit volentiers mous[f. 225^{v}b]trer
40 aucune chose nueve. Et donc prist il .ij. grans corbeilles plaines de ce qui estoit
demouré sus la table. Et puis nous ouvri tantost une porte, par quoi nous entrames
en .i. vergier, ou il avoit une montaigne plaine d'arbres mout couvenables. Et si
comme nous estions ainssi la, il prist une cloche et la sonna.[169] Et a ce son mout
de bestes variables descendirent de cele montaigne, si comme singes, chas momons
45 et mout d'autres bestes, et se ordenerent entour li ordeneement de eulz meismes.
Et si comme il se furent ainssi mis et ordenez entour lui, il mist ce relief devant
eus, et leur donnoit a mengier si comme il couvenoit. Et quant ces bestes orent
ainssi mengié, il commença a sonner cele cloche, ou cymbales, et toutes ces bestes
retornerent a leur liex. Et si comme je oi veu ces choses, je commençai a rire et li dis:
50 "Di moi, que veult ce dire?" A[f. 226^{r}a]donc me respondi il et dist: "Cestes choses
qui sont veues estre bestes, si sont les ames des nobles homes que nous repaisson
ici pour l'amour de dieu." Et je li respondi ainssi et dis: "Ce ne sont pas ames mes
sont seulement bestes, et sont ames non raisonnables." Et il me responnoit et disoit:

---

33. nef] ; L: neif . **33.** alames] ; L: Et alames . **33.** ces] ; L: .i. des . **34.** quant] ;
P: q quant . **34.** relegieus] ; L: .i. des religieus . **36.** prier] ; L: et va tout droit prier
Dieu . **37.** li] ; L: Et pour ce, je te prie que tu li moustres . **38.** ci] ; L: se elle est ci
bien merveilleuse . **38.** ses] ; L: ces . **38.** dire] ; L: que il peust dire . **39.** Cansay]
; L: J'ai tel chose veue la en Cansai la cité qui est novele . **39.** mous[f. 225^{v}b]trer] ; L:
moustrer volentiers . **40.** nueve] ; L: neuve . **43.** estions] ; L: Et quant nous fusmes .
45. bestes] ; L: moult de bestes variables et diverses, aussi comme sygnes, chaz momons
et mout d'autres bestes descendirent de cele montaigne . **45.** li] ; L: s'ordenerent tout
entour li . **45.** meismes] ; L: d'eulz meisme . **46.** lui] ; L: Et quant il se furent ainsi
rengiés et ordenés . **47.** eus] ; L: euls . **48.** cymbales] ; L: *manque* . **49.** veu] ; L:
Et quant je oi veues . **50.** A[f. 226^{r}a]donc] ; L: Dont . **50.** Cestes] ; L: Ces . **51.**
repaisson] ; L: repaison . **52.** dis:] ; L: ainssi et dis *manque* . **53.** ames] ; L: qui ont
ames . **53.** me] ; L: me *manque* .

"Ce n'est pas vrai que ce soient bestes, mes ce sont seulement les ames des nobles.
55 Et si comme l'un d'eulz fu noble homme, aussi entre l'ame de lui el cors d'une de ces nobles bestes; et les ames vraiement des vilains entrent es plus viles bestes et habitent." Et en ceste maniere je li pouoie dire mout de choses, mes toutevoies il n'en vouloit croire autre chose. Et certes se aucuns vouloit raconter la grandeur de ceste cité et les grans choses et merveilleuses qui sont dedenz, il contendroient .i.
60 grant quaier, [170] et encore ne les porroit il contenir. Quar ceste est la greigneur [f. 226ʳb] et la plus noble cité pour marcheandises qui soit par aventure en tout le monde.

[CHAPITRE XXIV]

Comment il vint en la cité de Chilenfo

De ceste cité je me departi et ving par .vj. jornees a une autre grant cité qui est apelee Chilenfo.[171] Et de ceste cité les murs si ont bien .xl. mille d'environ. Et en ceste cité fu le premier siege du roy de Manci, en laquele il souloit demourer.
5 Et en ceste cité sont bien .ccc. et .lx. pons de pierre tres biaus, le plus par aventure qui soient el monde. Et ceste cité est bien habitee de gent, et a dedenz aussi grant navie que c'est chose mout merveilleuse, et elle est mout bien assise et habondante grandement de touz biens.

---

54. seulement] ; L: mes sont tant seulement . **55.** vraiement] ; L: et vraiement les ames . **56.** es] ; L: en . **57.** habitent] ; L: habitent la . **58.** chose] ; L: mes toutefoiz n'en voloit il riens croire . **58.** certes] ; L: certainement . **58.** aucuns] ; L: aucun . **60.** contenir] ; L: il ne seroient pas contenues en .i. grant quaier de parchemin . **60.** est] ; L: Quer c'est . **62.** monde] ; L: tout le monde, meesmement selonc le dit des marcheans communs . **1.** *Chilenfo*] ; L: *la rubrique manque* . **2.** departi] ; L: Donc me departi je de ceste cité . **4.** demourer] ; L: Et les murs de ceste cité fu le premier siege du roy de Mancy, et est la cité ou il souloit demouroir . **5.** en] ; L: Et sus tout ce en . **5.** .ccc.] ; L: .iiijᶜ. . **5.** biaus] ; L: et sont tres beaus . **5.** plus] ; L: les plus . **6.** el] ; L: ou . **6.** gent] ; L: gens . **7.** navie] ; L: si grant navire . **7.** habondante] ; L: et habonde .

Comment il vint au flueve de Thalay
10   Je me departi de ceste cité et ving a .i. grant flueve qui est apelé Thalay. Et si comme je croi, c'est le greigneur flueve qui soit el monde, car la ou il est le plus estroit, est il bien large de .vij. mille. Ce flueve trespasse par[f. 226ᵛa]mi la terre des Bedoins, desquiex la cité est appelee Catham. Laquele est une des meilleurs et des plus beles qui soit el monde. Et ce sont les pimeiens, qui sont communement
15   lons .iij. espans, et font grans ouvrages [de] coton et [de] soie merveilleusement. Et les grans hommes qui sont la, si engendrent filz qui sont pres de moitié semblables as pymeyen[s] qui sont si petis. Et semblablement le pymeien en sa pymeienne engendre filz pymeien. Et pour ce sont tant de ces petites gens engendrez illeuc et nez que il sont sanz nombre.[173]

[CHAPITRE XXV]

Et si comme je m'en aloie par cestui flueve de Thalay, je trespassai par mout de citez, et en ving a une qui est apelee Camcyn.[174] En laquele .i. lieu de nos Freres Meneurs est. Et en ceste cité sont .iij. eglyses de hommes relegieus de leur secte et de leur loy. Ceste cité est noble et grant, et a bien .lviij. compaignies de feus. De

---

9. Thalay] ; L: *la rubrique manque*.   10. flueve] ; L: fleuve .   10. Thalay] ; L: Talay [172] .   11. le] ; L: le, *l'e est écrit au-dessus d'un a rayé par le scribe* .   11. flueve] ; L: fleuve .   12. mille] ; L: est il bien de .vij. mille de lé .   12. flueve] ; L: fleuve .   13. Catham] ; L: Chatham .   14. beles] ; L: des plus beles et des meilleurs .   14. ce] ; L: la .   15. lons] ; L: lons de .   15. font] ; L: et si font .   15. soie] ; P: ouvrages coton et soie; L: de coton et de soie .   16. grans] ; L: Et aucuns grans .   16. si] ; L: *manque* .   16. engendrent] ; L: engendrent aucune foiz .   17. pymeyen[s]] ; P: pymeyent; L: pymeiens .   17. si] ; L: ci .   17. semblablement] ; L: Et aussi .   18. pymeien] ; L: si engendre filz pymeien semblable a li .   18. illeuc] ; L: illec .   19. nez] ; L: neis .   19. sont] ; L: si que il en y a .   1. aloie] ; L: comme je aloie .   1. Thalay] ; L: cesti fleuve de Talai .   2. une] ; L: et ving a une cité .   3. de] ; L: des .   4. loy] ; L: qui sont de la secte de leur loy .   4. bien] ; L: bien dedens .   4. feus] ; L: de feus *manque* .

5   quoi chascune contient bien .x. mille feus. En ceste cité sont toutes ces choses de
     quoi les cre[f. 226ᵛb]stiens vivent communement, et sont en grant habondance. Et
     le seigneur de ceste cité a bien seulement de sel .vᶜ. mille cuvains de basili. Donc
     .i. basile vaut .i. florin et demi. Et ainssi .i. cuvain si vaut bien .xv. mille florins.
     Et toutefois cestui seigneur a fait a cest pueple des pymeiens une grant grace, car
10   il leur delesse .cc. cuvains, si que il n'aient cause de chierté. Ces pymeyens ont
     ame raisonnable comme autres hommes, si comme dit est, qui sont engendrez des
     hommes. Les maisons et les habitacions d'iceulz hommes assez grans en personne
     qui habitent illec, semblablement si les font. Et ceste cité a ceste coustume, quar
     quant .i. homme veult faire .i. grant convi de disner a ses amis, les hostiex sont
15   atornés a ce. Quar ces hommes qui ces hostiex tiennent, si seront requis de celui qui
     fera le disner, et leur dira: "Tu es mon hoste: fai moi ce convi pour mes amis, que
     [f. 227ʳa] pour ce convi je veul tant despendre. Et me soit fait bien et ordeneement,
     et me servés ici le miex que tu porras, et miex que en ma propre maison." Et certes
     ceste cité a grant navie. Et par .x. mille une autre grant cité est au bout de ceste,
20   el chief de ce grant flueve de Talay, qui est appelee Mençu. Et ceste cité a tres

---

5. chascune] ; L: Dont chascune compaignie . **5.** choses] ; L: toutes choses . **6.** vivent] ; L: doivent vivre . **6.** en] ; L: et en y a . **7.** sel] ; L: seil . **7.** basili] ; L: basilis . **8.** basile] ; L: De quoi chascun basili de la monnoie . **8.** florin] ; L: vaut bien fleurin . **8.** .i.] ; L: Et aussi chascun . **8.** si] ; L: si *manque* . **8.** florins] ; L: .xvᵐ. fleurins [175] . **9.** cest] ; L: a ce . **9.** des] ; L: de . **10.** .cc.] ; L: delesse de son droit .ijᶜ. . **10.** chierté] ; L: que il n'aient chierté . **11.** hommes] ; L: Ces pymeiens sont homes et ont ame resonnable . **11.** sont] ; L: quer il sont . **13.** font] ; L: Et ces homes qui sont assez grans en leur personnes et habitent la, font les maisons et les habitations selonc chascun semblable [176] . **13.** ceste] ; L: tele . **13.** ceste] ; L: tel . **14.** grant] ; P: g grant . **14.** de] ; L: d'un . **14.** hostiex] ; L: hostelz . **15.** ce] ; L: a ce faire . **15.** tiennent] ; L: Quer les homes qui tiennent les hostelz . **15.** si] ; L: *manque* . **16.** dira] ; L: et dira . **17.** despendre] ; L: et je veuil tant despendre pour mes amis . **18.** servés] ; L: sers . **18.** miex] ; L: et me fai miex . **19.** navie] ; L: Et ceste cité a grant maniere . **19.** ceste] ; L: Et une autre grant cité est au bout a .x. mille de la . **20.** Mençu] ; L: et est Mençu . **20.** Et] ; L: Et en .

grant navie, et meesmement le plus bele que aucune autre cité qui soit par aventure el monde.[177] Car toutes ces nes sont blanches comme noif, et sont paintes et ont sales, hostiex et mout d'autres choses ainssi belles et ordenees si comme il pueent estre el monde. Et donc il y est une chose non croiable a veoir et a oïr la grandeur de ce navie et biauté.

Comment il vint en la cité de Succumaro

Et je, departant moi de ceste cité, ving .viij. jornees par yaue douce, par mout de terres et de citez, a une cité qui est appelee Loritin.[179] Et ceste cité est mise sus .i. flueve qui est apelé Caramoran. Ce flueve [f. 227ʳb] trespasse parmi le milieu de Cathay, a qui il fait grant damage quant il ront, ainssi comme est le Spade trespassant par la Ferriere.[179] Et si comme je aloie par ce flueve vers orient, trespassant par pluseurs jornees, par mout de terres et de [citez], je ving a une cité qui est appellee Succumaro. En ceste cité a greigneur habondance de soie que par aventure en terre nulle du monde, quar quant la greigneur chierté de soie est et puisse estre illec, si en a l'en bien .xl. livres pour mains de .ix. soulz de gros veniciens. Et aussi y a il grant habondance de toutes marcheandises, et aussi de touz autres biens.

---

21. navie] ; L: maniere . **21.** qui] ; L: le plus bel qui . **22.** nes] ; L: neis . **24.** monde] ; L: et aussi ont cil de la cité sales et hostelz si bien ordenés comme merveilles, et moult d'autres choses beles et ordenees, si beles comme il pueent estre el monde miex . **24.** est] ; L: Et c'est . **24.** croiable] ; L: creable . **25.** biauté] ; L: la grandeur de la beauté de ce navire . **27.** *Succumaro*] ; L: *la rubrique manque* . **28.** je] ; L: Et ainsi en . **28.** yaue] ; L: eaue . **30.** mise] ; L: assise . **30.** flueve] ; L: fleuve . **30.** Caramoran] ; L: nommé Taramoran . **30.** flueve] ; L: fleuve . **31.** Cathay] ; L: Talai . **31.** ainssi] ; L: aussi . **32.** le] ; L: comme le . **32.** par] ; L: qui trespasse parmi . **32.** flueve] ; L: parmi ce fleuve . **33.** trespassant] ; L: *manque* . **33.** par] ; L: et par . **33.** [citez]] ; P: jornees; L: cités . **34.** Succumaro] ; L: qui est Succumaro [180] . **35.** nulle] ; L: que en nulle terre . **36.** et] ; L: chierté est ou . **36.** estre] ; P: et estre: *l'abréviation pour et a été rayée par le scribe* . **36.** illec] ; L: illec en droit . **37.** veniciens] ; L: pour neuf soulz ou pour mains de la monnoie de gros veniciens [181] . **37.** il] ; L: Et aussi la . **37.** de] ; L: et de . **38.** biens] ; L: biens et vivres communs pour cors d'ome .

40 *Comment le frere vint en Cambalech*

Adonc me departi je de ceste cité, et trespassai par mout de citez et de terres vers orient, et ving a cele noble cité de Cambalec.[182] Et ceste cité est mout vielle et ancienne, la plus qui soit en cele province de Cathaire, et ceste cité pristrent les Tartariens.

---

40. *Cambalech*] ; L: *De Cambalec* .   **41.** *Adonc*] ; L: Donc .   **41.** departi] ; L: parti . **41.** terres] ; L: par mout d'autres t[er]res et cités en alant .   **42.** et] ; L: et donc .   **43.** plus] ; L: le plus .   **43.** Cathaire] ; L: Tathaire .   **44.** Tartariens] ; L: les Tartariens et la destruistrent du tout .

[CHAPITRE XXVI]

Et firent aprés ceste cité a demie mille [f. 227ᵛa] une autre cité. Taydo par non estoit apelee, et si est orendroit bien habitee entre ces .ij. citez; et l'environ de ces .ij. citez ainssi jointes ensemble si contient plus de .xl. mille. Et ceste cité a .xij. portes et entre chascune porte a bien .ij. mille d'espace. Et en ceste cité celui emperiere
5 le Grant Chien si a son siege. Et la a .i. grant palais duquel l'environ des murs contient bien .iiij. mille, et dedens cele espace sont mout de palais et pluseurs. Et el cortil de ce grant palais est faite une montaigne, en quoi .i. autre palais est edefié, qui est mout tres bel, et ceste montaigne est plantee de arbres, pour laquel chose ele est apelee la Montaingne Vert. Et au costé de ceste montaigne est .i. grant lac, et de
10 travers est fait .i. tres biau pont. Et en ce lac sont tant d'oues sauvages et anetes et cerceulles que c'est chose mout merveilleuse. Et quant le Grant Chien veult vener, [f. 227ᵛb] il ne le couvient ja issir hors pour venoison, quar ele est dedenz sa maison. Et en ce palais sont vergiers plains de diverses manieres de bestes, lesqueles il puet vener quant il veult onques, sanz ce qu'il voise hors. Et celui palais elquel son siege
15 est, si est moult grant et molt bel, et est la terre levee haut de .ij. pas. Et dedenz il a .xxiiij. colompnes d'or, et touz les murs en sont couvers de rouges piaus; et dit l'en que ce sont les plus nobles qui par aventure soient el monde. Et el milieu du

---

1. cité] ; L: et puis refirent pres de la . **2.** apelee] ; L: Qui a non Taydo . **2.** citez;] ; L: et lonc temps aprés fu Cambalec reparé arriere, et sont orendroit bien habitees . **5.** siege] ; L: Et le Grant Chien, celi emperiere que il nomment le Grant Caen, a son siege [183] . **5.** a] ; L: Et y a . **5.** .i.] ; L: un . **5.** duquel] ; P: d duquel: d *rayé par le scribe* . **7.** quoi] ; L: en laquele . **8.** arbres] ; L: d'arbres . **9.** Vert] ; L: la Vert Montaigne . **10.** pont] ; L: et a .i. tres beau pont a travers . **10.** lac] ; L: Et ce lac . **10.** d'oues] ; L: de oues . **10.** et] ; L: *manque* . **11.** cerceulles] ; L: et de cerceules . **11.** vener] ; L: veult aler vener . **12.** le] ; L: li . **12.** maison] ; L: issir hors de sa maison . **13.** Et] ; L: Quer . **13.** il] ; L: lesqueles y . **13.** puet] ; L: peut . **14.** onques] ; L: onques *manque* . **14.** qu'il] ; L: que il . **14.** celui] ; L: Et ce . **15.** haut] ; L: levee et hauciee tout entour . **15.** pas] ; L: .ij. pas plus que l'autre . **16.** il] ; L: Et dedens cele hauce . **16.** en] ; L: en *manque* . **16.** piaus] ; L: peaus . **17.** aventure] ; L: par aventure qui .

palais est .i. grant piu, qui est plus haut assis de .ij. pas, et est tout d'une pierre precieuse, qui a non "merdaces".[184] Et cele pierre est toute liee d'or, et chascun angle a .i. serpent forgié qui bat tres fort sa bouche. Et ce piu a une roi de pelles grans qui pendent en lui, et sont bien lees par aven[f. 228ʳa]ture d'un espan; et par conduis est aporté continuelmentt parmi ce piu le bevrage que le roy boit en sa court. Et aprés de ce piu sont mout de vessiaus d'or a quoi touz ceulz qui veulent boivre boivent. Et en ce meismes palais sont moult de paons d'or. Et quant aucun baron de Tartaire veult faire aucune feste a son seigneur, dont est elle ainssi faite: car celui Tartarien fiert ses paumes ensemble, et ces paons metent hors leur eles aussi comme se il balassent avec lui; et ceste chose est faite ou par art de deable, ou par enging qui est souz terre. Et quant celui seigneur [siet] sus son siege emperial,[185] il tient au senestre costé la royne, et .i. degré plus bas sont .ij. autres fames que il tient; et au plus bas sont toutes les autres dames du parenté. Et toutes celes qui sont mariees ont .i. pié sus le chief, fait a la figure du pié d'un homme,[186] [f. 228rᵇ] et est bien lonc brace et demie. Et sus ce pié sont pennes de grues, et el haut il est tout aorné de pelles grans, car se il a el monde grans pelles ne beles, il sont en cel

---

18. piu] ; L: perron . **18.** de] ; L: assis plus haut . **19.** chascun] ; L: et en chascun . **20.** forgié] ; L: forgié *manque* . **21.** lui] ; L: Et en ce perron a .i. piu assis, et en ce piu pent une roys de pelles grans . **21.** d'un] ; L: bien lees d'un . **22.** court] ; L: Et en ce piu a conduis, par lesquielx le bevrage que le roy a en sa court est aporté continuement . **23.** ce] ; L: Et aprés ce . **23.** vessiaus] ; L: vesseaus . **23.** boivre] ; L: boire . **24.** meismes] ; L: meisme . **25.** Tartaire] ; L: aucun des barons de Tartarie . **25.** dont] ; L: *manque* . **25.** elle] ; L: ele est . **25.** celui] ; L: quer ce . **26.** eles] ; L: leur ele . **26.** aussi] ; L: et font ausi . **27.** enging] ; L: enging de marches . **28.** est] ; L: sont . **28.** [siet]] ; P: fiert; L: siet . **29.** royne] ; L: la royne est au senestre costé . **29.** bas] ; L: et el pas qui est plus bas du degré . **29.** sont] ; L: sont assises . **30.** au] ; L: et a l'autre siege . **30.** dames] ; L: fames . **31.** ont] ; L: on pour trait . **31.** chief] ; L: la teste . **31.** fait] ; L: *manque* . **31.** du] ; L: a la mesure du . **33.** aorné] ; L: et est aourné par haut tout . **33.** car] ; L: que . **33.** ne] ; L: et . **33.** en] ; L: a .

aornement de ces dames. Et au costé destre de ce roy si est son premier filz qui doit
35 aprés li regner. Et plus bas de ces .ij. sont touz les hommes qui sont du sanc roial;
et la sont .iiij escrivains qui escrivent toutes les paroles que ce roy dit. Et devant
li sont ses barons aussi comme [...] sanz ce que il puissent estre nombrez; et nul
d'eulz n'oseroit parler en nule maniere se il n'en estoit requis du grant seigneur, fors
tant seulement les jugleors qui en sont exceptez, qui veulent esleescier leur seigneur;
40 et toutefois ces jugleors n'osent faire autre chose fors selonc l'ordenance que le roy
leur a bailliee. Et devant les portes de ce palais sont les barons qui gardent et
voient que aucun ne touche a l'entree de l'uis.[188] Et se aucun presomptieus le
fesoit, et il [f. 228^{v}a] estoit trouvé, il le batroient aigrement. Et si comme ce grant
seigneur veult que .i. grant convi soit fait, il a avec li .xiiij^m. barons a couronnes
45 en leur chief, qui le servent au disner, et chascun a tel robe el dos que les pelles
seulement qui sont sus chascune vesteure valent, si comme l'en dit, plus de .xv.
mile florins. La court de celui est tres bien ordenee, c'est assavoir par le centiesme
denier, et par le milliesme, quar il sont entr'eulz ainssi ordenez que il responnent si
bien l'un a l'autre de leur offices que de ce qui leur est commis, nul defaut n'i est
50 onques trouvé. Et je, le devant dit Frere Odoric de l'Ordre des Meneurs, fui bien
illec .iiij. anz en icele cité de Cambalec, et fui mout de foiz en ces festes present.
Quar nous Freres Meneurs avons lieu deputé en cele court de celi roy,[189] et nous

---

34. est] ; L: de ce roy siet . **35.** hommes] ; L: Et .ij. degrés plus bas que eulz sont touz
ceulz . **35.** sanc] ; L: parenté . **36.** escrivent] ; L: escrient . **37.** [...]] ; P: *lacune?*
[187] . **37.** nombrez] ; L: ses barons tant que il pueent estre nombrés [187] . **38.**
estoit] ; L: s'il n'estoit . **39.** jugleors] ; L: grans jugleeurs . **40.** faire] ; L: et toutefoiz
n'osent faire les jugleeurs . **40.** selonc] ; L: autre chose que . **41.** leur] ; L: leur *manque*
. **43.** aigrement] ; L: il le bra *(rayé par le scribe)* batroient mout cruellment . **43.**
comme] ; L: Et quant . **45.** dos] ; L: a tel robe vestue . **46.** sus] ; L: sont en . **47.**
florins] ; L: .xv^m. fleurins . **47.** celui] ; L: de ce seigneur . **48.** milliesme] ; L: ordenee
par centainiers et par millainiers, quer cent obeissent a .i. et mil centeniers a .i. Aussi font
il par disaines, trentaines et quarantaines jusques au nombre de mil . **48.** sont] ; L: et
sont . **48.** ainssi] ; L: si bien . **49.** l'un] ; L: responnent si l'un . **49.** offices] ; L:
office . **51.** cité] ; L: fu bien .iiij. ans en cele cité . **51.** fui] ; L: fu . **51.** present] ;
L: present a ces festes . **52.** nous] ; L: Quer entre nous . **52.** avons] ; L: avon . **52.**
deputé] ; L: ordené . **52.** en] ; L: a .

y couvient touzjors ainssi aler, et donner li nostre beneiçon. Et donc demandai je et enquis diligaument de crestiens, de Sarrazins et de mout d'ydolatres, et de nos con[f. 228ᵛb]vertis a la foy Jhesu Crist qui sont en cele court, ces grans barons qui prennent garde de la personne du roy, et il touz me distrent comme parlans par une bouche que ce sont touz jugleurs que il a. Donc il [a] bien .xiij. compaignies, de quoi chascune compaignie contient bien .x. mille de jugleurs. Et ainssi seroient il .c. et .xxx. mille de jugleurs. Et les autres qui gardent les chiens, les bestes sauvages et les oisiaus sont, c'est assavoir, .c. et .l. mille compaignies.[190] Et vraiement les medecins qui gardent la personne du roy, si sont ydolatres, .iiij. cens par nombre, et .viij. crestiens et .i. Sarrazin. Et touz ceulz [ont] quanque il leur est neccessaire de la court du roy. Et son autre mesnie si est illec sanz nombre. Et ce seigneur vraiement en esté demeure en une terre qui est appelee Sandu,[191] qui est a bien pou assise desouz la transmontaine, et est une des plus froides terres habitables qui soit aujourd'ui par aventure en tout le [f. 229ʳa] monde. Et il demeure vraiement en yver a Cambalec, qui est chaude terre. Et quant il veult chevauchier de l'une de ces terres a l'autre, il tient ceste maniere: quar il a .iiij. batailles de chevaliers. Desquiex l'une bataille va l'un jour devant li, et l'autre .i. autre; la seconde bataille l'en suit l'autre jour. Et la tierce li est a destre, et la quarte a senestre, si que il va touzjors el milieu de ces .iiij. batailles. Et donc si comme il vont ainssi, tous ont leur jornees ordenees, la ou il truevent toutes les choses qui leur sont neccessaires

---

53. aler] ; L: touzjours aler .   **55.** Crist] ; L: diligaument de moult de genz, Sarrazins, crestiens, ydolatres et d'autres convertis a nostre foy .   **55.** ces] ; L: qui estoient ces .   **56.** roy] ; L: du roy et des gouvernemens .   **57.** a] ; L: et il me distrent que ceulz qui servent si sont touz jugleeurs qui sont la .   **57.** [a]] ; P: *manque*; L: a .   **58.** jugleurs] ; L: contient .xᵐ. jugleeurs .   **59.** jugleurs] ; L: .vjˣˣ. et .xᵐ. jugleeurs .   **60.** oisiaus] ; L: gardent chiens, bestes sauvages et oisiaus .   **60.** assavoir] ; L: sont bien .   **61.** si] ; L: *manque* .   **62.** crestiens] ; L: et sont .iiijᶜ medecins et .viij. medecins crestiens .   **62.** [ont]] ; P: *manque*; L: ont .   **62.** quanque] ; L: tout quanque .   **63.** nombre] ; L: Et il a la de l'autre mesnie sanz nombre .   **64.** esté demeure] ; L: Et vraiement ce seigneur demeure en esté .   **65.** transmontaine] ; L: desouz l'estoille transmontaigne .   **66.** monde] ; L: soit par aventure aujourd'ui el monde .   **67.** yver] ; L: Et en yver vraiement il demeure .   **67.** terre] ; L: terre chaude .   **69.** Desquiex] ; L: Desqueles .   **69.** li] ; L: va devant li .i. jour .   **70.** jour] ; L: et l'autre; la seconde bataille va aprés li [192] .   **70.** a] ; L: li est a .   **71.** comme] ; L: Et donc quant .   **71.** ont] ; L: il ont .   **72.** ordenees] ; L: toutes ordenees .   **72.** la] ; L: *manque* .

et profitables. Et la gent qui vont avec li, va en ceste maniere: quar celuy roy si
va sus .i. char a .ij. roes, elquel une tres bele sale est faite toute de fust d'aloés et
75 d'or. Et par desus elle est aornee de perles grandes et beles, et de mout de pierres
precieuses; et .iiij. olifans bien ordenez et atornez mainnent le char, et .iiij. chevaus
enseurquetout tres biaus et bien aornez le mainent avec. Et jouste [f. 229ʳb] ce
char sont .iiij. barons qui sont appelés "tuthes", qui le gardent et le tiennent que
aucune chose ne courouce ou blesce ce roy.[194] Et avec tout ce il porte avec li sus
80 son cuerre .xij. gerfaus.[195] Et quant il se siet aussi en son char sus sa chaiere, et il
voit aucuns oisiaus volans, il lesse aler ses gerfaus aprés eulz, et se soulace et esbat
en tel maniere. Et nul si n'ose aprochier du char plus pres du giet d'une pierre, fors
ceulz qui a ce sont especiaument ordenez. Et ausi comme ce grant roy va, aussi vont
ses fames en leur estat en ceste maniere. Lesqueles son ainsné filz garde. Et c'est
85 aussi comme chose qui n'est pas a croire que d'ymaginer ceste gent que ce seigneur
a, car les esfors qui acompaignent ce seigneur sont .vᶜ. compaignies qui ont tout
entierement de leur seigneur touz leur neccessaires. Et s'il avient que aucuns de ces
gens muire qui soit de ce nombre conté, un autre est tantost mis el lieu de li, si que
le nombre demeu[f. 229ᵛa]re touzjors tout entier. Et ja soit ce que mout de gens

---

73. vont] ; L: va . **73.** va] ; L: si va . **74.** char] ; L: Le roy premierement va en .i. char .
74. elquel] ; L: uquel . **75.** perles] ; L: pelles . **75.** grandes] ; L: grans . **76.** atornez]
; L: aornés [193] . **76.** le] ; L: ce . **77.** avec] ; L: et avec ces .iiij. grans chevaus beaus
et bien aornés le mainent avec devant . **77.** jouste] ; L: Et pres de . **78.** "tuthes"] ; L:
taches . **79.** ce] ; L: le . **79.** porte] ; P: il il porte; L: il porte . **80.** cuerre] ; L: char .
80. aussi] ; L: aussi *manque* . **80.** sus] ; L: dessus . **81.** ses] ; L: ces . **82.** si] ; L:
si *manque* . **82.** du] ; L: d'un . **83.** ordenez] ; L: qui sont especiaument ordenés a ce
. **83.** ausi] ; L: Et tout aussi . **83.** aussi] ; L: tout aussi . **84.** maniere] ; L: et en
leur maniere . **84.** garde] ; L: Et l'ainsné filz du roy les garde . **85.** d'ymaginer] ; L:
de ymaginer . **86.** esfors] ; L: quer les os et la gent *(rayé par le scribe)* force des gens
. **87.** neccessaires] ; L: qui ont tout entierement touz leur neccessaires de ce seigneur .
87. aucuns] ; L: aucun . **88.** conté] ; L: gens qui est conté en ce nombre muire . **88.**
un] ; L: .i. . **88.** lieu] ; L: el non . **89.** tout] ; L: tout *manque* .

90 par aventure ne croient pas ceste chose: je ne m'en merveil pas. Car moi meismes
ne le creusse pas, se je ne l'eusse veu a mes propres iex. Toutevoies la verité est
tele que celui seigneur [196] a devisé son empire en .xij. parties, desqueles parties
chascune est devisee et nommee par son signe. Et li une de ces parties est le regne
de Manci, qui a souz soi .ij. mille grans citez. Et son empire si est si grant que
95 .i. bon errier de pié,[197] ou .i. coursier, ne l'aroit pas trespassé en .vj. mois, par
quelconques partie que il voudroit aler, et sans les ylles toutevoies qui sont subjectes
a l'empire,[198] qui sont bien .v. mille, qui ne sont point mises en nombre. Et afin
que ceuls qui trespassent parmi son regne puissent avoir leur neccessaires, il fist
faire et appareillier hostiex et maisons. Lesqueles maisons il apelen[t] "yain". Et
100 en ces maisons qui sont ainssi appareilliés sont toutes les choses [f. 229ᵛb] qui sont
neccessaires a toute vie humaine.

---

90. merveil] ; L: merveille . **92.** tele] ; L: Et toutefoiz il est verité . **92.** celui] ; L: ce . **93.** signe] ; L: desqueles parties chascune est nommee par son non . **93.** de] ; L: Et une de . **94.** Manci] ; L: Mancy . **94.** soi] ; L: li . **94.** mille] ; L: .ij^m. . **94.** si] ; L: si *manque* . **95.** coursier] ; L: corrier . **95.** .vj.] ; L: .viij. . **96.** quelconques] ; L: quelconque . **96.** il] ; L: partie il . **96.** toutevoies] ; L: toutefoiz . **97.** mille] ; L: .v^m. . **98.** puissent] ; L: puisse . **99.** appareillier] ; L: establir . **99.** hostiex] ; L: hostelz . **99.** maisons] ; L: mesons el chemin . **99.** apelen[t]] ; P: apelen; L: Et apelent ces mesons . **99.** "yain"] ; L: yam *(ou peut-être* yain *?)* [199] . **100.** appareilliés] ; L: qui la sont faites . **101.** humaine] ; L: a tout cors humain .

[CHAPITRE XXVII]

Et certes, quant aucune nouveleté est faite en son empire, tantost ses messages courent a lui sus chevaus isnelement. Et [se] la besoigne est grant et perilleuse, il montent sus dromadaires. Et quant il commencent a aprochier des hostiex, il sonnent .i. cor, au son duquel cor l'oste de celui hostel fait .i. homme appareillier
5   hastivement, auquel celui qui vient ainssi isnelement sus son cheval ou sus son dromadaire presente la lectre que il a aportee. Et celui s'en va et l'autre qui est venu n'a gueres demouré en la maison pour soi reposer et prendre ses neccessaires. Et donc celui qui a receu la lectre des nouveles s'en va hastivement jusques a l'autre maison, sus son cheval, ou sus son dromadaire, selonc ce que le besoing le requiert.
10   Et ce secont message fait aussi comme le premier. Et ainssi par ceste maniere en .i. jour naturel, [f. 230ʳa] si comme l'en dit, celui emperiere reçoit aucune fois une nouvele de .xxx. jornees loing.[200] Laquel chose est mout a merveillier. Et aussi ont il illec une autre maniere d'envoier gent de pié. Car aucuns coursiers sont ordenez en celes maisons, qui sont nommez "childebo",[201] et demeurent continuelment en
15   ces hostiex, et ont çaint entour eulz une çainture qui est toute plaine de sonnetes et de cloches. Et l'une de ces maisons est loing de l'autre aussi comme a .iij. liues. Et si comme il aprochent courant hastivement a cele maison, il commencent forment

---

1. nouveleté] ; L: Et vraiement, tantost comme aucune chose novele . 1. empire] ; L: empiere . 2. isnelement] ; L: ces mesages vont tantost a li a chevaus hastivement . 2. [se]] ; P: *manque*; L: se . 3. dromadaires] ; L: sus .i. dromadaire . 3. commencent] ; L: commence . 3. hostiex] ; L: hostelz . 5. hastivement] ; L: et quant l'oste entent le son de ce cor, il fait appareillier hastivement .i. home . 6. dromadaire] ; L: vient ainsi tost sus son cheval ou sus son dromadaire . 6. lectre] ; L: lettre . 7. neccessaires] ; L: l'autre qui est venu demeure en l'ostel pour soi reposer et pour prendre ces neccessaires . 8. receu] ; L: receue . 8. lectre] ; L: leictre . 8. nouveles] ; L: des nouveles *manque* . 8. hastivement] ; L: s'en va ausi . 9. son] ; L: ou s. son . 10. ce] ; L: celi . 11. naturel] ; L: en .i. jour naturel, c'est assavoir jour et nuit . 11. dit] ; L: *cette phrase manque* . 12. nouvele] ; L: aucune foiz noveles . 13. illec] ; L: illec *manque* . 13. coursiers] ; L: corsiers . 14. celes] ; L: ces . 14. nommez] ; L: nommees . 14. continuelment] ; L: communement . 15. hostiex] ; L: hostelz . 15. çaint] ; L: çainte . 15. plaine] ; L: une çainture toute plaine . 16. cloches] ; L: clocheites . 16. loing] ; L: loins . 17. maison] ; L: Et tantost que il aprochent de cele meson .

a sonner ces clochetes et ces sonnetes et poissaument. Et tantost l'autre qui est en la maison si s'appareille isnelement, et s'en va le plus tost que il puet a l'autre
20 maison. Et ainssi en ceste maniere les autres coursiers font tant que il viennent a celui Grant Chien, si que nule nouveleté ne puet estre faite en son empire briément, que tantost il ne le sache.

[CHAPITRE XXVIII]

Et si comme celi [f. 230ʳb] Grant Chien va vener, il a ceste maniere en li:[202] quar outre Cambalec a .xx. jornees est .i. mout tres biau bois, qui a .x. jornees d'environ,[203] elquel tant de diverses manieres de bestes sont que c'est chose mout merveilleuse. Et environ cel bois sont mis gens de par le Grant Chien qui le gardent
5 diligeaument. Et aussi comme en la fin de .iij. anz ou de .iiij., il va a ce bois et l'avironne avec sa gent quant il vient la, et lessent entrer les chiens dedenz ce bois, et metent aussi hors les oisiaus acoustumez a ce. Et donc vont ces hommes rengiez espessement, et amainent ces bestes sauvages a une tres bele plaine qui est el milieu de ce bois, et ainssi assemblent illec tres grant multitude de bestes, comme
10 sont lyons, cers et moult d'autres bestes estranges et diverses; si que c'est grant esbahissement a veoir, car la noise et le cri est si tres grant des chiens et des oisiaus et des bestes que il font en ce bois que l'un n'i entent l'autre, et toutes ces bestes sauvages tremblent [f. 230ᵛa] pour cele grant noise. Et quant ces bestes sauvages sont la en cele place, adonc monte le Grant Chien sus .iij. olifans [204] et jete le
15 premier .v. saietes entre ces bestes pour ferir celes que il voit apert qui li plaisent. Et

---

18. poissaument] ; L: il commencent a sonner leur clochetes moult fort . **19.** isnelement] ; L: si se atorne hastivement . **19.** puet] ; L: peut . **20.** font] ; L: Et tout en tel maniere font les autres courciers . **21.** briément] ; L: si briément . **22.** le] ; L: le *manque* . **1.** comme] ; L: Et quant . **2.** quar] ; L: il a ceste coustume quer . **2.** jornees] ; L: journees loing . **2.** biau] ; L: beau . **4.** gens] ; L: Et donc sont mis gens tout environ ce bois . **6.** la] ; L: Et il va a ce bois aussi comme de .iij. ans en .iij. ans, et quant il vient la, il avironne le bois, li et ces gens . **7.** bois] ; L: et font entrer les chiens dedens . **8.** espessement] ; L: espessement parmi ce bois . **8.** a] ; L: en . **10.** diverses] ; L: multitude de bestes estranges et diverses comme lyons, hors, lyepars, cers et pluseurs autres manieres . **10.** que] ; L: tant que . **11.** chiens] ; L: quer la noise et le cri des chiens . **12.** l'autre] ; L: de bestes qui la sont est si tres grant que l'un ne entent point l'autre . **13.** sauvages] ; L: ces bestes . **15.** saietes] ; L: saieites . **15.** ces] ; L: les . **15.** ferir] ; L: en traiant a eles pour ferir . **15.** il] ; L: qu'il . **15.** apert] ; L: apart .

donc aprés toute sa compaignie fait aussi, mais chascun n'ose geter que .iij. saietes. Et chascune saiete est signee, si que elle soit congneue de qui elle est. Et quant touz ont geté leur saietes, donc vient le Grant Chien l'emperiere meismes; si fait crier que il se tiengnent a pais, et que il aient misericorde des bestes qui sont remeses
20 vives que il ont mises hors du bois.[205] Et donc leur font il voie a entrer arriere el bois. Et tantost ces bestes sauvages qui sont demorees vives rentrent el bois. Et touz les barons vont donc as bestes que il ont occises, et prennent leur saietes que il ont getees ou elles sont, car il les congnoissent bien pour ce que chascun y a mis son signe. Et chascune beste sauvage est de celui qui l'a fe[f. 230ᵛb]rue de sa saiete. Et
25 se les saietes de leur grant seigneur [ont] tuee nule bele beste, il en font trop grant feste, et li presentent tantost. Et en ceste maniere est sa venerie faite.

[CHAPITRE XXIX]

Cestui emperiere fait .iiij. grans festes en l'an. C'est assavoir la feste de sa circoncision, et de sa nativité, et des autres aussi. Et a ces festes il assemble touz les barons et touz ceulz de son parenté, et touz les jugleurs et les menesterielz, et touz sont mis ordeneement en la feste. Et il assemble toutes ces gens meesmement a .ij.
5 choses. C'est a la feste de sa circoncision et de sa nativité. Et comme ces gens sont appareilliez a aucune de ces festes, les barons donc y vont les couronnes es chiés, et

---

16. fait] ; L: touz ceulz de sa compaignie font .   **16.** saietes] ; L: saieites .   **17.** saiete] ; L: saieite .   **17.** qui] ; L: de celi a qui .   **18.** geté] ; L: traites .   **18.** meismes] ; P: meis meismes .   **18.** fait] ; L: le Grant Chien emperiere et fait .   **19.** remeses] ; L: demourees .   **20.** il] ; L: qu'il .   **21.** sauvages] ; L: ces bestes .   **21.** rentrent] ; L: entrent .   **22.** les] ; L: Et aprés ce touz les .   **22.** bestes] ; L: vont as bestes .   **23.** sont,] ; L: leur saietes que il ont traites as bestes .   **24.** chascune] ; L: Et la .   **24.** saiete] ; L: saieite .   **25.** leur] ; L: les saieites du .   **25.** [ont]] ; P: a; L: ont .   **26.** tantost] ; L: et la presentent tantost devant li [206] .   **26.** venerie] ; L: est venerie .   **2.** aussi] ; L: de sa circoncision, de sa nativité, de son couronnement et de son mahonmet [207] .   **3.** menesterielz] ; L: touz les jugleurs et les menesterlz .   **4.** meesmement] ; L: especiaument .   **5.** nativité] ; L: de sa nativité et de sa circoncision .   **5.** comme] ; L: Et quant .   **6.** appareilliez] ; L: sont apelés .   **6.** vont] ; L: les barons y vont .   **6.** chiés] ; L: es testes .

celui emperiere se siet en son siege, si comme il est dit par desus, et touz les barons demeurent ordeneement es liex qui leur sont deputez. Et ces barons sont vestus en diverses manieres. Quar les uns, c'est assavoir les premiers, sont vestus de vert.
10 Les secons sont vestus [f. 231ʳa] de vermeil, et les tiers de jaune; et touz ces sont couronnez el chief ordeneement. Et chascun a en ses mains une table blanche d'un os d'olifant, et chascun a .i. cercle doré haut du pois de .vj. onces, et sont estans em piez, et gardent silence; et les menesterelz demourent environ eulz, avec leur enseignes et leur instrumens. Et en .i. angle d'un grant palais sont les philosophes,
15 qui regardent touzjours a certaines heures et a certains poins. Et si comme le point ou l'heure vient que il atendent, l'un d'eulz crie poissaument et dit: "Vous vous devez encliner a vostre emperiere nostre seigneur le grant!". Et donc touz les barons donnent du chief en terre .iij. fois. Et aprés cele grant mesnie crie: "Levez vous touz!". Et tantost il se lievent. Et dont les philosophes entendent a .i. autre point.
20 Et derechief quant le point vient, celui crie derechief et dit: "Levez vous touz sus! [f. 231ʳb] Metez chascun le doi en l'oreille!", et il le font. Et tantost il dist: "Traiez le hors!", et il obeissent. Derechief il seront ainssi .i. petit, et celui leur dira: "Buletez la farine!", et donc s'en iront de ça et de la. Et ensi font il moult de signes, que il dient que il en portent moult de significacions. Et aprés sont moult de officiers qui

---

7. celui] ; L: seli . **7.** desus] ; L: si comme je conte par devant . **9.** sont] ; L: Quer les premiers sont . **10.** vermeil] ; L: Les secons de vermeil . **10.** et] ; L: *manque* . **11.** chief] ; L: et touz ceulz ci ont coronnes es chiés . **11.** mains] ; L: tient en sa main . **12.** chascun] ; L: et chascune table . **12.** du] ; L: cercle doré du . **13.** em] ; L: et sont en estant sus . **13.** environ] ; L: entour . **14.** d'un] ; L: de ce . **15.** touzjours] ; L: regardent tout . **15.** comme] ; L: Et quant . **16.** ou] ; L: et . **16.** d'eulz] ; L: l'un de ces philosophes . **17.** nostre] ; L: vostre . **18.** crie] ; L: Et aprés ce, celi meismes phylosophe crie . **19.** lievent] ; L: Et il se lievent tantost . **19.** dont] ; L: donc . **19.** entendent] ; L: atendent . **20.** vient] ; L: Et quant ce point [vient] . **20.** celui] ; L: il . **22.** seront] ; L: Et il seront . **22.** dira] ; L: et celi dira derechief . **22.** Buletez] ; L: Bueletés . **23.** iront] ; L: et donc iront les barons . **24.** significacions] ; L: moult de signes, qui [portent] moult de significacions . **24.** sont] ; L: Et la sont . **24.** officiers] ; L: d'officiers .

25 regardent et voient touz les barons et les menesterelz que aucuns d'eulz ne faille, quar se aucuns d'elz defailloit illeuc, il encorroit en grant paine. Et quant le point et l'eure de ces menesteriex vient, donc les philosophes dient: "Faites feste a nostre seigneur!". Et donc touz commencent a sonner touz leur instrumenz, et le son et le cri est si grant que c'est aussi comme .i. esbahissement. Et aprés une voiz criera
30 et dira: "Touz se taisent et facent pais!". Et ainssi tantost touz se tairont. Aprés ce, ceulz du parenté le roy sont appareilliez a blans chevaus. Et donc [f. 231ᵛa] aprés une voiz criera et dira, "Tel de tel parenté, appareille tantost tant de cenz de chevaus a son seigneur!". Et la sont tantost appareilliez aucuns qui mainent les chevaus par devant le seigneur, si que ce est aussi comme chose non creable de tant
35 de chevaus blans qui sont donnez as estrenes a ce seigneur. Et aprés sont barons qui portent estraines de par autres barons. Et touz ceulz des principaus moustiers vont a li, et li donnent estrenes, et sont tenus a li donner sa beneiçon et leur couvient faire. Et ceste chose faite et ordenee, donc vont a li aucuns menesterielz et aucunes menestereles, qui chantent devant li si doucement que c'est une grant joie a oÿr. Et
40 aprés ce les jugleurs font venir lyons qui font reverence a celui emperiere.

---

25. voient] ; L: visitent . **25.** faille] ; L: que il ne faillent en aucune chose . **26.** defailloit] ; L: se aucun defailloit . **26.** illeuc] ; L: illec endroit . **26.** paine] ; L: encourroit grant poine . **27.** dient] ; L: donc dient les phylosophes . **27.** nostre] ; L: vostre . **28.** commencent] ; L: Et donc commencent tout communement . **29.** .i.] ; L: un . **29.** aprés] ; L: Et aprés ce . **31.** ceulz] ; L: ceulz qui sont . **31.** a] ; L: appelés as . **32.** aprés] ; L: Et tantost . **32.** cenz] ; L: appareille tans cens . **33.** son] ; L: ton . **34.** seigneur] ; L: *toute cette phrase manque* . **34.** de] ; L: non croiable d'avoir . **35.** sont barons] ; L: sont la barons . **36.** Et] ; L: Et aussi . **37.** donnent] ; L: et donnent . **37.** sa] ; L: leur . **37.** et leur] ; L: et si leur . **38.** chose] ; L: Et quant ceste chose est . **38.** menesterielz] ; L: aucuns menesterelz vont a li . **39.** joie] ; L: melodie . **40.** jugleurs] ; L: Et aprés jugleeurs . **40.** venir] ; L: venir devant li . **40.** qui font] ; L: qui li font . **40.** emperiere] ; L: comme a emperiere .

[CHAPITRE XXX]

Et aprés ces jugleurs font porter par l'air henas dorez plains de bon vin, si que celui qui les porte n'est point [veu], et le tendent as bouches de touz cels [f. 231ᵛb] qui veulent boivre. Et ensi ces choses et moult d'autres sont faites devant celui seigneur qui sont mout a merveillier. Et certes dire et raconter la hautesce et la
5 grant noblesce de cestui seigneur et les choses qui en sa court son[t] faites, si est aus crestiens aussi comme chose qui n'est pas a croire, se l'en ne les veoit aus iex. Et de ce toutefois que il fait moult grans despens, nul ne se doit merveillier, quar nule autre chose ne se despent pour monnoie en tout son regne, fors que une maniere de meriaus qui sont fais d'escorche de mourier qui est ilec reputee pour monnoie.[209]
10 Et tres grant tresor sanz fin vient en ses mains.

[CHAPITRE XXXI]

Et une autre chose moult tres merveillable puet estre dite, laquele toutefois je ne vi pas, mes je l'oÿ dire de personnes dignes de foy. Car l'en dit que Caoli est .i. tres grant regne, elquel montaignes sont qui sont nommees les Mons Capeiens. [f. 232ʳa] Donc, si comme il est dit, en ces montaignes croissent grans popons qui, quant il
5 sont meurs et l'en les oevre, une bestelete est trouvee dedenz a maniere d'un petit

---

1. ces] ; L: Et ces . 1. par] ; L: en . 1. que] ; L: en tel maniere que . 2. [veu]] ; P: *manque*; L: veu [208] . 2. le] ; L: les . 2. as] ; L: aus . 2. cels] ; L: ceulz . 3. boivre] ; L: boire . 3. celui] ; L: ce . 4. sont] ; L: lesqueles sont . 4. raconter] ; L: Et certainement a dire et a raconter . 5. son[t]] ; P: son; L: sont . 6. croire] ; L: est aussi comme chose qui n'est pas a croire as crestiens . 6. veoit] ; L: voit . 7. se] ; L: s'en . 8. une] ; L: fors une . 9. meriaus] ; L: mereaus . 9. reputee] ; L: et ces mereaus sont la reputés . 10. fin] ; L: sanz fin et sanz nombre . 10. ses] ; L: ces . 1. merveillable] ; L: merveilleuse . 1. dite] ; L: est dite, qui est en .i. resgne pres d'illec . 2. pas] ; L: mie . 2. dit] ; L: Quer il dient . 3. regne] ; L: .i. regne grant . 3. Capeiens] ; L: les Capeiens [210] . 4. qui] ; L: Et, si comme l'en dit, il croist en ces montaignes moult grans popons . 4. quant] ; L: et quant . 5. meurs] ; L: bien meurs . 5. a] ; L: dedens ces poupons et est en la .

aignel. Et ces bestes rungent ces popons et usent ce qui est dedenz et le menjuent, et vivent et devienent charniex. Et combien par aventure que il soit veu impossible a aucuns, toutevoies puet il estre ausi voir, comme il est voir que l'en dit que en Yrlande sont arbres qui font et metent hors oisiaus.

[CHAPITRE XXXII]

Comment il vient en la terre Prethecoan

Je me departi de ceste terre, et ving vers occident en trespassant par .l. jours, par moult de citez et de terres, et ving vers la terre de Prethecoan, de laquele il n'est pas [voir] la centiesme de ce qui en est dit pour certain. La principal cité de
5 cele terre si est dite Chosan, qui est par aventure aussi grant comme Vincencie, et a moult d'autres citez sous soi. Et le seigneur par droit [f. 232ʳb] couvenant si prent touzjours a fame la fille du Grant Chien.

Comment il vint en la province de Casan

Et de la je ving par moult de jornees, tant que je ving a une province qui est
10 apelee Casan.[214] Et ceste est la seconde des meilleurs provinces et miex habitee, si comme je cuide, que autre qui soit el monde, et la ou elle est le plus estroite, ele est bien lee toutevoies .l. jornees, et longue de plus de .lx. Et ceste province est habitee

---

6. aignel] ; L: aignel petit . 6. dedenz] ; L: Et ces bestes usent et rungent ce qui est dedens ces poupons . 7. charniex] ; L: et s'en vivent tant que il viennent a temps certain que issent hors et deviennent char et sanc . 7. il] ; L: Et combien que ceste chose . 7. veu] ; L: veue . 8. toutevoies] ; L: toutefoiz . 9. arbres] ; L: comme l'en dit que en Illande [sont] arb[r]es . 9. metent] ; L: meitent . 9. oisiaus] ; L: oisiaus. Et aussi comme une crabe de mer, qui est appellee "cancre",[211] croist en la molle et puis la menjue, et s'en ist hors et vit et devient grant. Et comme le congre qui nest en l'oistre et la menjue . 1. Prethecoan] ; L: la rubrique manque . 2. departi] ; L: parti . 2. ving] ; L: et m'en retournai . 3. par] ; L: et erre .l. journees en trespassant . 3. vers] ; L: en . 3. Prethecoan] ; L: Prethecoan que aucuns nomment Prestre Johan [212] . 4. [voir]] ; P: manque; L: voir . 4. la] ; L: de la . 4. centiesme] ; L: centiesme partie . 4. dit] ; L: de ce que l'en en dit . 5. si] ; L: si manque . 5. Chosan] ; L: Thosais [213] . 8. Casan] ; L: la rubrique manque . 9. ving] ; L: Et puis m'en ving de la . 9. a] ; L: jornees, jusques a . 10. provinces] ; L: la seconde meilleur province . 11. monde] ; L: païs . 11. le] ; L: la . 12. toutevoies] ; L: toutefoiz de .

en tel maniere que quant aucun ist hors de la porte d'aucune cité, il voit les portes de l'autre cité. En cele terre est grant habondance de vivres, et meesmement de
15 chastaignes. Et en ceste contree ou province croist une maniere de ris estrange,[215] de quoi il ont si grant habondance que .i. asne en seroit tout chargié pour mains de .vj. petis veniciens. Et ceste province est une des .xij. parties de l'empire du Grant Chien.

[CHAPITRE XXXIII]

Comment il vint el regne Thybet

[f. 232ᵛa] *De* ceste province me departi je et ving a .i. grant regne, Thybet, qui est prochaine a icele Ynde, et tot cest regne est subjet au Grant Chien. Et en ce regne est greigneur habondance de pain et de vin que par aventure en tout le monde.
5 La gent de ceste contree demeure en tentes qui sont faites de feutres noirs; et toute la royal cité et principal est faite de murs et blans et noirs, et toutes les voies de cele cité sont pavees de pierres vives. Et nul n'ose en ceste cité espandre sanc, ou faire [sanc] a nul homme ou a nule beste. Et c'est pour la reverence d'un ydole qui la est honnoree et aouree. Et en ceste cité demoure .i. seigneur qui est appelé "Albassi",
10 qui est a dire "pape" en leur langue.[218] Et cestui est chief de touz les ydolatres de cele region, asquiex il donne selonc sa coustume touz les benefices que il ont. Ce regne si a ceste coustume. [f. 232ᵛb] Quar les fames portent plus de cent tresces, et ont .ij. denz en la bouche aussi longues comme .i. ver ou .i. porciau sauvage. Et c'est une chose seule a merveillier que de veoir ces fames.

---

13. maniere] ; L: menniere . **15.** croist] ; L: est . **17.** province] ; P: p province . **17.** du] ; L: .xij. parties du . **1.** *Thybet*] ; L: *la rubrique manque* . **2.** je] ; L: Je me parti de ceste province . **2.** Thybet] ; L: qui est dit Thibeth [216] . **3.** prochaine] ; L: prochain . **3.** icele] ; L: cele . **3.** cest] ; L: tout se . **4.** monde] ; L: en toute l'autre Ynde . **5.** noirs] ; L: feutre noir . **6.** principal] ; L: la roial et principal cité . **6.** et] ; L: et *manque* . **7.** sanc] ; L: espandre sanc en ceste cité . **8.** [sanc]] ; P: *manque*; L: ne faire sanc ne a home ne a beste [217] . **8.** reverence] ; L: l'onneur et la reverence . **8.** d'un] ; L: d'une . **9.** "Albassi"] ; L: Albaçon *(ou peut-être* Albacen *?)* . **11.** asquiex] ; L: asquielz . **11.** donne] ; L: donne et devise . **12.** coustume] ; L: Et ceste coustume est en ce resgne . **12.** tresces] ; L: tresces en la teste . **12.** et] ; L: et si . **13.** sauvage] ; L: aussi longues comme un porc sauvage [219] . **14.** de] ; L: Et une seule chose merveilleuse que .

15   Ceste coustume et autre est eue en cele contree. Quar posé soit que le pere
d'aucun muire: son filz dira donc, "Je veul honnorer mon pere." Et donc fera
assembler toz les prestres et les relegieus de la contree, et touz les menesteriex de
la contree que il porra avoir, et aussi touz ses voisins et ses parens, qui enportent
a grant joie celui mort en une champaigne. Et ont appareillié une grant escuele
20   sus quoi il li trenchent le chief et puis le presentent a son filz. Et aprés le filz et
toute sa compaignie chante et fait moult d'oroisons pour lui. Et aprés les prestres
detrenchent tout le cors du mort par pieces. Et quant il ont ainssi fait, il se traient
.i. poi en sus [f. 233ʳa] avec leur compaignie et font oroisons pour lui. Et donc
aprés ce les aigles et les oisiaus des montaignes viennent, et chascun de ces oisiaus
25   enporte sa piece. Et aprés ce touz crient a haute voiz et dient: "Veez quel cest
homme fu, quar il est saint, quar les angres de dieu sont venus et l'emportent en
paradis." Et ensi en faisant en ceste maniere ces hommes qui sont bestiaus, si
cuident que il aient mout honnoré le filz de lui; et il meisme si tient quant son pere
soit porté ainssi honnorablement de ces officiaus et de ces oisiaus, que iceulz folz
30   tiennent pour angres.[220] Et donc tantost le filz de celi qui est comme beste, prent
le chief de son pere et le cuit et menjue. Du rest [221] certes ou des os du chief,
il fait faire .i. henap, a quoi li et touz ceulz de sa mesniee boivent par devocion,
et le font en la remembrance de son pere mort. Et veez combien grant rudesce
et grant besti[f. 233ʳb]auté est faite de ces gens,[222] que c'est une abhomination,

---

15. eue] ; L: ont il . **16.** donc] ; L: son filz dira . **18.** contree] ; L: assembler touz les prestres et les religieus et touz les menesterelz de la contree . **18.** parens] ; L: et touz ces voisins et ses parens . **18.** enportent] ; L: emporteront . **19.** mort] ; L: ce cors mort . **19.** une champaigne] ; L: une grant champaigne . **19.** appareillié] ; L: appareilliee . **19.** escuele] ; L: estuele . **20.** quoi] ; L: sus laquele . **21.** sa] ; L: la . **21.** aprés] ; L: Et donc aprés ce . **22.** pieces] ; L: tout le cors par pieces . **23.** poi] ; L: pou . **23.** leur] ; L: avec toute la . **23.** oroisons] ; L: et orent . **26.** les] ; L: et les . **26.** en] ; L: em . **27.** faisant] ; L: Et en faisant ainsi . **27.** si] ; L: *manque* . **28.** lui] ; L: le filz du mort . **29.** porté] ; L: en est porté . **29.** oisiaus] ; L: honnorablement de ces oisiaus . **29.** folz] ; L: fous . **30.** beste] ; L: Et donc le filz du mort qui est comme une beste . **32.** henap] ; L: Et fait faire .i. henap du rest du chief . **33.** combien] ; L: Et vous pouez bien voir comme . **34.** une] ; L: et c'est une .

35 quar, si comme il dient, il font a leur pere grant reverence; et mout d'autres choses desacoustumees et desordenees sont faites de ces gens.

[CHAPITRE XXXIV]

Certes et quant je estoie en la province de Manci, je ving par de costé le palais d'un homme du pueple, c'est a dire seigneur populaire,[223] lequel vivoit en ceste maniere. Quar il a .l. damoiseles vierges qui le servent continuelment. Et quant il va asseoir a mengier et il se siet a table, touz ses mes li sont portez [par] .v. et .v.
5 de ces damoiseles a divers chans et a mout de manieres d'instrumenz de musique. Et ces vierges si li metent la viande en la bouche, et le paissent aussi comme se ce fust .i. oisel ou .i. moinel; et enseurquetout l'en chante touzjours devant li, tant que touz ses mes sont mengiez. Et quant il a pris des .v. premiers mes ce que il a voulu, aprés les autres vierges li portent .v. autres mes. Et donc s'en vont les
10 pre[f. 233ᵛa]mieres vierges, en chantant en divers chans de musique. Et ensi en ceste maniere maine cest homme sa vie, tant comme il est el monde. Et cestui a chascun an .xxx. cuvains de pur ris, de quoi chascun cuvain fait .x. mille sommes de tagar. Et .i. tagar est la somme d'un grant asne. Le cortil de son palais contient .ij. lieues. Et ce palais en quoi il demeure est fait en ceste maniere, quar il y a
15 une piece d'or et l'autre d'argent. Et el cortil de cel palais est fait .i. mont d'or et d'argent, sus lequel moustiers et campeneles sont fais si comme les riches hommes

---

36. gens] ; L: reverence; mes aussi font il moult d'autres choses desacoustumees et desordenees qui ne sont pas a recorder . **1.** et] ; L: Vraiement et . **1.** le] ; L: je m'en alai par delés le . **2.** du] ; L: de . **2.** lequel] ; L: lequel home . **3.** vierges] ; L: virges . **3.** continuelment] ; L: continuement . **4.** siet] ; L: et il siet . **4.** ses] ; L: ces . **4.** [par]] ; L: aportés par . **5.** d'instrumenz] ; L: istrumens . **6.** li] ; L: virges li . **7.** moinel] ; L: ou .i. moinel *manque* [224] . **7.** chante] ; L: et chante l'en . **8.** ses] ; L: ces . **9.** aprés] ; L: *manque* . **9.** les] ; L: ces . **9.** portent] ; L: aportent . **9.** vont] ; L: c'en vont . **10.** chantant en] ; L: les premieres, chantant . **11.** maine] ; L: Et ainsi maine . **11.** el] ; L: u . **13.** tagar] ; L: sonmes d'un asne . **13.** asne] ; L: *cette phrase manque* . **15.** d'argent] ; L: quer l'une piece est d'or et l'autre est d'argent . **15.** mont] ; L: est faite une montaigne . **16.** fais] ; L: et est fait dessus .i. moustier et campeneles .

seulent faire pour leur delectacions. Dont l'en dit que .iiij. tiex hommes comme cestui est en richesces, sont en celui regne de Manci. Et la noblece de celui si est reputee que il ait ongles lons, et laisse tant croistre aucun de ses ongles que il li
20 avironnent toutes les mains et especiaument ceulz du gros doi ou du pouce.[225] La biauté certes des fames, si comme il dient, si est avoir petis piez. [f. 233ᵛb] Dont il ont ceste coustume que les meres d'iceles fames, quant aucunes puceles naissent, il leur lient les piez mout a destroit, si que par ceste chose il leur lessent pou croistre.

[CHAPITRE XXXV]

Comment il vint en la contree de Milecorde
Et si comme je me departi des terres de cele contree, en venant vers occident, je m'aplicai a une contree qui est apelee Milecorde. Ceste contree est bele et mout plenteive. Et en ceste contree est .i. homme qui estoit appelé Antien
5 de la Montaigne, qui avoit fait .i. mur entre .ij. montaignes qui avironnent ceste montaigne. Et dedenz cestui mur, si comme l'en disoit, il estoient les plus beles fontaines que l'en peust trouver. Et en ces fontaines estoient mises les plus beles damoiseles vierges que l'en peust trouver. Et les plus biaus chevaus et toute cele chose qui pour aucune delectacion peust estre trouvee pour cors humain. Et pour ce
10 appeloit il cel lieu "Paradis". Et quant [f. 234ʳa] il veoit aucun jouvencel de value,

---

17. delectacions] ; L: delectation . **18.** est] ; L: Et dit l'en el païs que .iiij. autielz homes . **18.** celui] ; L: ce . **19.** ait] ; L: Et ce li est reputé a grant noblesce que de avoir les . **19.** laisse] ; L: et il lessent . **19.** ses] ; L: aucuns de ces . **20.** especiaument] ; L: meesmement . **20.** ou] ; L: et . **21.** piez] ; L: Et, si comme il dient, la beauté des fames du païs est d'avoir petit pié . **22.** que] ; L: quer . **22.** naissent] ; L: les meres des filles, quant il sont nees . **22.** il] ; L: *manque* . **23.** croistre] ; L: si que par ce il leur en croissent mains . **1.** *Milecorde*] ; L: *la rubrique manque* . **2.** departi] ; L: Et quant je me parti . **3.** a] ; L: je m'aplicai a venir a . **3.** Milecorde] ; L: Milescorde [226] . **4.** est] ; L: estoit . **5.** fait] ; L: et avoit fait faire . **6.** montaigne] ; L: qui avironnoit la montaigne ou il estoit . **6.** mur] ; L: Et dedens la clos de ce mur . **6.** il] ; L: *manque* . **7.** trouver] ; L: onques trouver . **7.** en] ; L: Et dedens . **9.** trouvee] ; L: chevaus et toutes les plus beles delectations de quel chose que ce fust que l'en peust trouver . **10.** cel] ; L: ce . **10.** jouvencel] ; L: juvenceau .

il le fesoit metre en cestui paradis. Et faisoit illec descendre par aucuns conduis vin et lait, et quant il vouloit faire occire, c'est a dire en leur langue "assasiner", tuer d'un "hasassis", aucun roy ou aucun baron,[227] il faisoit enquerre a celui qui estoit mestre de celui sien paradis, que il li trouvast aucun jouvencel qui fust le
15 plus couvenable et le plus delictant d'estre en ce paradis, et qui plus eust talent de demourer la. Et quant l'en l'avoit trouvé tel et il estoit amené devant li, il li faisoit .i. bevrage qui tantost l'endormoit. Et quant il se dormoit ainssi, il le faisoit metre hors de ce paradis.[228] Et quant il estoit esveillié et il se veoit hors de ce paradis, il estoit mis en si grant estrif et ennuy que il ne savoit du tout en tout que faire;
20 pour quoi il deprioit icelz Viex de la Montaigne que il le ramenast en celui paradis ou il estoit mis premie[f 234ʳb]rement. Donc li disoit li Vielz de la Montaigne: "Tu ne pues aler jamés la, se tu ne tues tel roi ou tel baron. Et se tu muers ou non, et tu essaies acomplir ceste chose, je te metrai arriere en ce paradis." Et pour ce que cestui se delictoit ensi a demourer en ce paradis, il faisoit occirre par lui touz ceulz
25 que il vouloit.[229] Et pour ce le cremoient touz les roys d'orient, et li donnoient grant treu. Et si comme les Tartariens eussent pris aussi comme tout le monde, et meesmement la region d'orient, il vindrent a cestui Viel de la Montaigne, auquel finaument il pristrent sa seignorie pour la greigneur partie. Et quant il le sot, il mist hors de son paradis mout de ces murtriers, par lesquiex il fist occire mout de nobles
30 hommes des Tartariens. Et quant les Tartariens le virent, il vindrent a cele cité ou

---

11. cestui] ; L: en son . **11.** aucuns] ; P: par par aucuns . **13.** "hasassis"] ; L: faire tuer par .i. "assasis" . **14.** sien] ; L: ce sien . **15.** delictant] ; L: desirant . **15.** talent] ; L: et qui eust greigneur talent . **16.** faisoit] ; L: il li faisoit donner . **18.** veoit] ; L: esveillié, il se trouvoit . **19.** ennuy] ; L: il estoit en si tres ennui et estoit si desconforté . **20.** Viex] ; L: deprioit a celi Vieil . **20.** ramenast] ; L: remenast . **20.** celui] ; L: ce . **21.** premie[f 234ʳb]rement] ; L: ou il estoit premierement . **21.** Vielz] ; L: le Viel . **22.** la] ; L: Tu n'i peus jamés entrer . **22.** tues] ; P: tues *a été ajouté au-dessus de la ligne: l'encre est plus claire* . **22.** non] ; L: Et se tu le fais, muires ou non . **23.** acomplir] ; L: assaies a acomplir . **24.** demourer] ; L: se delittoit et covoite raler . **24.** faisoit] ; L: le Viel faisoit . **25.** cremoient] ; L: doutoient . **26.** comme] ; L: Et quant . **26.** eussent] ; L: orent . **27.** d'orient] ; L: tout le monde des parties d'orient [230] . **28.** pristrent] ; L: et finaument il pristrent . **30.** virent] ; L: les Tartariens virent ce .

cestui Viel de la Montaigne estoit et l'asegierent. Et ne se departirent onques de cele cité devant finaument que il orent pris le Viel et la cité. Et quant il l'orent [f. 234ᵛa] pris, il le lierent en liens et le firent mourir de male mort.

[CHAPITRE XXXVI]

Et certes en ceste contree le Dieu omnipotent donna ceste grant grace as Freres Meneurs, car en la Grant Tartarie pour neent par l'aide devine il pueent aussi chacier hors les deables des gens demoniacles, comme se il chaçoient hors un chien d'une maison; et mout d'ommes et de fames sont assegiez du deable que les gens
5 amainent bien de .x. jornees loing a nos freres. Et quant ces demoniacles sont amenez a nos freres, il commandent par Nostre Seigneur Jhesu Crist as deabbles que il issent de ces cors que il ont assis le plus hastivement que il porront. Et tantost, le commandement fait, il s'en issent hors. Et en la parfin ceulz qui issent hors, ceulz qui sont delivrés du deable se font tantost baptizier. Et dont les freres
10 prennent les ydoles de feutre que il ont a la crois et a l'yaue beneoite, et les portent el feu. Et touz ceulz de la cité viennent dont veoir ardoir les diex de leur voisins. Dont les [f. 234ᵛb] freres prennent les ydoles et les metent el feu. Et dont ces ydoles s'en issent du feu, quar le[s] deable[s] qui habite[nt] dedenz ces ydoles les en traient hors,[231] pour quoi les freres prennent tantost de l'yaue beneoite que il arousent

---

31. estoit] ; L: ou cesti Viel estoit . **31.** departirent] ; L: partirent . **32.** que] ; L: devant que . **32.** l'orent] ; L: i l'orent . **33.** en] ; L: de . **1.** grace] ; L: Et certainement Dieu omnipotent donna en ceste contree grant grace . **2.** devine] ; P: l'aide devine devine; L: en la Grant Tartarie par la devine aide . **2.** pueent] ; L: peuent . **2.** aussi] ; L: aussi bien . **3.** demoniacles] ; L: le deable du cors demoniacle . **3.** hors] ; L: comme il porroient chacier . **4.** assegiez] ; L: sont la assegiés . **5.** jornees] ; L: .x. liues . **6.** freres] ; L: Et quant il sont amenés . **6.** par] ; L: les freres commandent de par . **6.** deabbles] ; L: au deable . **7.** porront] ; L: que il isse hors des cors que il a assis tost et hastivement . **9.** baptizier] ; L: Et aucuns de ceuls qui sont delivrés du deable se font tantost baptisier . **9.** dont] ; L: donc . **10.** ont] ; L: ydoles de feutre que les gens ont chiés eulz . **10.** l'yaue] ; L: l'eaue . **10.** portent] ; L: jetent . **11.** dont] ; L: Et touz ceulz de la si viennent . **11.** ardoir] ; P: ardoir ardoir . **11.** de leur] ; L: a leur . **13.** feu] ; L: Et quant les freres ont mis ces ydoles el feu, il s'en issent hors . **13.** habite[nt]] ; P: le deable qui habite; L: les deables qui habitent . **13.** traient] ; L: en traient et mettent . **14.** l'yaue] ; L: l'eaue .

15 sus les ydoles, et tantost les anemis s'en yssent et s'enfuient des ydoles et du feu. Et
ainssi les ydoles sont arses. Et dont l'anemi, quant il s'en va, si crie en l'air forment
et dit: "Chascun voiant voie que je sui hors bouté de mon habitacion!". Et ainssi
par ceste maniere nos Freres Meneurs si baptizent mout de gent en cele contree.

[CHAPITRE XXXVII]

Et je vi une autre chose [232] mout espoentable. Quar si comme je aloie par une
valee qui est assise sus le flueve de Delices, et vi dedenz cele valee en l'entree autressi
comme mout de cors de gens mors sanz nombre; et est certain que tout le charroi
de Pade et de Tervise fussent touz enpeeschiez de porter ces cors a une foiz. Et
5   en laquele valee je ooie sensiblement en l'air mout de divers chans de [f. 235ʳa]
musique, et meesmement une harpe qui estoit illeuc merveilleusement sonnee. Il
estoit illec si grant escrois et si grant noise que je avoie mout tres grant paour. Et
ceste valee qui est apelee la Valee au Deable duroit bien .vij. ou .viij. mile de terre.
Et se nul des mescroians y entre, il n'en istra ja hors, mes est bien tantost occis
10 du deable, ou il muert tantost sanz demeure. Et combien que touz muirent ensi en
icele qui i veulent entrer, et toutevoies y voil je entrer. Et si comme je ai ja dit, je
vi tant de cors d'ommes mors illeuc que se aucun ne les eust veus, il fust estre veu

---

15. feu] ; L: et les arousent, si que les deables s'en fuient, et les ydoles ardent el feu
. 16. sont] ; L: ainssi sont leur ydoles . 16. il] ; L: Et donc, quant l'anemi . 16.
forment] ; L: il crie forment en l'air . 17. voie] ; L: Chascun qui voit puet veoir . 18.
maniere] ; L: maniere de grace . 18. si] ; L: si *manque* . 1. vi] ; L: Et aprés ce vi .
1. espoentable] ; L: espouentable . 1. par] ; L: Quant je m'en aloie par . 2. autressi]
; L: quer dedens cele valee a l'entree je vi aussi . 4. Pade] ; L: Spade . 4. Tervise]
; L: Tervise . 4. enpeeschiez] ; L: empeeschiez . 4. foiz] ; L: de porter en ces a une foiz
. 5. laquele] ; L: cele . 5. ooie] ; L: oioie . 7. si] ; L: Et si . 8. apelee] ; L: Et
ceste valee est apelee . 8. Deable] ; P: Et / ceste valee qui est apelee la / Valee qui est
apelee la Valee / au Deable . 8. duroit] ; L: et duroit . 9. tantost] ; L: est tantost .
10. muert] ; L: meurt . 11. veulent entrer] ; L: Et combien que touz ceulz qui veulent
entrer en cele valee muirent . 11. et] ; L: *manque* . 11. toutevoies] ; L: toutefoiz .
11. entrer] ; L: aler . 11. dit] ; L: comme j'ai dit . 12. illeuc] ; L: illeuc *manque* .
12. eust] ; L: avoit .

aussi comme chose incredible. Et en .i. costé de ceste valee, en une roche, vi ge une forme d'omme mout espoentable, qui estoit si tres espoentable que je cuidoie
15 perdre l'esperit et morir de paor, pour laquel chose je disoie touzjours en ma bouche, "Verbum caro factum est"; ne je ne fui onques osé apro[f. 235ʳb]chier a cele forme d'omme, ainz en fui loing par .vij. ou par .viij. pas. Et si comme je n'osai aler la, je m'en alai a l'autre chief de la montaigne, et donc montai sus une montaigne plaine de gravele, en laquele je resgardai de ça et de la; et je ne veoie riens ne n'ooie,
20 fors celui instrument que je ooie touzjors sonner merveilleusement. Et quant je fui el chief du mont, je trouvai la argent en grant quantité qui estoit illeuc assemblé, aussi comme escharde de poissons, duquel je mis en mon giron et le pensoie donner as hommes qui m'atendoient outre le Val de Salicite. Et je doutai que pour cest argent Diex me empeeschast issir de cele valee. Et pour ce que je n'en avoie que
25 faire pour moi, je le getai du tout a terre, et m'en issi ensi hors par la volenté de Dieu. Et aprés ce, touz les Sarrazins qui oïrent ceste chose me honnoroient mout et disoient que je estoie saint et baptizié; et ceulz qui estoient mors en cele voie de cele valee, [f. 235ᵛa] il disoient que il estoient homes du deable d'enfer.

---

13. incredible] ; L: il seroit aussi comme chose imposible a croire . **13.** ceste] ; L: cele . **13.** ge] ; L: je vi . **14.** espoentable] ; L: espouentable . **14.** espoentable] ; L: horrible . **15.** paor] ; L: pouour, *ou peut-être* p(o)aour . **15.** touzjours] ; L: disoie touzjours et avoie . **16.** fui] ; L: et je ne fu . **16.** forme] ; L: forme ou figure . **17.** fui] ; L: mes me ting . **17.** pas] ; L: par .vij. pas ou par .viij. . **17.** n'osai] ; L: Et je n'osoie . **18.** alai] ; L: mes m'en alai . **19.** resgardai] ; L: et je regardoie . **19.** ne] ; L: et si ne . **19.** n'ooie] ; L: ne ne oioie . **20.** instrument] ; L: fors ces instrumens . **20.** ooie] ; L: oioie . **20.** fui] ; L: fu . **21.** illeuc] ; L: illec . **22.** escharde] ; L: comme .i. tas de escherdes . **22.** giron] ; L: geron . **22.** pensoie] ; L: et le pensai je . **23.** doutai] ; L: Et aprés ce je doubtai . **24.** me] ; L: ne me . **24.** issir] ; L: a issir . **24.** cele] ; L: ceste . **25.** terre] ; L: je le rejete a terre . **25.** ensi] ; L: ainsi . **26.** chose] ; P: ceste i chose: i, *en fin de ligne, a été rayé par le scribe* . **28.** d'enfer] ; L: me honoroient moult et disoient que je estoie mors. En cele valee estoient homes du deable d'enfer .

[CHAPITRE XXXVIII]

Et encore raconterai je une chose du Grant Chien, laquele je vi. Coustume si est en celes parties, que se le devant dit seigneur trespasse par aucune contree, les hommes alument le feu devant les huis de leur mai[so]ns et metent dedenz des espices tres oudourans, et une maniere de confection qui est apelee "aromate",[235] et en font
5 fumee, afin que il doinsent bonne oudeur a lor seigneur trespassant par la, et mout d'ommes li vont a l'encontre. Et si comme il vint une foiz en Cambalec, et l'en oïst certaineté de sa venue, .i. nostre evesque et aucun de nos Freres Meneurs et moi alasmes a l'encontre de lui bien par .ij. journees. Et quant nous aprouchasmes a li, je mis la crois sus .i. fust, si que elle pooit estre veue communement, et je avoie en
10 ma main .i. encencier que je avoie porté avec moi. Et donc nous commençasmes a chanter a haute voiz disans: "Veni creator spiritus et cetera". Et si comme nous chantions ensi, icelui [f. 235ᵛb] Grant Chien l'oÿ et entendi nos vois, et nous fist apeler et aler a lui. Comme je vous aie dit devant, que nul n'ose aprouchier a son char du giet d'une pierre, se il n'i est apelé, fors ceuls qui le gardent. Et si
15 comme nous alissons a lui a la crois levee, tantost il osta son chapel de son chief, qui estoit aussi comme de value sanz estimation, et fist reverence a la crois. Et aucuns

---

2. parties] ; L: Quer il ont de coustume en cele partie [233] . 2. contree] ; L: contree de sa terre . 3. alument] ; L: alumeront . 3. mai[so]ns] ; P: mains; L: devant leur maisons [234] . 5. fumee] ; L: et font grant fumee . 5. doinsent] ; L: pour donner . 5. la] ; L: quant il passe par la . 6. vint] ; L: venoit . 6. en] ; L: a . 6. oïst] ; L: oï . 7. .i.] ; L: *manque* . 7. aucun] ; L: aucuns . 8. par] ; L: de li par . 8. li] ; L: de li . 9. mis] ; L: je pris . 9. pooit] ; L: pouet . 9. communement] ; L: communement de touz . 9. en] ; L: et si tenoie en . 10. moi] ; L: encencier *(le reste de la phrase manque)* . 11. cetera] ; L: haute voiz: "Veni creator et cetera" . 12. ensi] ; L: chantion ainsi . 12. icelui] ; L: celi . 12. l'oÿ] ; L: Grant Chien oï . 13. Comme] ; L: Et comme . 13. nul] ; L: dit devant, nul . 14. du] ; L: d'un . 14. n'i est] ; L: n'est . 15. la] ; L: alames a li la . 15. osta] ; L: il osta tantost . 16. estimation] ; L: qui estoit de si grant value que nul ne le peust estimer la value du chapel .

toutevoies dient que le chapel valoit bien une bonne cité. Et dont je mis tantost
encens en l'encencier que je avoie, et nostre evesque le prist de ma main, et encensa
celui seigneur. Et cil qui vont a ce seigneur, si portent touzjours aucune chose a li
20 offrir et gardent cele ancienne loy [237] qui dit: "Tu ne t'aparaistras pas vuit devant
moi." Et pour ce nous portasmes avec nous aucunes pommes, et li offrimes mout
honnorablement sus .i. trencheur, et il prist de ces pommes, et en menja d'une .i.
petitet, et aprés ce nostre evesque li donna sa beneiçon. Et quant ce fu fait, il nous
mous[f. 236ʳa]tra que nous nous en departisson, si que les chevaus et la multitude
25 des gens qui venoient aprés lui ne nous genassent en aucune chose. Et tantost nous
nous departismes de li et alasmes a aucuns de ses barons qui estoient convertis a la
foy de Jhesu Crist par nos freres, et estoient en sa compaigniee; et leur offrimes des
devant dites pommes, et il les reçurent a grant joie, et en estoient aussi liez comme
se nous leur eussons donné .i. tres grant [don].
30 Et je, Frere Odoric du Marchié Julien, de la province saint Anthoine de la
terre qui est dite le Port Naonien, de l'Ordre des Freres Meneurs tesmoigne et porte
tesmoignage a reverent homme et pere, Frere Guide de la province de saint Anthoine
en la marche Tervisienne, nostre ministre, que, comme je avoie esté requis de lui
par obedience, que toutes les choses qui devant sont et que je vi a mes propres iex
35 ou que je oÿ dire a gens dignes de foy, qui en la commune parole des dites contrees

---

17. cité] ; L: *cette phrase manque* [236] . **17.** mis] ; L: Et je mis . **18.** avoie, et] ;
L: en l'encensier, et . **18.** et encensa] ; L: prist, et encensa . **19.** celui] ; L: ce . **19.**
qui] ; L: coustume est, quant a eulz, que ceulz qui . **19.** si] ; L: *manque* . **20.** qui]
; L: gardent l'auctorité de l'ancienne loi qui . **20.** t'aparaistras] ; L: ne vendras . **21.**
pommes] ; L: Et pour ce nous portames pommes . **21.** li] ; L: et l'en . **22.** trencheur] ;
L: trenchouer . **23.** petitet] ; L: .i. petit . **24.** departisson] ; L: nous nous dep[ar]tisson
. **25.** genassent] ; L: grevassent . **26.** ses] ; L: ces . **27.** Crist] ; L: a la foi Jhesu Crist
. **27.** compaigniee] ; L: en cele compaignie . **28.** pommes] ; L: offrimes des pommes .
28. estoient] ; L: furent . **29.** [don]] ; P: *manque*; L: comme se ce fust .i. grant don .
31. Naonien] ; L: Et je, Frere Odoric devant dit de la province saint Anthoine du Port
Aonien [238] . **32.** a] ; L: tesmoigne a . **32.** pere] ; L: reverent pere . **32.** saint] ; L:
province saint . **33.** en] ; L: de . **34.** obedience] ; L: nostre ministre, delquel je avoie
esté requis par obedience . **35.** parole] ; L: en commune parole .

[f. 236ʳb] me tesmoignoient les choses que je ne vi mie, estre vraies. Et je ai mout delaissié d'autres choses que je n'ai point fait escrire, quar il seroit avis a aucuns que il ne seroient pas a croire se il ne les avoient veues a leur propres iex. Et je m'appareille de jour en jour de retorner as autres contrees esquieles j'ai ordené a
40 morir, si comme il plaira a Celui de qui touz biens viennent.[239] Frere Guillaume de Sollengnie de l'Ordre des Meneurs mist loiaument en escript toutes les devant dites choses, si comme le devant dit Frere Odoric le exprima de sa propre bouche.

En l'an de Nostre Seigneur mil .ccc. et .xxx. el mois de mai en la cité de Pade, el lieu saint Anthoine, ne il ne li chaloit de parler latin fort curieus et ordené, mes
45 ainssi comme icelui Frere Odoric le racontoit, celui si l'escrivoit, si que a la fin touz entendissent legierement les choses qui sont dites.

Certes le devant dit Frere Odoric aprés ce si trespassa de cest siecle en Nostre [f. 236ᵛa] Seigneur el couvent de Venise, l'an de Nostre Seigneur mil .ccc. xxxj. le .xiiij ͤ. jour de jenvier; qui aprés ce est ennobli de moult de grans miracles.

50 Explicit Frere Odorich.

---

36. tesmoignoient] ; L: me tesmoignent . **36.** mie] ; L: vi pas . **37.** point] ; L: n'ai pas . **37.** il] ; L: pour ce que il . **38.** iex] ; L: veues proprement . **39.** m'appareille] ; L: Et si m'apareille . **40.** morir] ; L: aler . **40.** a] ; L: se il plaist a . **41.** Sollengnie] ; L: Frere Guillaume Sollengin . **42.** choses] ; P: devant dites choses devant dites; L: devant dites choses [240] . **42.** dit] ; L: le dit . **42.** Odoric le] ; L: Odoric li . **42.** exprima] ; L: devisa . **43.** Pade] ; L: Spade . **45.** Odoric] ; L: et tout aussi comme Frere Odoric . **45.** l'escrivoit] ; L: Frere Guillaume escrivoit . **45.** touz] ; L: en tel maniere que . **46.** dites] ; L: les choses dites [241] . **48.** l'an de] ; L: Et le dit Frere Odoric trespassa de cest siecle en Nostre Seigneur assez tost aprés, c'est assavoir l'an de . **48.** xxxj.] ; L: .xxxij. . **49.** .xiiij ͤ.] ; L: el .xiiij. . **49.** jenvier] ; L: jenvier el couvent de Venise . **49.** de] ; L: et est ennobli el dit couvent par . **50.** Odorich] ; L: *L'explicit manque* .

Appendice: Table des matières dans ms P

P, f. 4ʳa

Ci commencent les chapistres du livre Frere Odorich de l'ordre des Freres Meneurs

Premierement comment Frere Odorich vit .i. homme qui menoit bien .iiij.
mille perdriz volans par l'air . . . . .j.
Comment Frere Odorich s'en ala en la Grant Armenie . . . . .ij.
Comment le frere s'en ala en la montaigne de Sabisacalo . . . . .iij.
Comment il se parti de Thaure et s'en ala en la cité de Soldanie . . . . .iiij.
Comment il se parti de Soldanie et s'en ala en la cité de Cassan . . . . . . .v.
Comment il s'en ala en la cité de Gest .vj.
[f. 4ʳb] Comment il s'en ala en la cité de Couvini . . . . .vij.
Comment il s'en ala en la terre Job . . . . .viij.
Comment le frere s'en ala el regne de Caldee . . . . .ix.
Comment le frere se parti de Caldee et s'en ala en Ynde . . . . .x.
Comment il vint en une contree qui est apelee Ormés . . . . .xj.
Comment Frere Odorich prist les os de ses compaignons . . . . .xij.
Comment il parole de la terre ou le poivre croist . . . .:xiij.
Comment le frere vint en la contree de Lamori . . . . .xiiij.
Comment le frere vit les arbres qui getent la farine . . . . .xv.
Comment il vint el regne de Campa .xvj.
Comment le frere vint en l'ylle de Nicunere . . . . .xvij.
Comment le frere vint en l'ylle de Sillan . . . . .xviij.
Comment il vint en l'ylle Dondin . . . . .xix.
Comment il vint en la province de Manci . . . . .xx.
Comment le frere s'en ala en la contree de Çayton . . . . .xxj.
Comment le frere s'en ala [f. 4ᵛa] en Sucho . . . . .xxij.
Comment le frere s'en vint a une montaigne, de laquele montaigne
toutes les bestes qui habitent a l'un des costez sont noires . . . . .xxiij.
Comment il vint a .i. flueve ou il vit diversement peschier . . . . .xxiiij.
Comment il vit autrement peschier . . . . .xxv.
Comment il vint en Cansaye . . . . .xxvj.
Comment il vint en la cité de Chilenfo . . . . .xxvij.
Comment il vint au flueve de Thalay .xxviij.
Comment il vint en la cité de Succumaro . . . . .xxix.
Comment le frere vint en Cambalech .xxx.
Comment il vint en la terre Prethecoan . . . . .xxxj.
Comment il vint en la la province de Casan . . . . .xxxij.
Comment il vint el regne Thybet . . . . .xxxiij.
Comment il vint en la contree de Milecorde . . . . .xxxiiij.

NOTES

Les notes suivantes n'ont nullement la prétention d'être exhaustives. Leur but est double: d'une part, d'attirer l'attention du lecteur sur les aspects linguistiques du texte qui méritent un détour ou qui témoignent de l'indépendance de la version préservée par Jean de Vignay; d'autre part, de fournir les renseignements historiques et géographiques qui nous paraissent indispensables à la compréhension du texte. Ici, notre dette à l'égard de nos devanciers est énorme, et la plupart des explications données ne sont qu'une transcription des notes de Yule, de Cordier et de Pelliot.

ABREVIATIONS

AND = *Anglo-Norman Dictionary*, éd. Louise W. Stone, William Rothwell et T. B. W. Reid (Londres, 1977-)

FEW = Walther von Wartburg (éd.), *Französisches etymologisches Wörterbuch* (Bonn, 1928-)

Gdf ou Godefroy = F. Godefroy (éd.), *Dictionnaire de l'ancienne langue française* (Paris, 1882-1902)

Hakluyt = Richard Hakluyt, *The Principal Navigations Voyages Traffiques & Discoveries of the English Nation Made by Sea or Over-Land to the Remote and Farthest Distant Quarters of the Earth at any time within the compasse of these 1600 Yeeres* (12 t., Glasgow, 1903-1905), t. IV (1904)

Kappler = Claude et René Kappler (trad.), *Guillaume de Rubrouck, Envoyé de saint Louis: Voyage dans l'Empire mongol* (Paris, 1985)

Marchello-Nizia = Christiane Marchello-Nizia, *Histoire de la langue française aux XIVe et XVe siècles* (Paris, 1979)

Martin / Wilmet = Robert Martin et Marc Wilmet, *Syntaxe du moyen français* (t. 2 du *Manuel du français du moyen âge*, sous la direction de Yves Lefèvre) (Bordeaux, 1980)

Pelliot = Paul Pelliot, *Notes on Marco Polo* (3 t., Paris, 1959-1973)

Pope = M. K. Pope, *From Latin to Modern French, with especial consideration of Anglo-Norman* (Manchester, 1934)

SF = Anastasius Van den Wyngaert (éd.), *Sinica Franciscana* (5 t., Quaracchi, Florence et Rome, 1929-1954), I: *Itinera et relationes fratrum minorum s. XIII et XIV* (Quaracchi, 1929)

TL = A. Tobler et E. Lommatzsch (éd.), *Altfranzösisches Wörterbuch* (Berlin, 1925-)

YC = Henri Cordier et Col. Sir Henry Yule (éd.), *Cathay and the Way Thither;*

being a collection of medieval notices of China, II: Odoric of Pordenone (Londres, 1913 et réimpression par Kraus, Nendeln, Liechtenstein 1967)
Les sigles des manuscrits reprennent ceux qui sont utilisés dans SF.

(1) *La Division Frere Odoric des Merveilles de la Terre Sainte* (rubrique de *P*) : Les manuscrits latins ne contiennent aucune mention de la "Terre Sainte", ni de la "Terre d'Outremer" (rubrique de *L*); certains précisent (SF, p. 413) qu'il s'agit d'une "descriptio orientalium partium" (*Y*) ou d'un "itinerarium [...] de mirabilibus orientalium Tartarorum" (*S*). Voir notre introduction, p. VI.

(2) *du Marchié Julien* : Traduction littérale et assez maladroite du latin "de Foro Iulii", ou Frioul (Friuli, au nord-ouest de Trieste). Jean le Long ne le traduira pas: "Frere Odoric (ou Odric) de Foro Julii" (voir B.N. fr. 12202, f. 108^v; B.N. fr. 2810, f. 97^v; B.N. fr. 1380, f. 95^r; Besançon, Bibliothèque Municipale 667, f. 84^v; Berne, Bibliothèque Municipale 125, f. 181^r). Nous n'avons pas relevé dans ces notes tous les nombreux latinismes de la traduction de Jean de Vignay; voir *supra*, Introduction, pp. XXII–XXX et D. A. Trotter, "'En ensivant la pure verité de la letre': Jean de Vignay's translation of Odoric of Pordenone", *Littera et Sensus : Essays on Form and Meaning in Medieval French Literature presented to John Fox* (Exeter, 1989), pp. 31–47.

(3) *Frere Jehen de Vygnai, Hospitalier de l'Ordre de Haut Pas*: Le traducteur se désigne ainsi dans la plupart de ses ouvrages: voir notre introduction, p. XIII.

(4) *Ja soit ce que*: Selon Martin/Wilmet, § 383, c'est la locution la plus fréquente en moyen français pour exprimer la concession. Les manuscrits latins portent "licet" (SF, p. 413).

(5) *des manieres et des condicions de ce monde* : Les textes latins portent soit "de ritibus et condicionibus", soit (*C*) "de actibus et condicionibus" (SF, p. 413). Pour "des manieres" comme traduction de "de ritibus", voir TL, V, 1066.

(6) *avant volenté* : Il s'agit bien d'une forme (assez rare) du participe présent (cf. la variante de *L*, ainsi que les manuscrits latins, qui ont "volens transfretare"; SF, p. 413), pourtant attestée ailleurs (voir, par ex., TL, I, 755; *AND*, s.v. *aver²*).

(7) *la Mer Adrienne et la Mer Morienne (L: la Mer de Morienne)* : Les manuscrits latins portent tous "transiens Mare Maius" (ou "magnum" dans *C*:

SF, p. 413), c'est-à-dire la Mer Noire: la forme "Morienne" dans notre texte semble être une corruption remontant à *Maurum*, qui se trouve chez Mandeville (du grec byzantin *mauros*, "noir"; voir YC, p. 98 n.3; sur *Morien*, voir Gdf, V, 410b et *FEW*, VI, 547). Jean de Vignay est seul à mentionner la "Mer Adrienne" (vraisemblablement, l'Adriatique): voir la note suivante.

(8)   *me transportai de Venisse (L: Venise) en Trapesonde* : La plupart des manuscrits ne font pas mention de Venise (ajouté également par la version dite Ramusio Minor; SF, p. 413). Cela explique pourquoi Jean de Vignay a parlé de l'Adriatique. Ces précisions géographiques, de la part d'un traducteur qui semble tout à fait ignorant quand il est question de la toponymie de la France méridionale (voir Léopold Delisle, "Traduction par Jean du Vignai des Otia imperialia de Gervais de Tilbury", *Histoire littéraire de la France*, XXXIII (Paris, 1906), pp. 624–628 (p. 627)), semblent être dues au texte sur lequel il travaillait.

(9)   *Et est aussi comme une entree (L: Et est en une entree) de la terre des Perses, des Medes et de mout d'autres regions qui sont outre mer* : Texte latin: "ipsa est enim (*S* ajoute: sicut) scala quedam, videlicet (*om. S*) Persarum (*S* ajoute: et), Medorum et omnium (*om. S*) eorum que sunt ultra mare" (SF, p. 414). Jean de Vignay est le seul à préciser qu'il s'agit de "regions", ce qui n'est pas le sens le plus évident du texte latin ("tous ceux qui sont outre la mer").

(10)   *.i. chastel, qui est apelé Canege, qui estoit (L: est) loing de Trapesonde par .iij. jornees* : Ziganah, à douze milles (SF, p. 414 n.1, "duodecim millia") ou douze lieues (YC, p. 99 n.4) de Trébizonde, sur la route d'Erzerum. "Trapesonde", Trébizonde, se trouve sur la côte turque de la Mer Noire.

(11)   *Et ces perdris estoient de ceste (L: tel) condicion et de ceste (L: tel) proprieté* : "Haec perdicum narratiuncula quae apud antiquos commentatores itinerarii incredibilis videbatur, tamen ab itinerantibus in illis regionibus confirmatur" (SF, p. 414 n.3, reprenant YC, p. 99 n.7). Il faut sans doute lire dans *L* "cel" et non pas "tel" (le scribe a pourtant copié un "t", *L*, f. 136ʳb). L'emploi des démonstratifs (dans les deux manuscrits, d'ailleurs) est loin d'être aussi systématique que le voudraient les auteurs qui ont travaillé sur ce problème (voir, en dernier lieu, G. Kleiber, "L'Opposition *cist / cil* en ancien français, ou comment analyser les démonstratifs?", *Revue de linguistique romane*, LI (1987), pp. 5–35), et mériterait à lui seul une étude approfondie. Plusieurs espèces de perdrix (dont, notamment, la *perdix perdix*) sont présentes dans la région.

(12)   *il les menoit a Trapesonde jusques au manoir de l'empereour (L: l'emperiere)* : Survivance (erronée!) de la déclinaison bi-casuelle dans *L*: cf. l'exemple

comparable, de la fin du XIVe siècle, dans Marchello-Nizia, p. 98. Quelques phrases plus loin, cependant, le ms. *L* aura "devant l'empereur".

(13) *Ce ne sai je pas se il le faisoit par art ou par viande* : Phrase ajoutée, apparemment, par Jean de Vignay, ou qu'il a trouvée dans son exemplaire du texte latin. Le sens de "par viande" ici n'est pas très clair.

(14) *Et en cele cité de Pont, si comme l'en dit, est le cors saint Athanase desus (L: sus) la porte de cele cité* : Rien ne nous autorise à croire à cette prétendue *translatio* à Trébizonde, ni au lieu de sépulture assez bizarre proposé ici. Le corps de saint Athanase, enterré à Alexandrie en 373, a été transféré d'abord à Constantinople, ensuite à Venise. Les manuscrits latins (sauf *BCYS*) ajoutent un deuxième élément, lui aussi apocryphe et faux: "Et iste Atanasius fecit symbolum quod incipit: *Quicumque vult*". Les observations d'Odoric sont difficiles à comprendre; c'est Ambroise, vraisemblablement, et non pas Athanase, qui composa le *Quicumque vult*. Voir SF, p. 415 n.2 et YC, p. 100 n.1.

(15) *m'en alai en la Grant Armenie en une cité qui est apelee Artyron* : Bien que les deux manuscrits portent "Artyron" (*P*, f. 207^{v}a; *L*, f. 136^{r}b, il faut sans doute lire "Arcyron", la confusion entre *t* et *c*, surtout à l'intérieur du mot, étant très courante dans nos manuscrits. Il s'agit d'Erzerum, en Turquie, où un couvent franciscain existait depuis 1320 (SF, p. 415 n.4; YC, p. 100 n.2). Voir Pelliot, No. 30 (Argiron).

(16) *les Tartariens et les Sarrazins (L: les autres Sarrazins)* : Ici comme ailleurs, la précision des indications ethniques fournies par Odoric (comme par la majorité des auteurs du moyen âge) laisse à désirer. La ville d'Erzerum fut conquise par les Mongols et par les Seldjoucides, qui lui ont donné son nom actuel de Arzan-al-Rum, "pays romain" (voir YC, p. 100, n.2). Sur l'appellation (inexacte) "Tartares", employée également par Rubrouck pour désigner les Mongols, voir aussi Rubrouck, pp. 277–278.

(17) *Et ceste (L: cele) cité est mout froide. Car les gens en dient que elle est la plus haute ou au mains des plus hautes terres qui aujourd'ui soient habitees* : Erzerum se trouve à une altitude d'environ 2.200m, mais l'hiver y est effectivement exceptionnellement sévère (YC, *loc. cit.*). A remarquer aussi, l'emploi divergent du démonstratif (*ceste / cele*) dans nos deux manuscrits.

(18) *Et en ceste terre certes a mout bonnes yaues. Et la raison de ceste chose est veue estre ceste: quar les vaines et les sourses de ces yaues sont veues naistre et esboulir du flueve d'Eufrates* : Texte latin: "Hec autem habet bonas aquas, cuius ratio esse videtur (*CY*: est hec ut videtur): nam vene harum aquarum oriri videntur et scaturire a flumine Euphrate" (SF, p. 416). Les calques

de syntaxe du traducteur maladroit, dans l'emploi du verbe impersonnel *videre*, sautent aux yeux ici. Rubrouck fait allusion, également, à la source de l'Euphrate, au nord de la ville d'Erzerum (Rubrouck, p. 236).

(19) *ceste cité si est en mi voie d'aler a Thaurisie* : Il s'agit de la ville de Tabriz (cf. ch. III; voir Pelliot, No. 354 (Tauris)). Jean de Vignay, qui écrira "Thaure" au chapitre III, semble suivre un manuscrit qui porte autre chose que le "Tauris" de la plupart des manuscrits latins. Hakluyt (p. 372) et *S* donnent "Taurisium" ici (cf. SF, p. 416). La construction "en mi voie d'aler a Thaurisie" reprend le latin mot par mot ("est via media eundi Tauris"). Le sens normal de *enmi* est "à l'intérieur d'un lieu, d'un endroit déterminé" (voir Marchello- Nizia, pp. 235, 268). C'est pourquoi nous avons choisi d'imprimer "en mi" en deux mots. Pour TL (s.v. *mivoie*, VI, 104), il s'agit d'un substantif.

(20) *la montaigne de Sabisacalo* : Le texte de Van den Wyngaert porte "Solissaculo", mais *B* et *S* ont "Subissaculo" et "Sobissacalo" (SF, p. 416; "Sobissacalo" chez Hakluyt, p. 372, également). Il s'agit, peut-être, du carrefour de Hassan-Kala'a, à vingt-quatre milles de Erzerum, où se trouvait un château qui protégeait la route de Trébizonde, mais l'identification (par YC, p. 101 n.5) est loin d'être sûre.

(21) *en cele contree est la montaigne ou l'arche Noé est* : Le mont Ararat, environ 250 km à l'est d'Erzerum (près de l'actuelle frontière soviétique). Allusion à la même légende chez Rubrouck, p. 238, qui situe l'arche près de la ville de Nadjivan, "dont une étymologie populaire arménienne fait 'le lieu de la descente [de l'arche]' " (Rubrouck, p. 236 n.1). Voici comment Rubrouck explique pourquoi on ne peut pas faire l'ascension de l'Ararat ("Massis" en arménien): "Un vieillard me dit une très bonne raison pour laquelle personne ne doit la gravir. Le nom qu'ils donnent à cette montagne est Massis, et elle est du genre féminin d'après leur langue. 'Sur Massis', dit-il, 'nul ne doit monter parce qu'elle est la mère du monde' " (Rubrouck, p. 238). Voir Pelliot, No. 58 (Baris).

(22) *une grant cité roial de Thaure, qui est dite anciennement Sussis. Et en ceste cité, si comme l'en dit, est l'Arbre Sec, en .i. temple de Sarrazins* : Tabriz, ville principale de la région d'Azerbaïdjan (Iran); capitale de l'empire mongol à la fin du XIIIe siècle; "throughout the middle ages a chief point of contact between the Latin and Oriental worlds", surtout après la destruction de Bagdad par le Mongol Hülägü (en 1258) (YC, p. 102 n.4; voir Pelliot, No. 354 (Tauris)). La plupart des manuscrits latins, sauf *BCY* et Hakluyt, ajoutent la phrase suivante: "Hec terra Regis Assueri fuit", omise par Jean de Vignay (SF, p. 417). Sur l'Arbre Sec, voir YC, p. 103 n.2, et Pelliot,

No. 212 (Dry (Lone) Tree), surtout p. 635 (sur l'identification erronée de "Sussis" (= Susa) et Tabriz).

(23) *aussi comme tout le monde respont a cele cité pour marcheandises (L: Quer tout le monde vient a cele cité pour toutes marcheandises)* : "Respont a" traduit "correspondet" dans le texte latin (SF, p. 417): cet emploi de *respondre* ne semble pas être connu des dictionnaires d'ancien français. Cf. aussi n.38, *infra*.

(24) *une montaigne de sel* : L'existence de montagnes de sel dans la région de Tabriz est signalée par plusieurs auteurs de l'époque; elles n'existent apparemment plus: voir YC, p. 104 n.2.

(25) *Et mout de choses autres sont en cele (L: ceste) cité qui seroit trop longue chose a raconter avec ces autres* : Prétexte utilisé très souvent par Odoric pour ne pas prolonger son récit (cf., par ex., la fin du chapitre VII). Ici encore, on remarquera l'emploi divergent du démonstratif dans les deux manuscrits. On lira, peut-être, "qu'i" (c'est-à-dire, "qu'i[l]") au lieu de "qui". Surtout dans *L*, l'orthographe du scribe révèle, comme on s'y attendrait, que "il" se prononçait [i] partout sauf devant une voyelle (voir Pope, §841). Cela entraîne, parfois, de la confusion. Quelques exemples du phénomène dans *L*:
(1) Chapitre VIII: Frere Thomas aloit premier pour soy meismes jeter el feu. Et si comme il li [= il y] voloit entrer .i. sarrazin le prist par le chaperon ...(*L*, f. 138^{r}a) (Rothschild: Et si comme il s'i vouloit geter ...(f. 211^{v}a); Latin: Dum vellet se proicere in ignem...(p. 428)).
(2) Chapitre VIII: Li conseilla le potestat que il feist une tres grant aumosne pour euls *si [= s'i] vouloit eschaper* (*L*, f. 139^{r}b) (Rothschild: ...se il vouloit eschaper (f. 214^{r}ra); Latin:...si vellet evadere (p. 434)).
(3) Chapitre XI: Por faire feste a *celi qui dit qui [= qu'i] veult morir pour son dieu* (*L*, f. 140^{v}b) (Rothschild: Pour faire li feste pour ce que il veult mourir pour son dieu (f. 218^{r}a); Latin: Ad faciendum isti festum qui vult pro Deo suo mori (p. 444)).

(26) *Soldanie* : Sultanieh (Iran), à mi-chemin entre Tabriz et Téhéran, archevêché dominicain à partir de 1318; la construction de la résidence royale fut achevée en 1305 (YC, p. 104 n.3; voir aussi Pelliot, No. 58 (Baris), p. 80).

(27) *l'emperiere des Perses el temps d'esté (L: demeure volentiers en (c)esté l'emp[er]iere des Partes)* : C'est la leçon de *P*, bien entendu, qui est à retenir. "Partes" pour "Perses" (SF, p. 418: "Persarum") se trouve à un endroit du ms. où le scribe a commis plusieurs erreurs (f. 137^{v}a, fin de la colonne): "ceste" au lieu de "esté", "empiere" au lieu de "emperiere" (on notera l'emploi du nominatif de ce mot à déclinaison imparisyllabique).

On comprend aisément qu'un traducteur médiéval puisse confondre les deux noms; le mot "Parthes", pourtant, n'est attesté en français qu'au XVIe siècle. S'agit-il, chez notre traducteur, d'un réflexe de lettré qui connaissait ce mot savant?

(28) *la mer de Bachut (L: Bathut)* : La Mer Caspienne, ainsi nommée à cause du port important de Bakou, sur la côte occidentale (YC, p. 105 n.3 et Pelliot, No. 45 (Bachu)). "Bacud" dans le texte latin (SF, p. 418); le texte de Jean de Vignay reprend ici, sous la forme "sus une mer qui est appelee la mer de Bachut", la version de *BY*, "*supra* unum mare quod vocatur (*Y* ajoute: mare) Bachuc". On lira peut-être, dans *L* aussi, "Bachut", la distinction entre -*c*- et -*t*- n'étant pas toujours facile à déchiffrer.

(29) *et m'en alai en compaignie* : Aucune mention chez Jean de Vignay des caravanes qui se trouvent dans le texte latin: "cum caravanis, id est cum quadam societate" (SF, p. 418; *C* omet la deuxième phrase), ou "cum quadam societate Caravanorum" (Hakluyt, p. 373); traduction (surprenante) de YC: "with a caravan, that is to say with a certain company" (p. 106). Evidemment, Odoric empruntait la route des marchands.

(30) *la cité de Cassan* (rubrique de *P*) *[...] une cité plaine de pluseurs rois (L: a une cité ou il avoit pluseurs roys), qui est apelee Cassan (L: et est apelee Tassam), et est cité roial et de grant honneur (L: auctorité). Toutevoies les Tartariens l'ont mout destruite. [...] De ceste cité alerent les rois (L: les .iij. roys) en Jherusalem, et non pas par vertu humaine, mes par vertu devine et par miracle, si comme je croi comme il y alerent si tost* : Kâchân ou Qâshân, "antiquitus famosum ob commercium" (SF, p. 419 n.1), à mi-chemin entre Sultanieh et Yezd (Gest). La forme "Tassam" dans *L* (il s'agit bien d'un *t* initial, f. 136ᵛb) est sans doute une erreur de la part du copiste. Kâchân n'est pas "une cité plaine de pluseurs roys", mais une cité "Regum Magorum" (*S* précise "trium Regum Magorum", Hakluyt a "trium Magorum" (p. 373) d'où, peut-être, les ".iij. roys" de *L*, *infra*, là où aucun manuscrit imprimé ne contient ce détail). Jean de Vignay semble avoir mal compris son texte latin (en lisant, peut-être, "Mag*n*orum"; mais ce n'est pas tout à fait le même sens). Sur les légendes qui se rapportaient aux origines des Rois Mages, voir YC, p. 106 n.4, et Pelliot, No. 131 (Caxan).

(31) *la cité de Gest [...], de laquele la Mer Graveleuse est loing par une jornee, laquele mer est mout perilleuse et merveilleuse* : Yezd (ou Yazd), au sud-est d'Ispahan en Iran; selon le texte latin, "distat Mare Arenosum per unam dietam" (SF, p. 419). La version dite Ramusio Minor ajoute une description de ce désert qui insiste longuement sur le danger que représente la mobilité du sable (voir YC, pp. 107–108 et Pelliot, No. 256 (Iasd)).

(32) *Et mout sont trouvez illuec plenteureusement et habondaument de "mesteulz" (L: mesteil), c'est a dire blez mellez* : Aucun manuscrit latin imprimé ne signale ce "mesteulz" (< *mixtilia*), ou "Mischkorn" (TL, V, 1707).

(33) *la cité de Couvini* (rubrique de *P*; *L* : *Couvimi*) : Malgré les textes latins de la rédaction β, qui ont "Comum", "Comam", "Comerum" ou (*Y*) "Conium", les copistes des deux manuscrits de notre traduction ont marqué des *i* assez clairs (*P*, f. 208^{v}b; L, f. 136^{v}b).

(34) *Et ceste fist tres grant damage a Romme el temps ja passé* : Selon YC (p. 108 n.2), Comum est Persepolis; on a également proposé la ville de Karrham (SF, p. 420 n.1: "Nonne hic alluderetur stragi quam Romani acceperunt apud Karrham (Harran)").

(35) *la terre Job* : Les manuscrits latins, sauf *CY*, portent "ad terram Iob nomine Us" (SF, p. 420); selon YC (p. 282 n.1), "The introduction of Job's name is probably intercalated". "La terre Job" est vraisemblablement Hazah, dans le Kurdistan (*ibid.*).

(36) *En cele terre sont montaignes, esqueles les tres beles pastures sont habondaument pour les bestes (L ajoute: norrir)* : Traduction visiblement calquée sur le latin, avec seulement quelques changements dans l'ordre des mots: "... sunt montes in quibus sunt pulcerima pascua pro animalibus habundanter" (SF, p. 420); le verbe "norrir", ajouté par *L*, n'a pas d'équivalent dans les manuscrits latins.

(37) *La est trouvee miex et en greigneur habondance une liqueur qui est apelee "magne" qu'en aucune autre terre qui aujourd'ui soit el monde* : Jean de Vignay a compris le "manna" des manuscrits latins dans un des sens possibles du mot (il y en a plusieurs, cf. *Novum Glossarium Mediae Latinitatis*, s.v. *manna*^{1,2} tome M-N (éd. F. Blatt, Copenhague, 1959–69); *Thesaurus Linguae Latinae* (Leipzig, 1900 –), VIII, 318; TL, V, 1079), en précisant davantage: rien, dans le texte latin, ne permet, en effet, de conclure qu'il s'agit forcément d'une "liqueur" (voir SF, p. 420).

(38) *Et ceste terre se respont (L: contient) du chief de Caldee, jusques outre vers les montaignes (L ajoute: devers orient)* : Dans le texte latin, "Hec terra correspondet [YC: "adjoineth", p. 109; Hakluyt: "bordereth", p. 411] a capite Caldee versus tramontanam" (SF, p. 420). Même emploi insolite de *respondre* que dans le chapitre III (voir n.23, *supra*). Aucun des manuscrits latins imprimés n'indique que ces montagnes sont "devers orient". L'on admettra difficilement que ce soit le traducteur qui ajoutât cette précision.

(39) *Et si comme je y aloie ainssi, je m'en alai par aprés la Tour Babel, qui est par aventure loing d'icele (L: de cele terre) par .iiij. jornees. Et [en] ceste*

Odoric

(P: Et ceste) Caldee, ou [la] (P: sa) propre langue de Caldee est ... : Selon YC (p. 111 n.1), il s'agit de Bagdad, que l'on appelait souvent "Babylon" au moyen âge (d'où les variantes des manuscrits latins, qui ont soit "iuxta turrim Babel", soit "terram Abel" (*C*; erreur du copiste?), soit "Babilonie" (*A*); voir SF, p. 421). La "propre langue de Caldee" est donc l'arabe; c'est sans doute une réminiscence biblique qui fait qu'Odoric le nomme ainsi (voir, par exemple, Isaïe, XIII).

(40) *La vont (L: et vont) les hommes pigniez et aornez, aussi comme les fames vont (L: font) en Lombardie* : Comparaison assez fréquente chez Odoric: voir *infra* (n.52), l'allusion aux "noctues" qui sont de la même taille que les "coulons" en Lombardie. A remarquer aussi l'emploi de *faire* en tant que *verbum vicarium* ou "pro-verbe" dans *L* (f. 137^{r}a), reprenant (en évitant de le répéter) le verbe "vont" (solution très courante en ancien et moyen français, cf. Martin / Wilmet, §322; voir aussi Lucien Foulet, *Petite Syntaxe de l'ancien français* (3ème édition, Paris, réimpression, 1972), §341). Si l'on accepte comme plus authentique la leçon de *P*, Jean de Vignay suit, apparemment, un texte latin qui contient "vadunt" deux fois. Certains des manuscrits latins essayent également d'éviter une répétition (voir SF, p. 421): "Illic homines coperti vadunt et ornati, ut hic nostre mulieres vadunt" (*BY*: incedunt; toute cette phrase est omise par *C*).

(41) *une seule vile (L: vielle) chemise* : Le texte latin porte "(ferrentes) solum unam (*BY* ajoutent: vilem) interulam" (SF, p. 421: la version de Hakluyt (p. 374) et le manuscrit British Library, Arundel 13 (apparenté à Hakluyt) ont "camisiam"). La leçon de *L* est fausse, et remonte sans doute au manuscrit français qui est à l'origine de cette copie.

(42) *Et certes mout d'autres choses sont en cele contree qui ne font pas mout a raconter (L: Et si font moult d'autres choses qui ne sont pas a raconter, pour ce qu'il ne sont pas moult honestes, mes contre nature)* : La version latine de *B* est la seule qui semble ajouter quoi que ce soit au texte latin "de base" ("Alia autem multa in hac civitate vidi, que non multum expedit enarare"), en substituant pour la deuxième clause "que non sunt necessaria nec utilia" (voir SF, p. 421). La traduction de Jean de Vignay, d'ailleurs, est plus logique dans sa description de Chaldée que les textes latins, car "contree" ici reprend "mout grant regne" du début du chapitre, tandis que les manuscrits latins commencent par l'appeler "regnum magnum" et finissent par le nommer "civita[s]".

(43) *ving en Ynde qui est dedenz cele terre (L: Ynde laqele est avironnee une partie dedens cele terre)* : Traduction de "in Indiam, que est *infra* terram" (SF, p. 422); pour YC, il s'agit de "some region adjoining the Persian Gulf"

(p. 111 n.4). Le copiste de L, ou de l'antécédent français de L, a apparemment tenté d'expliquer, de manière peu élégante, le mot "infra".

(44)   *Ormés* : Ormuz ou Hormuz, "at this time and long after, a great entrepôt of Indian trade, situated on a barren island near the mouth of the Persian Gulf" (YC, p. 112 n.3). *L* seul suggère que le voyage de "Ynde" à Ormuz s'est effectué "par mer" (omis dans *P*), et qu'il a duré "mout de journees", tandis que *P* garde la leçon des manuscrits latins ("par mout de contrees", c'est-à-dire "per multas contratas" (*C* ajoute "et loca", cf. SF, p. 422). *L* semble avoir confondu le voyage jusqu'à la mer et la traversée de la mer jusqu'à l'île de Ormuz.

(45)   *la Grant Mer*: Traduction étymologisante de "mare occeanum" (SF, p. 422), puisque l'adjectif *oceane* existait déjà en français (depuis Brunetto Latini, cf. TL, VI, 961) et que Jean de Vignay aurait pu l'employer.

(46)   *Et en cele contree les hommes usent d'un navire qui est appelé "jasse", qui est tant seulement cousu de fust. Je montai en une de ces nes, mes je n'i pou onques trouver point de fer* : "Jasse" (c'est le même mot dans le texte latin, SF, p. 422) vient du persan (ou peut-être de l'arabe) *Jaház*, "navire". Plusieurs voyageurs du moyen âge décrivent les navires d'Ormuz, construits sans clous; Marco Polo les critique vivement: voir YC, p. 113 n.1 et Jean Richard, "Les navigations des Occidentaux sur l'océan Indien et la mer Caspienne (XIIe–XVe siècles)", *Sociétés et compagnies de commerce en Orient et dans l'océan Indien. Actes du huitième colloque international d'histoire maritime (Beyrouth — 5-10 septembre 1966)*, éd. Michel Mollat (Paris, 1970), 353–363 (p. 358 n.1, avec références bibliographiques). Sur ces vaisseaux, dont la construction sans clous se pratiquait du 1er au 18e siècle, voir également James Hornell, "A Tentative Classification of Arab Sea-Craft", *The Mariner's Mirror*, XXVIII (1942), pp. 11–40 (surtout pp. 14 et — sur les *jehazi* de Zanzibar — pp. 20–21, avec cliché). Le mot *jasse* ne figure pas dans le volume "Orientalia" du *FEW*, ni dans les articles de R. Arveiller ("Addenda au *FEW* XIX/1") dans la *Zeitschrift für romanische Philologie* (à partir du t. LXXXV, 1969).

(47)   *je me transportai en .xx. et .viij. jors jusques a Tane, en laquel cité .iiij. de nos Freres Meneurs avoient souffert glorieus martyre pour la foi Jhesu Crist* : Leur martyre eut lieu en 1321. Voir *infra*, chapitre VIII. Thana, ville sur la côte est de l'île de Salsette, près de Bombay (YC, p. 114 n.2). Odoric a donc traversé l'Océan Indien en un mois.

(48)   *ce fu la terre du roy Porus, qui fist jadis mout tres grant bataille avec (L: moult de grans guerres contre) le roy Alixandre* : En citant Porus et Alexandre le Grand, Odoric fait sans doute allusion à une quelconque légende au-

jourd'hui perdue (voir YC, p. 114 n.2). Le manuscrit British Library, Arundel 13 ajoute: "sicut in vita ejusdem Alexandri plenius invenitur" (*ibid.*, p. 283 n.7). S'agit-il du roman d'Alexandre? La traduction de *L*, "moult de grans guerres" pour "prelium magnum" (SF, p. 423), est assez éloignée du latin, et en tout cas nettement moins exacte que la leçon de *P*.

(49) *Et ceste terre gouvernent les Sarrazins qui la pristrent a force et sont orendroit souz l'empire du Daldalien* : "Du Daldalien" traduit le "Doldali" (ou "Daldili") des textes latins (SF, p. 423). Pour comprendre ce nom propre, il faut sans doute recourir à l'hypothèse de YC (p. 115 n.1), selon laquelle les scribes auraient corrompu la phrase (présumée) qui aurait été dictée par Odoric, "*sotto la signoria dal Dili", c'est-à-dire de Delhi, conquise par les musulmans en 1193, et où régnait la dynastie de Khilijé de 1297 à 1320. Cette hypothèse a reçu le soutien de Pelliot, No. 209 (Dilivar).

(50) *lyons noirs* : Vraisemblablement des tigres (YC, p. 116 n.1).

(51) *chaz momons* : Traduction (ou plutôt transcription) de "gatimaymones" (SF, p. 423), "babouins". Cf., chez Marco Polo, "gat maimon" (*FEW*, XIX, 115b); le sens de "maimon" (du persan *maimum*) est (TL, V, 805) "Affe". Le texte publié dans les *Acta Sanctorum* porte "cathi magni" (voir YC, p. 283 n.10). La forme "momons", là où on s'attendrait à (par ex.) "maimons", s'explique plus facilement par la paléographie que par la phonétique du mot. Voir TL, s.v. *chat*.

(52) *Et uns oisiaus que il apelent "noctues", pour ce que il vont (L: volent) de nuiz; et sont aussi grans comme les coulons sont en Lombardie* : Calqué, peut-être, sur le latin "noctue" (SF, p. 423), "chouettes". L'interprétation de YC ("bats", p. 116 n.1) nous semble injustifiable, à moins que l'on n'accepte l'hypothèse selon laquelle les textes latins et français emploient ce mot dans le sens de l'italien *nottola* ("weit verbreitet für 'eule' und für 'fledermaus'", *FEW*, VIII, 163b), car le sens principal du français est bien "Kauz, Nachteule" (TL, VI, 847), le sens "phalène" ne remontant pas au-delà du français moderne (*FEW*, VIII, 163b); rien ne permet de présumer que le mot latin porte le sens de "chauve-souris" s'il n'est pas un calque sémantique de l'italien. Or, les éditeurs ne le prouvent pas pour le texte *latin*, malgré la variante "noctule" de *BY*, car ils s'appuient surtout sur le témoignage des textes *italiens*, notamment celui de Ramusio Minor, où le mot "nottole" est effectivement glosé par "vespertiglioni", cf. YC, p. 341 n.1). Cela n'implique nullement que le texte *latin* ait nécessairement le même sens. Dans le texte français surtout, qui ajoute l'explication du nom de l'oiseau (l'observation, d'une part, selon laquelle il s'agit d'un oiseau, et d'autre part, d'oiseaux qui "volent de nuiz" ne se trouve pas dans les textes latins), le sens de "chouette"

(cf. *Novum Glossarium Mediae Latinitatis*, tome M-N, s.v. *noctua*) concorde parfaitement (et mieux que celui de "chauve-souris") avec le contexte. Nous avons déjà signalé (n.40, *supra*) la tendance d'Odoric à établir des comparaisons entre ce qu'il voit ailleurs et la vie européenne. En fait, les textes latins n'ont que "hic": c'est Jean de Vignay, semble-t-il, qui a précisé que "hic", pour Odoric, est la Lombardie. Ce n'est pas tout à fait exact, d'ailleurs.

(53) *Et aussi i sont les souriz si grans comme sont ici les chaiaus del loirre qui habite en yaues. Et les chaz ne valent riens a prendre les. Et pour ce prennent la les chiens les souriz (L: Et si sont la si grans souriz comme les faons du loirre sont ici, c'est le loutre qui habite es eaues, si que les chaz ne valent riens a prendre les. Mes les chiens les prennent en ce païs la)* : Le texte latin porte: "Ibi etiam sunt mures ita magni sicut hic scerpi sive (*B*: id est) canes. Ideoque illic canes capiunt mures; murelege, id est gatte, ad hoc nichil valent" (SF, p. 423). Les manuscrits des autres rédactions latines (voir YC, p. 284 n.1) ont des formes différentes du mot *scerpi* (sarpi, scepi, scoipi, Depi), "because (it may be supposed) the transcribers, like the present editor, could make nothing of it" (YC, p. 115 n.2, qui ne traduit pas ce mot dans l'expression "sicut hic sunt canes scherpi"). La traduction de Hakluyt, à partir de "mures magni [...], sicut sunt hic scepi" (p. 375) "mise as bigge as our countrey dogs" (p. 412), révèle que lui aussi n'a pas compris le sens du mot. Or, le texte de Jean de Vignay est sensiblement différent de tous les textes latins ici, et plus compréhensible. Il est probable qu'il suivait ici une rédaction indépendante du récit d'Odoric.

(54) *un arbre qui est apelé "faciolus"* : Selon YC (p. 116 n.2), il s'agit d'une espèce de basilic (*Ocimum*), l'*Ocimum Sanctum*, vénéré par les hindous. Le texte latin, "In hac contrata quilibet homo ante domum suam habet unum pedem faxiolorum, ita magnum sicut hic esset una columpna. Hic pes faxiolorum, minime dessicatur donec (*BCY*: dummodo) sibi exibeatur aqua" (SF, p. 423) semble avoir été mal compris par Jean de Vignay: rien dans ce passage, du moins dans les manuscrits publiés, ne lui permet de conclure que l'arbre s'appelle "faciolus". Evidemment, il est toujours possible que notre traducteur ait utilisé un autre manuscrit.

(55) *si comme il est ja dit* : Voir *supra*, chapitre VII. Pour des références bibliographiques aux récits de cet événement, voir SF, p. 424 n.1.

(56) Sur le martyre des Franciscains, on consultera Moule, *Christians in China*, pp. 210–215, qui imprime une lettre (datée vraisemblablement de 1322) relative à cet incident et qui ressemble étrangement au récit d'Odoric.

(57) *Polombe* : C'est-à-dire, Quilon, port sur la Côte de Malabar (au sud-ouest de l'Inde): voir SF, p. 424 n.2 et Pelliot, No. 172 (Coilum).

(58) *il furent portez maugré leur jusques a Thane, la ou sont (L: la ou il a) .xv. maisons de crestiens.* C'est assavoir de *[N]estoriens (P: Vestoriens; L : Mes il sont Vestoriens) qui sont descordables de nostre foi, et sont hereges* : "Maugré leur" traduit le latin "malo suo velle" (SF, p. 424; Hakluyt (p. 375) a "violenter deportati sunt"); selon Marchello-Nizia (p. 274), "*Malgré* est senti parfois encore au début du XVe siècle comme un substantif", comme c'est le cas ici, bien qu'il soit également — sinon plus souvent — préposition, comme en français moderne. Ce n'est qu'au XVe siècle, également, que la locution *il a* cède la place à *il y a*: au XIVe, c'est la construction de l'ancienne langue qui l'emporte largement (Marchello-Nizia, pp. 326–327). Sur l'hérésie des Nestoriens (ainsi nommés à cause du fondateur, Nestorius, patriarche de Constantinople au Ve siècle, qui soutenait qu'il y avait dans le Christ deux personnes), voir les notes à Rubrouck, pp. 267–270. Il est à signaler que les deux manuscrits de Jean de Vignay, quoiqu'ils ne distinguent pas toujours entre -*n*- et -*v*- à l'intérieur d'un mot, écrivent de manière bien distincte les *n*- et *v*- (surtout quand il s'agit de majuscules): ici, il s'agit bien de "*Vestoriens*" (*P*, f. 210^{r}b; *L*, f. 137^{v}a). S'agit-il, peut-être, d'une erreur de copiste qui remonte à un exemplaire commun à nos deux manucrits? A noter, aussi, que la leçon de la plupart des manuscrits, "xv domus nestorinorum scilicet christianorum", n'est pas la même dans *BCY*, qui portent "christianorum scilicet nestorinorum", ce qui correspond à l'ordre des mots chez Jean de Vignay.

(59) *contens et tençon* : Deux mots pour traduire (et pour gloser?) un seul vocable latin, soit "quedam lis" (SF, p. 424). Voir, sur la technique des binômes (assez rare dans la traduction d'Odoric), notre introduction, p. XXX, *supra* et Leslie C. Brook, "Synonymic and near-synonymic pairs in Jean de Meun's translation of the letters of Abelard and Heloise", *Neuphilologische Mitteilungen*, LXXXVII (1986), pp. 16–33.

(60) *Et si comme elle fu ainssi batue, ele s'en complainst devant l'evesque de celui lieu, et li conta en sa langue (L: conte le fait en son language)* : Le texte latin livre le nom par lequel l'évêque se serait appelé "en sa langue": "conquesta fuit coram lo Cadi, id est Episcopo in lingua sua" (SF, p. 424). A moins que la ponctuation du texte de Van den Wyngaert ne soit à revoir (la traduction de YC, p. 117, révèle que leur interprétation est la même), le sens du latin n'est pas tout à fait celui du français (qui ajoute, d'ailleurs, la précision "de celui lieu", qui n'existe pas dans la version originale, mais omet le mot "Cadi"). Le copiste de *L* semble conscient du problème. Quelques phrases plus loin, là où les textes latins font dire à la femme battue qu'elle hébergeait des "rabani franchi, id est viri religiosi in lingua nostra" (SF, p. 424), la traduction de Jean de Vignay supprime, encore une fois, l'expression *rabani* dans cette phrase, en la remplaçant par "crestiens françois religieus".

(61) *Frere Thomas de Tholentin (L: Tolentin)* : Prédicateur célèbre, originaire de Tolentino en Italie, entre Assise et la côte adriatique (province des Marches), (voir YC, p. 118 n.2).

(62) *la marche d'Anthonne (L: Antonne)* : Il faut sans doute lire "Anchonne" (quoique les deux manuscrits aient bien la forme avec -*t*-, *P*, f. 210^{v}a et *L*, 137^{v}a), ou Ancône, ville principale des Marches, sur la côte: *B* omet toute mention des Marches, tandis que *CY* ajoutent l'adjectif "Anchonitana" (SF, p. 425). Ils sont, apparemment, les seuls manuscrits latins à contenir ce détail.

(63) *Frere Jaques de Spade* : La forme "Spade" pour "Pade" (Padoue) est courante dans nos deux manuscrits. L'origine de ce frère est à peu près tout ce que nous savons de lui (voir YC, p. 118 n.2 et SF, p. 425 n.2)

(64) *Frere Demetrien, qui estoit frere lai, mes il savoit (L ajoute: moult bien) les langages* : Démétrien, selon les sources, vient soit de l'Arménie, soit de la Géorgie. Une lettre de Bartolémy, "custos" de Tabriz, en 1322 suggère qu'il s'était récemmment converti à la foi chrétienne; il s'agit donc d'un interprète embauché, vraisemblablement, par les missionnaires (voir notre introduction, n.8).

(65) *Frere Pierres de Saine* : "Clericus sine ordine sacro, dicit Franciscus de Pisa" (SF, p. 425 n.4), originaire de Sienne. Ailleurs, le copiste de *P* écrira "Senes" (f. 213^{v}a).

(66) *Et si comme icels desloiaus disputassent avec ces freres il disoient Jhesu Crist estre seul pur (L: pour) homme et non pas Dieu* : La leçon de *L* est évidemment fausse: le texte latin porte "dicebant Christum solum purum hominem esse et non Deum" (SF, p. 426; le texte de Hakluyt est un peu différent: "dicens Christum tantum hominem esse & non Deum", p. 375).

(67) *celui Frere Thomas leur prouva par raisons (L: par vive raison) et par examples celui estre vrai Dieu et homme (L: que il estoit vrai Dieu et vrai home)* : Comme dans la phrase précédente, on remarquera l'emploi de la proposition infinitive savante, construction qui (selon Martin / Wilmet, §343) entre en moyen français par imitation du latin; pour Marchello-Nizia, cependant, citant Charles Brucker ("La valeur du témoignage linguistique des traductions médiévales. Les constructions infinitives en moyen français", *Linguistique et philologie (applications aux textes médiévaux). Actes du Colloque des 29 et 30 avril 1977*, éd. Danielle Buschinger (Paris, 1977), pp. 325–344), il s'agit d'une construction "vivante et bien autonome en moyen français" (p. 337). Il nous semble, pourtant, que nous avons affaire ici à un calque syntaxique assez transparent, et que *L* a réussi à éviter. Voir la discussion de ce phénomène

dans notre introduction, p. XXIX. La variante de *L*, "par vive raison", n'a pas d'équivalent dans les textes latins.

(68) *se tu es sage tu pues savoir qu'est (L: que il est) de lui en la meilleur partie* : Le texte latin, "si sapiens es, quid sit de eo (*Y*: Deo) tu scire potes optime" (SF, p. 426), est traduit de manière surprenante. L'expression *en la meilleur partie* ne figure pas dans TL (VII, 373–381). En anglo-normand, l'expression *en partie* peut signifier "somewhat" (*AND*, V, 502b).

(69) *comme tele loy soit felonnesse (L: quer tele loy est felonnesse) et plaine de pestilence et fausse et est toute contre Dieu et contre le salu des ames* : Il s'agit sans doute d'un calque syntaxique du latin: "cum ipsa sit pestifera et falsa, tamquam contra Deum et animarum salutem" (SF, p. 427). En fait, cette construction (*comme*, conjonction indiquant la causalité, suivie du subjonctif) est admissible (voir Martin / Wilmet, §88); l'influence du latin nous semble néanmoins claire.

(70) *Car la chaleur du soleil est la si grant que se aucun y perseveroit (L: estoit) par l'espace d'u[ne] messe (P: du messe; L: d'une messe), il morroit du tout en tout* : *Espace* s'emploie couramment au sens temporel en moyen français (voir TL, III, 1137: "Zeitraum, Dauer"), mais le texte latin, qui porte "per spacium (*BCY* ajoutent: unius) misse" (SF, p. 427), aura peut-être influencé le choix du traducteur.

(71) *Mes ceste chose seroit touzjors sauve et bonne si comme ele puet estre meilleur el monde (L: Et si seroit touzjours nostre foy bonne et saine tant comme elle puet estre meilleur el monde)* : Traduction calquée sur le latin: "...hoc semper salvo quod fides nostra ita perfecta sit (*BCY*: est) et bona sicut in mundo (*BCY* ajoutent: unquam) esse potest" (SF, pp. 427–428; YC, p. 286 avec le même texte), où le texte français nous semble quelque peu embrouillé.

(72) *Quar en tout le monde n'est autre foy que ceste (L: n'est foi ne creance fors ceste), qui puisse .i. homme faire sauf (L: par quoi .i. home puist estre sauvé)* : Le texte latin, "Nam ab hac (ab hac *omis C*) non est in mundo (Nam ...mundo *omis B*) fides (fides *omis C*) aliqua que salvum faciat nisi ista" (SF, p. 428), a dû influencer le traducteur (mais pas dans *L*), bien que cette construction (*faire* + objet direct + adjectif), disparue en français moderne, soit admise en moyen français (cf. TL, III, 1575).

(73) *"Ne vas pas la quar tu es le plus viel et pues avoir sus toi aucun experiment par quoi le feu ne te porroit ardoir"* : Ici encore, le mot *experiment*, attesté dans Godefroy au sens d'"enchantement", "protection magique" (III, 522c, s.v. *esperiment*), semble être influencé (en tout cas pour ce qui est de la

forme du mot) par le latin: "Non vadas tu illic cum sis senex, nam super te (B ajoute: forte) aliquod experimentum habere posses" (SF, p. 428). YC traduit "some crafty device"; Hakluyt porte "carmen aliquid vel experimentum" (YC, pp. 121 et 286 n.8).

(74) *Et combien que le feu fust si grant et plenteureus* : Le texte latin, "Quamquam ignis fuerit (B: esset) ita magna et copiosus" (SF, p. 428), semble avoir provoqué la tournure française, bien que *combien que* suivi du subjonctif soit tout à fait normal pour indiquer la concession (voir Marchello-Nizia, p. 165; Martin / Wilmet, §383, où l'indicatif est également admis).

(75) *Et quant le pueple ot ce dit, Frere Jaques fu apelé pour issir hors du feu (L: Frere Jaque issi hors du feu quer les Sarrazins l'apelerent)* : P est nettement plus proche du texte latin: "Hoc dicto Fr. (BCY ajoutent: ille) Iacobus vocatus fuit de igne" (SF, p. 429).

(76) *la laine de la terre de Habine (L: Hadine, qui ne puet ardoir)* : Le seul manuscrit latin (publié) dont le texte ressemble à notre traduction est A, qui porte "de lana terre Labine"; les autres versions ont "de lana terre Abrahe" (SF, p. 429). Selon SF, *ibid.*, et YC (p. 121 n.2), la tradition des vêtements ignifugés d'Abraham remonterait à la Bible. La légende selon laquelle Abraham est jeté dans un feu par Nimrod figure sur les fresques du Campo Santo à Pise.

(77) *Et la vindrent les tres mauvés Sarrazins et alumerent le feu greigneur au double que il n'avoit esté devant (L: que il n'avoit esté), afin d'acomplir la volenté de leur evesque* : Devant, adverbe temporel qui signifie l'antériorité, est courant en ancien et en moyen français (TL, II, 1851; Marchello-Nizia, p. 230; Martin / Wilmet, §308). La construction de P paraît reprendre le texte latin de BCY: "venerunt pessimi saraceni et in duplo plus quam prius ignem accenderunt" (SF, p. 429).

(78) *et bouterent a grant vertu (L: par grant vertu) celui Frere Jaques el feu* : "A" (ou "par") "grant vertu" traduit le "cum impetu" du texte latin (SF, p. 429; cf. YC, p. 122, "with a forcible fling"). Ce sens de *vertu* (qui n'a rien de moral) est courant en ancien français (Godefroy, VIII, 211), mais semble un peu archaïque (ou latinisant) au début du XIVe siècle.

(79) *le potestat de la vile, c'est a dire cil (L: c'est cil) qui tient la seignorie* : Le texte latin porte "Hoc secundum miraculum videns lo Melic, id est (Y: scilicet) Potestas..." (SF, p. 430). Jean de Vignay omet le mot arabe *Melic* ("roi"), traduit la glose latine (elle-même influencée par l'italien *podestà*? La traduction de YC (p. 122) utilise le mot italien), et la glose à son tour. De même, il rend *Cadi*, sans exception, par "evesque", en omettant le mot

arabe. Sur l'assimilation *Cadi* = *evesque*, voir Norman Daniel, *Heroes and Saracens. A re-interpretation of the Chansons de geste* (Edimbourg, 1984), p. 115. Le mot *cadi* reprend l'arabe *qadi*, "juge", surtout dans le domaine de la religion: voir Pelliot, No. 222 (Esceqe).

(80) *le potestat fist prendre ces freres et les fist porter outre .i. bras de mer, qui estoit loing de celle terre par .i. pou d'espace, et la estoit .i. bort (L: .i. boint ou bornt?)* : Le texte latin, "ubi burgum unum erat" (SF, p. 430), permet sans doute de corriger le texte de *P* en "borc", "bourg" (YC traduit, de manière surprenante, "a certain suburb"); *L* est visiblement corrompu.

(81) *Donc devez vous savoir que la loy des Sarrazins est tele aussi comme la loy des crestiens est l'Evangile. Meques si est le lieu ou Mahommet gist. A laquel Meques les Sarrazins vont aussi comme les crestiens font au sepulcre (L: Et aussi vont les Sarrazins a Meques comme les crestiens font en Jerusalem au sepulchre)* : La comparaison entre "la loy des Sarrasins" et l'Evangile (fréquente au moyen âge) ne se trouve, parmi les textes latins, que dans les manuscrits *BCY*: "Unum (*C*: Unde) scire vos (*C* omet: vos) debetis quod Alchoran lex sarracenorum est sicut christianorum est lex Evangelium" (SF, p. 431). Ici encore, Jean de Vignay a omis le mot arabe "Alchoran". Mahomet, bien entendu, ne gît pas à La Mecque mais à Médine; mais l'erreur était très répandue au moyen âge, surtout dans la tradition polémique, qu'elle soit latine ou française.

(82) *Et si comme il orent rendu les ames a Dieu par leur martyre, tantost l'air est (L: fu) fait si luisant et si cler que touz s'en merveilloient forment. Et aussi demoustra la lune grant clarté et tres grant resplendeur. Et tantost aprés ce si grans tonnerres et si grans foudres et si grans esclairs vindrent que touz finaument cuidoient bien morir. Et cele nef qui les devoit porter a Polombe et les porta jusques a Thane fu noiee maugré sien. En tel maniere que de tout quanqui estoit dedenz et de li ne fu onques puis nule chose seue briément ne veue (L: En tel maniere que touz quansqu'il estoient dedens nulle chose ne fu onques veue ne sauvee)* : Les événements naturels qui accompagnent la mort des quatre frères (selon SF, p. 432 n.1, celle-ci aurait eu lieu le 9 avril 1321) semblent faire allusion à la mort du Christ (surtout dans l'Evangile de Matthieu). Il s'agit, bien entendu, d'un procédé d'évocation indirecte que connaissent les chansons de geste, l'exemple le plus célèbre étant celle de la mort de Roland (*Chanson de Roland*, éd. Whitehead, *laisse* CXI).

(83) *Et si comme il parloient ainssi a li, il se moquoit d'eulz (L: et il se moquet d'euls) et les despisoit merveilleusement* : Tous les manuscrits latins (sauf *BCY*) ajoutent ici: "Et quia non sciebat linguam, faciebat sibi crucem cum digitis et osculabatur eam et levabat oculos suos ad celum. Eo autem sic

faciente dixerunt saraceni: 'Ecce ostendit per signa quod non vult relinquere fidem suam' " (SF, p. 433). Tout ce passage manque dans *BCY*, dont le texte est bien plus proche de celui de Jean de Vignay.

(84) *Toutevoies il fu revelé a une digne personne que Diex avoit mucié (L: noncié) son cors jusques a certain temps* : Traduction erronée de "verumtamen uni persone fide digne fuit revelatum" (SF, p. 433); le mot "fide" a été omis.

(85) *Et quant ce fu fait, il commanda que se il avoit onques mesfait a nul crestien, que il les requeroit de pardon* : Le sens de la traduction (qui est le même dans les deux manucrits) est assez différent de celui du texte latin, où nous lisons: "Hoc facto, tunc precepit ut si quis unquam offenderet aliquem christianum, ipse penitus moreretur" (SF, p. 434). Une erreur de la part du traducteur se comprend difficilement ici; nous serions plutôt tentés de croire que nous avons ici une preuve supplémentaire du fait que Jean de Vignay utilisait un texte différent de tous les textes publiés.

(86) *il leur fist edefier .iiij. eglises* : Selon le texte latin, "IIIIor moschetas, id est IIIIor ecclesias, fecit hedificari" (SF, pp. 434–435). Jean de Vignay omet le mot arabe, dont la forme francisée (*mosquée*) n'est attestée qu'au XVIe siècle (l'équivalent en ancien français est *mahomerie*).

(87) *Et donc li dist l'emperiere, "Tu chien tres cruel! ..."* : L'emploi du pronom *tu* reprend le vocatif latin, "Tu crudelissime canis" (SF, p. 435). Dans l'ancien français, on le sait, la forme prédicative (c'est-à-dire, "ayant par rapport au verbe une autonomie qui l'apparente au substantif", Martin / Wilmet, §264) était bien *tu*. Cependant, "l'extension des formes prédicatives de régime à l'emploi sujet [ici, vocatif] est une des grandes innovations du M[oyen] F[rançais]. *Moi, toi, lui, eux* l'emportent de très loin, en nombre, sur les formes concurrentes" (*ibid.*, §265). Il s'agit donc d'un archaïsme chez Jean de Vignay, dû, sans doute, à la proximité de l'équivalent latin.

(88) *Quar je, Frere Odorich devant dit de l'Ordre des Meneurs, si comme je eusse pris les os de ces freres, et je les eusse liez en beles touailles, et je les portoie en Ynde en .i. lieu de nos freres avec .i. compaignon et .i. vallet* : Le compagnon d'Odoric s'appelle Frère Jacques l'Irlandais: voir SF, p. 436 n.2. Le lieu d'inhumation des reliques sera Zayton (voir chapitre XXI, *infra*).

(89) *"Car c'est le commandement de l'imperateur (L: l'emp[er]iere) que celui muire de qui la maison est arse"* : Le latinisme de *P* (mais voir Godefroy, IV, 562c) est évité par *L*, qui se limite à une erreur de déclinaison.

(90) *une cité qui est apelee Polombe, la ou le poivre croist habondaument* : Quilon (appelé également *Columbum*; voir YC, p. 129 n.1); voir *infra*, chapitre IX sur le poivre qui se trouve dans le pays de "Minibar" (Malabar).

(91) *finablement comme les vivres et les neccessaires failloient* : Cette phrase manque dans les textes latins publiés (voir SF, p. 437).

(92) *Et celui qui estoit mestre de la nef et gouverneur parla a nous en la langue d'Armenie que il ne fust entendu des autres* : Cette allusion semble suggérer, soit qu'Odoric avait des connaissances de cette langue, soit — ce qui est plus probable — qu'il était accompagné par un interprète comme le malheureux Frère Démétrien. YC traduit "And the skipper said *to me* . . ." p. 130; c'est nous qui soulignons): le texte latin (YC, p. 293) n'autorise nullement cette précision ("et ut alii hoc intelligere non possent, ille rector navis Armorice [*sic*] fuit locutus dicens . . .").

(93) *nous montames en une autre nef qui est nommee "coque", si comme il est dit par desus, que nous alissons en Ynde La Haute a Çayton, une cité ou .ij. couvens de Freres Meneurs sont* : Le texte imprimé par YC porte "Lonclum" (variantes: Zuncum, Zocum, Cocum, Conchum, Zochi), traduit par "junk" (YC, pp. 293 et 131). Selon SF (p. 438), le navire s'appelle un "Çocum" (Ms A). Il n'y a pas d'allusion antérieure "par desus" à ce bateau; et les jonques ne sont pas connues en Inde. Pour Zayton, voir chapitre XXI, *infra*. Pour "India Superior", voir Pelliot, No. 258 (Indie).

(94) *Et pour ce que ces ydolatres ont entre eulz une coustume que avant que il s'appliquent a venir au port, il enquierent par toute la nef et veulent savoir que il y a, si enquierent meismement se il y a nus os de gens mors. Et se il les trouvoient, il les geteroient en la mer tantost. Et cil qui les aroient si seroient en peril de mort* : Cette pratique est relevée également par Ibn Battouta (voir YC, p. 132 n.1: "This no doubt refers to the strict examination of papers and cargoes on arrival in China"). Odoric l'a pourtant parfaitement intégrée aux besoins de son récit.

(95) *Et encore tiennent les ydolatres et les Sarrazins, car quant il sont tenus d'aucune (L: ont aucune) enfermeté* : Cet emploi de *tenir* ("estre tenu d'une enfermeté"), évité par *L*, semble être calqué sur le latin, qui porte "nam cum ipse morbo aliquo detinentur" (SF, p. 439). Il s'agit d'une forme passive de la construction de *tenir* (v. tr.) "mit Acc. des Objekts und Acc. der praedikativen Bestimmung" (TL, X, 213); cette construction n'a donc rien à voir avec l'emploi normal de *tenu* (p.p.), "in einem Zustande festhalten, verpflichtet" (*ibid.*, 223).

(96) *en .i. empire, la ou je alai par mer, Minibar par non* : Les textes latins ont la même forme du nom. Il s'agit de Malabar: selon YC (p. 132 n.3), *Minibar* "seems to have been an old Arabic form of that name", employée dans plusieurs récits de voyage de l'époque. Marco Polo a également signalé l'existence du poivre dans ce pays (*ibid.*).

(97)   *Et en ce bois sont .ij. citez, l'une par non Flandrine et l'autre a non Cingule* : Fandaraina ou Pandarani, au nord de Calicut, et Cranganor: voir les explications très détaillées de YC, p. 133 n.1.

(98)   *Et certes en ce bois sont flueves esquiex il a mout de mauvés cocodrilles (L: moult de mauveses bestes qui ont non "cocodrilles"), et mout de tiex mauvés serpens* : Le texte latin porte: "In hoc etiam sunt flumina, in quibus sunt multe male cocodrie, id est (*B*: et multi mali; *Y*: id est multi mali) serpentes" (SF, p. 440). Selon SF (note à "cocodrie"), "Italica locutio pro crocodillus. Omnes codices diversum habent modum hoc verbum scribendi, sed apud omnes manifestatur italicum verbum 'cocodrillus' " (p. 440). La forme *cocodrille* est courante en français jusqu'à l'époque moderne.

(99)   *Et le font .vj. anz labourer et el septiesme il est mis en commun, et va la ou il veult, et nul ne l'ose couroucier* : La liberté de pâturage du boeuf n'est pas explicitement signalée dans les textes latins (SF, p. 440 et YC, p. 137 n.4). C'est un élément de plus qui semble indiquer que Jean de Vignay a suivi une rédaction indépendante.

(100) *Et il tiennent ceste coustume en soi et la gardent, laquele est abhominable a dire, et engendre une horribleté, et toutevoies je la raconterai pour descouvrir leur felonnie* : Jean de Vignay est le seul à insister si longuement sur l'"horribleté" de cette pratique: les manuscrits latins *BY* précisent qu'elle est "abhominabile" (SF, p. 440), mais c'est tout.

(101) *Et aussi semblablement aourent il une autre ydole qui est homme la moitié et la moitié buef. Et cesti ydole leur respont par la bouche, et leur requiert mout de foiz a avoir le sanc de .xl. enfans vierges, et il li font si comme il le requiert. Et pour ce vouent hommes (L: Et se veuent hommes) et fames donner leur filz et leur filles a ceste ydole, aussi comme les hommes et les fames vouent ici donner leur filz et leur filles (L: les gens font ci donner leur enfans) a aucune religion* : Selon SF, "hic manifeste de pueris oblatis agitur" (p. 441 n.1).

(102) *Et en ce regne est le cors du beneoit saint Thomas l'apostre. Duquel l'eglise est plaine de mout d'ydoles. Et en laquele eglyse sont [f. 217ᵃ] par aventure .xv. paire de maisons de crestiens, lesquiex sont tres felons et tres mauvés hereges. Mes Frere Jehan du Vignay (L: Johan de Vygnai de l'Ordre de saint Jaque de Haut Pas) qui translata cest livre de latin en françois si dit au contraire, que sauve la grace de celui qui ce dist, selonc la Legende Dorée, le cors du dit saint Thomas est en Edisse la cité. En laquele cité il ne puet vivre longuement ne bougre ne herege (L: Et la ne puet durer longuement ne bougre ne herege nul), si comme il est plus plainement contenu en la leugende du dit saint, et en met a tesmoing le livre de la dite legende* : Les chrétiens

hérétiques sont des nestoriens (détail précisé par les manuscrits latins *AV*). Sur la légende de saint Thomas en Inde, voir les références bibliographiques dans SF, p. 442 n.2 et YC, p. 141 n.2. Jean de Vignay, bien entendu, a ajouté lui-même cette contradiction de la légende, exploitant ainsi ses connaissances de cette *Légende Dorée* qu'il a traduite: voir notre introduction, *supra*, pp. XIV–XVII.

(103)   *Et semblablement, en ce regne est .i. ydole mout merveilleus, que touz ceulz de la contree d'Ynde honnorent mout, car il est grant aussi comme saint Christofle est paint des painteurs en ces parties, et si est tout de pur or* : Comme le fait remarquer YC (p. 143 n.1), la comparaison avec saint Christophe est toute naturelle pour Odoric, étant donnée l'importance du culte du saint à Padoue. La phrase qui suivra dans le texte latin, "positum super unam magnam cathedram que etiam est de auro" (SF, p. 442), est omise par Jean de Vignay (ou par le manuscrit qu'il traduisait). C'est un détail omis aussi par Hakluyt (p. 384), dont la version de cette description est quelque peu raccourcie.

(104)   *Et a cest ydole aourer acourent [f. 217ᵛ b] gens (L: gent) de lointaignes parties aussi comme les crestiens vont (L: viennent) de loing a saint Pierre (L: Pere) de Romme, ou a saint Jaque (L: en Galice)* : La traduction de Jean le Long ajoute également l'allusion à saint Jacques, qui ne figure pas dans les textes latins (sauf dans British Library, Arundel 13, apparenté à Hakluyt, qui n'inclut pas saint Jacques). Jean le Long mentionne les pèlerinages "a Saint Pierre ou a Saint Pol a Romme" (YC, p. 143 n.3; cf. SF, p. 442). L'inclusion de Compostelle dans les deux versions françaises tient sans doute à l'importance de ce pèlerinage pour les Français.

(105)   *Quar quant il issent de leur maison, il font .iij. pas. Et el quart pas il font une trace tant comme l'un d'eulz est lonc (L: une trace de leur longueur), et se getent a terre* : Le texte latin porte "faciunt unam veniam ita longam super terram sicut unus illorum esset" (SF, p. 443). SF propose de gloser *veniam* comme "inclinationes vel genuflexiones", suivant Du Cange (*ibid.*, n.1: voir aussi R. E. Latham, *Revised Medieval Latin Word-List*, s.v. *venia*). YC traduit "they make a prostration at full length upon the ground" (p. 143). Le ms. Arundel 13 porte "unam veneam sive lineam", selon YC "a mistaken gloss" (p. 297, n.11; cf. YC, p. 143 n.5), qui est pourtant confirmée par la traduction (ou plutôt par la paraphrase) de Jean de Vignay. Ce passage manque dans Hakluyt (p. 385).

(106)   *Et ainssi la char qui est appesanti por cel ydole (L: qui est pesans tant pour l'ydole que pour la pesanteur de li) trespasse par desus ceulz qui sont desouz li, et les froisse et coupe touz parmi le milieu* : L'allusion au poids de la charrette (et de l'idole) manque dans le texte latin (SF, p. 444).

(107) *Le roy de celle ylle (L: terre) est mout [f. 218ʳ b] riche d'or et d'argent et de pierres precieuses. Et en ceste ylle (L: Et la) sont trouvees autant de bonnes [pelles] comme en nule autre partie du monde. Et aussi mout d'autres choses sont trouvees en ceste ylle (L: cele terre), lesqueles seroit trop longue chose a escrire* : Le texte latin porte "rex autem insule vel provinciae" (SF, p. 444); selon YC (p. 145 n.2), c'est une erreur (unique) de la part d'Odoric, car il ne s'agit nullement d'une île. Hakluyt, ici, a "rex illius regionis" (p. 385). Notre manuscrit *L* corrige, systématiquement, l'erreur des textes latins, que reproduit le manuscrit *P*.

(108) *Je me departi de ceste contree, et m'en alai devers le midi, et ving .l. jornees par la grant mer, en une contree qui est apelee Lamori, et la commençai je a perdre l'estoile (L: la veue de l'estoille) transmontaine pour la terre qui la me couvri* : L'"estoile transmontaine", bien entendu, est l'étoile polaire (appelée *transmontaine*, ou *tresmontaigne*, dès le XIIIe siècle; d'où, par l'intermédiaire de *tramontane*, emprunté à l'italien au XVIe siècle, la locution *perdre la tramontane*: voir T. E. Hope, *Lexical Borrowing in the Romance Languages* (Oxford, 1971), p. 51). Cette étoile commence à n'être plus visible aux environs de l'équateur, le point précis de sa disparition variant selon la saison. Lamori se trouve, vraisemblablement, au nord-ouest de Sumatra (voir YC, p. 146 n.3), dont le point le plus septentrional est situé à cinq degrés au nord de l'équateur. Toujours selon YC (p. 149 n.2), Odoric serait le premier voyageur à écrire correctement le nom de Sumatra (sous la forme "Symoltra"); pour lui, apparemment, Lamori et Sumatra sont deux royaumes sur une même île. Voir Pelliot, No. 270 (Lambri) et No. 346 (Sumatra). Un texte de Marco Polo (*Z*) porte également la forme *Sumatra*.

(109) *Ceste gent est mortel et felonnesse. Car il menjuent aussi illec char des hommes, que c'est chose escommeniee. Et aussi menjuent il char de mouton et de buef. Et les chars humaines que il menjuent sont des enfans, qui sont la portez a vendre d'autres contrees. Et ceste terre toutevoies est bonne de soi, car il ont grant habondance de char, de blé et de ris. Et si ont illec grant habondance de canfre, de fust d'aloes, d'or et de mout d'autres choses qui la naissent. A ceste ylle si garnie d'espices vont les marcheans de loing. Et portent avec eulz enfans et les vendent a ces mescreans (L: mescroians qui les menjuent). Quar es contrees prochaines (L: prochaines contrees de cele ylle) les hommes habondent d'enfans merveilleusement, en tant que il ne les pueent tous norrir ne ne veulent. Et pour [f. 218ᵛ b] ce eslisent il ceulz que il veulent (L: veulent norrir) et les retienent devers eulz, et les autres il vendent as marcheanz qui vont en celle ylle (L: ylle et les revendent), et quant il les ont achetez il les tuent et les menjuent* : Le texte latin est assez différent, et surtout plus court: il porte, ici, "Ista gens pestifera est et nequam (*Y* ajoute: ista gens comedit homines sicut nos boves), nam

carnem humanam ita comedunt illic, sicut carnes mancine comeduntur hic. Tamen se de bona terra est, nam magnam copiam habent carnium, blad[i] et rixi; magnaque copia habetur illic de auro, de lignis, aloe, ganfora et multis aliis que ibi nascuntur. Ad hanc insulam accedunt mercatores de longinquo portantes secum infantes, vendentes illos infidelibus illis; quos cum emerint eos, interficiunt et comedunt" (SF, p. 446). Sur l'anthropophagie à Sumatra, voir YC (pp. 148 n.3 et 149 n.1).

(110)   *Et en ce royaume en est .i. autre, Botenigo est apelé par non, et est devers midi* : Les variantes de ce toponyme dans les manuscrits latins (Botenigo, Boterrigo, Rotemgo, Resengo) ont permis à YC de conclure (p. 150 n.4) qu'il s'agit de Rejang.

(111)   *Et en cele est né le canfre et les bebes i sont nees et les nois mugades et mout d'autres espices* : Le texte latin porte: "In ipsa enim nascitur ganfora, nascuntur cubebe, mellegete, nuces muscate et multe alie species preciose" (SF, p. 447). Les *mellegete* sont omises dans le texte français (sur ce mot difficile, voir YC, p. 153 n.2). Jean de Vignay semble avoir mal compris, ou mal lu, les *cubebe* du texte latin.

(112)   *Et si que nous parlons briément et finaument, ce [palais] est plus riche et plus bel que nul qui soit aujourd'ui el monde. Et toutevoies le Chien de Tharaie fu mout [f. 219ᵛ b] de foiz en bataille avec cestui roy en champ, lequel Chien il vainqui touzjors et seurmonta* : L'expédition (infructueuse) du Grand Khân eut lieu en 1292 (voir SF, p. 447 n.2 et YC, p. 152 n.). La traduction de "Canis (Magnus)" (Grand Khân) par "(Grant) Chien" est systématique dans ce texte.

(113)   *Dedenz ceste contree est une autre contree qui est apelee Paten, que les autres apelent Thalamasim (L: Calamasim)* : Sur les identifications possibles de cette "contree", voir YC, p. 155 n.5 (la note se poursuit jusqu'à p. 157). Aucune des solutions proposées n'a été retenue par tous les spécialistes. Selon Pelliot, "The names are so uncertain and the data so vague that no safe conclusion can be reached for the present as to the place Odoric intended to describe" (No. 313 (Pentan), p. 802).

(114)   *En ceste contree sont trouvez les arbres qui getent hors farine, aucuns certes qui donnent miel, et aucuns qui donnent venim* : Selon YC (p. 157 n.1), Hérodote décrit aussi les palmiers qui produisent du miel et du vin; le texte latin d'Odoric porte ici: "In hac contrata sunt (*BCY*: inveniuntur) arbores producentes farinam; alique etiam que mel producunt, finaliter et vinum faciunt; ultimo etiam arbores inveniuntur que venenum producunt" (SF, p. 448). On se demande si Jean de Vignay a sauté du même au même, c'est-à-dire de *vinum* à *venenum* (abrégé en *veñum*?), ce qui expliquerait l'omission de

vinum, inclus dans tous les textes latins imprimés (voir aussi Hakluyt, p. 387). La farine produite par les arbres (et dont l'exploitation est décrite un peu plus loin) semble être du sagou, qui provient de certains palmiers également remarqués par Marco Polo (voir YC, p. 159 n.1). Le récit d'Odoric contient bien des erreurs de détail sur la mode d'emploi du sagou.

(115) *Car contre li n'est trouvé nul remede fors .i., quer se aucun en avoit pris (L: en estoit empoisonné) (sauf l'onneste maniere de parler, quar toutes choses netes sont nettes as nettes gens) prengne de la fiente de l'omme et destrempe en yaue, et la boive (L: et destremper et boire), et par ce il sera delivré du tout en tout de ce venim* : Sur ce poison, et sur le remède proposé ici, voir YC, p. 157 n.2. Souvent, comme c'est le cas ici, la traduction de Jean de Vignay semble insister plus lourdement que le texte latin sur l'immoralité de ce qu'on trouve dans les pays visités par Odoric. La présentation de ses excuses par l'auteur n'a pas d'équivalent dans les textes latins.

(116) *En la rive de ceste contree devers midi est la mer qui est dite Mer Morte, d'yaue qui touzjours court vers midi* : Traduction de "In ripa istius contrate versus meridiem est mare Mortuum, aqua cuius semper versus meridiem currit" (SF, p. 449). D'après certains témoignages, il semble que la légende voudrait que tout navire s'aventurant plus au sud disparaisse à jamais, enlevé par les courants de l'endroit (voir YC, p. 160 n.1). On n'a pas encore expliqué de façon satisfaisante le nom *Mer Morte*.

(117) *Et autres rosiaus de cane i sont trouvez que il apelent "casse". Et ces rosiaus [f. 219ᵛ b] se estendent touzjours par terre, aussi comme une herbe qui est en Ytalie et est appelee "gramagne" (L: "gramagne" et en France "herbe terrestre")* : Le texte latin porte: "Alie etiam canne inveniuntur (*ABV*: Casar). Hec per terram semper diriguntur ut gramengna ..." (SF, p. 449). Aucun des textes latins publiés ne précise que *gramengna* est de l'italien, détail relevé par SF, p. 449 n.2. L'équivalent français, bien sûr, n'existe que dans la traduction de Jean de Vignay. L'*herbe terrestre* est peut-être le pourpier ("purslane" en anglais): voir Latham, *Revised Medieval Latin Word-List*, s.v. *herba terrestris*; mais l'identification est loin d'être certaine.

(118) *Et en ces canes sont trouvees pierres que les aucuns qui les ara sus soi, ne puet estre entamé par fer, ne couroucié (L: pierres qui ont tel vertu que quiconques les porte sus soy ne puet estre entamé ne navré de fer), et tout le commun des hommes de ceste contree les portent sus eulz* : Pour des légendes au sujet de ce phénomène, voir YC, p. 162 n.2. Plusieurs auteurs en font mention, que ce soit au Japon, à Bornéo ou à Java. Il n'est pas exclu que nous ayons affaire ici à une légende qu'Odoric aurait trouvée en Europe dans une source écrite.

(119) *et font une maison (L: et aunent leur neis) de ces fus* ... : Le texte latin porte "De cannis istius (*BCY*: istis) casan faciunt" (SF, p. 450). La version de Jean de Vignay trahit une mauvaise lecture (*casam* ?) du latin. On remarquera, cependant, que le mot *cassan* est traduit, ailleurs, par *casse*.

(120) *Car je veul raconter autres choses (L: Mes propose raconter autres choses, si que trop seroit lonc a meitre ci plainement tout ce que je vi la)* : Ce développement ne se trouve pas dans les textes latins (voir SF, p. 450; YC, p. 303).

(121) *Campa (L: Champanie)* : Selon YC, "to the south of Cochin China, of which it now forms a part" (p. 163 n.3).

(122) *Quar dedenz est grant champaigne et plaine de touz vivres et de bons* : Cette phrase ne se trouve pas dans les textes latins (voir SF, p. 450 et YC, p. 163) et pourrait expliquer la forme insolite du nom du royaume ("Champanie") dans *L*.

(123) *Et ce roy a .xiiij. mille d'olifanz privez que il fait aussi tenir et garder des hommes de ceulz qui li sont subjectz, comme l'en fait les bués et les autres bestes en Ytalie* : *BCY*, seuls parmi les manuscrits latins, portent *boves* à la place des *castrones* des autres manuscrits; cette rédaction (β) est également la seule qui ait des verbes au présent.

(124) *Et ces poissons, quant il sont pres du rivage, il se getent desus la rive* : Sur cette légende, qui remonterait peut-être à une croyance populaire de l'endroit, voir YC, p. 165 n.1 (repris par SF, p. 451 n.2).

(125) *une maniere de poisson a eschalle faite comme .i. (L: comme la coque d'un) lymaçon* : On remarquera que Jean de Vignay n'a pas su traduire de façon plus concise le texte latin: "In eadem contrata vidi testudinem (*BCY*: unam testudinem)" (SF, p. 451). Selon certains commentateurs, il s'agit ici d'un toit en carapace et non pas d'une tortue: voir YC, p. 166 n.1. Tout le passage de "l'Eglise saint Anthoine de Pade ..." jusqu'à: " ... Et aussi y a il" semble soit remonter à l'original de la traduction de Jean de Vignay, soit provenir du traducteur lui-même. En tout cas, pour Jean de Vignay, il s'agit bien d'une sorte de poisson.

(126) *Et je vi de mes iex une fame qui recevoit le chief de son mari* ... : Tout ce paragraphe ne se trouve, apparemment, que chez Jean de Vignay.

(127) *Nicunere* : Il s'agit de Nicobar (SF, p. 452 n.2). Selon le texte latin, les habitants de cette île ont "facies caninas" (SF, p. 452), non pas la "teste de chien" que leur attribue Jean de Vignay ... Comme l'a souligné YC (p. 168

n.1), "the whole passage is an anomalous jumble" par rapport aux récits de Marco Polo, Haithon et Ibn Battouta; il est peut-être légitime de se demander si Odoric n'aurait pas composé sa description, après son retour en Italie, en s'aidant des récits d'autres voyageurs. Voir aussi Pelliot, No. 230 (Femeles), surtout pp. 685–688.

(128) *aucun homme qui ne se puet raembre par son argent* : Le manuscrit *C* est le seul à ajouter un verbe ("redimere"); les autres textes latins portent "... aliquem qui pecunia exigi non possit". *C* ajoute aussi "in bello", élément repris par notre ms *L* (voir SF, p. 453).

(129) *tantost il l'occient et puis le manjuent tout cuit* : Le texte latin, "statim comedunt ipsum" ne fournit pas ces précisions gastronomiques (SF, p. 453).

(130) *une pierre precieuse bien longue d'un espan* : Les manuscrits latins (sauf *BCY*) ajoutent le mot "rubim" à cette description (SF, p. 453).

(131) *l'ylle de Syllan* (rubrique) : Il s'agit de Ceylan: le chiffre de 2.400 milles proviendrait, éventuellement, de la description de cette île par Marco Polo (voir YC, p. 170 n.3.).

(132) *Adam pleura desus ce mont Abel son filz .c. ans* : Jean de Vignay est le seul qui fournisse le nom du fils ainsi lamenté; le texte latin ne porte que "planxit filium suum centum annis" (SF, p. 454). L'abréviation de *centum* en .c. a vraisemblablement provoqué l'erreur du texte italien imprimé par Domenichelli, "Adam pianse al figliolo *Cain*" (voir YC, p. 171 n.2).

(133) *Et que ces povres gens puissent aler desouz l'yaue que il ne soient empeeschiez des sansues, il prennent .i. fruit qui a non "lymoine"* : Le texte latin porte: "Et ut ipsi pauperes ire sub aqua possint, accipiunt bavoirem, id est quemdam fructum..." (SF, p. 454). Les manuscrits *BCY* ont "limonem". Selon YC (p. 171 n.7), le mot *bavoirem* pourrait représenter le persan *bajúra*. Nous sommes pourtant bien loin de la Perse.

(134) *une grant ylle [...] qui est apelee Dondin* : L'île de Dondin n'a toujours pas été retrouvée. Les hypothèses sont discutées par YC (p. 173 n.2), où il est admis, toutefois, que ce chapitre, comme le récit de Nicobar qui le précède, n'a pas l'air d'être basé sur l'expérience. Etant donné les ressemblances frappantes entre l'histoire racontée ici et celle de Marco Polo au sujet de Java, on pourrait se demander si le texte de ce dernier n'aurait pas été consulté par notre voyageur.

(135) *a aussi grant joie comme l'en fait noces en Ytalie quant l'en espouse fame* : Cette comparaison semble manquer dans les textes latins (SF, p. 456).

(136) *"Pourquoi faites vous ainssi contre nature (L: contre Dieu)?"* : Les versions des deux manuscrits français ne semblent pas correspondre au texte latin: " ' Quare sic facitis vos, cum hoc quod facitis sit contra omnem rationem?' " (SF, p. 456).

(137) *Et sevent que ceste ylle (L: Et chascun païs set que ceste Ynde) contient en soi .xxiiij. mille ylles* : Le texte de *L* correspond plus nettement à celui des textes latins ("hec India", SF, p. 457), malgré l'obscurité de l'allusion à "chascun païs".

(138) *la province de Manci* : Manzi, province méridionale de la Chine, appelée Asia Superior jusqu'au dix-septième siècle (YC, p. 177 nn.2 et 3). Selon Pelliot, *Manzi* serait du chinois (No. 155 (Cin), p. 275).

(139) *Je enquis de ceste Ynde diligaument a crestiens, Sarrazins, ydolatres ...* : Les "ydolatres" ne sont ajoutés, dans la tradition latine, que par *BY* (SF, p. 462). D'habitude, Odoric fait une distinction entre les idolâtres et les "Sarrazins".

(140) *L: Grant Chien que aucuns appellent le Grant Caen* : Visiblement, nous avons affaire à une (rare) tentative de transcription phonétique du mot Khân: cf. n.183, *infra*.

(141) *.ij. mile grans citez qui sont bien aussi grans con [Tervice] ou Vincencie, qui ne sont pas mis el nombre d'iceles, mes seulement aussi comme la cité de Venise, Pade et Melen. Florence et ces autres meneurs citez il apelent viletes* : La traduction de Jean de Vignay est loin d'être claire. On se demande s'il a compris un original latin qui est lui-même quelque peu embrouillé: "... duo millia magnarum civitatum, que in tantum sunt magne ille civitates, quod neque Trevisium neque Vincencia in ipsarum numerum ponerentur" (SF, p. 458). Le sens paraît être que les villes chinoises sont d'une si grande étendue que Trévise et Vicenza feraient piètre figure à côté d'elles, et ne seraient donc pas appelées *civitates* (voir la traduction de YC, p. 178).

(142) *si que par poverté que il aient, comme il se puissent aidier de leur mains, il ne requerroient nulle aumosne* : Traduction, vraisemblablement, d'un texte apparenté à *BCY* ("nunquam aliquam peterent elemosinam") plutôt que des autres versions latines ("nunquam aliquam paterentur indigenciam"); voir SF, p. 458.

(143) *Et si sont assez biaus homes de cors, mes il sont toutefois pales, et ont la barbe petite et longue comme chaz, et les fames sont de trop plus beles que les hommes* : Traduction assez libre du texte latin: "Hii homines satis sunt

corpore pulcri, pallidi tamen, habentes barbam ita raram et longam sicut
murilege, id est gate. Mulieres vero pulcerrime sunt de mundo" (SF, p. 458).

(144) *Cestalan* : Canton; selon YC (p. 179 n.5), il s'agit d'une forme du nom arabe
de ce port célèbre, Sin Kîlan. Il faut peut-être lire *Cencalan* (voir Pelliot,
No. 155 (Cin), p. 276) ou *Cescalan*.

(145) *Et est assise sus .i. flueve de quoi l'yaue sormonte la terre pour la mer bien
par .xij. jornees* : YC (p. 180 n.3) et SF (p. 459 n.1) soulignent la difficulté
du texte latin, "posita *supra* unum flumen cuius aqua prope ipsum mare
nascitur (*BCY*: ascendit) ultra terram per duodecim dietas" (SF, pp. 458–
459). La variante de *L* ("pour le flo de la mer") semble confirmer l'hypothèse
de YC, selon laquelle Odoric fait allusion ici soit à la marée dans l'estuaire,
soit à la largeur de celui-ci (environ 120 km).

(146) *un gros venicien* : "Uno grosso" dans le texte imprimé dans SF (p. 459);
"per meno d'un Viniziano" dans le manuscrit Florence, Bibl. Naz., Pal.
E,5,9,6,9; "grosso Veneto" dans le manuscrit publié dans les *Acta Sanctorum*
(YC, p. 181 n.1). L'on admettra difficilement que Jean de Vignay ait ajouté
ce détail lui-même: on le retrouve ailleurs dans ce même passage.

(147) *Car une de leur oues est bien grant comme .ij. des nos, et toute blanche
comme lait, et a une bouche sus la teste a la quantité d'un œf. Et cele bouche
est d'autel couleur comme sanc* : Jean de Vignay s'est trompé: "unum os
super capud" (SF, p. 459) n'est pas une "bouche" mais un "os" (à moins
qu'il ne s'agisse d'une confusion (dialectale ou graphique) entre "bouche" et
"bosse"?). De toute évidence, la description d'Odoric est, à part cette erreur,
exacte: voir YC, p. 181 n.5.

(148) *Les gens en prennent mout que il menjuent aprés moult doucement, et en
ostent la partie venimeuse que il congnoissent bien* : Cette précision au sujet de la préparation culinaire des serpents ne semble exister que dans la
traduction de Jean de Vignay (cf. SF, p. 460; YC, p. 182).

(149) *Çayton par non estoit apelee* : Il s'agit vraisemblablement de Ch'üan-chou
(voir Pelliot, No. 195 (Çaiton) et SF, p. 460 n.2; et YC, p. 183 n.2, qui
voudrait y voir le port de Ch'ang-chou).

(150) *Nous Freres Meneurs avon .ij. liex ...* : Voir, sur la distribution des *loci*
des Franciscains, notre introduction, p. VII–VIII, *supra*.

(151) *Quar l'en y a .iiij. livres et .viij. onces de sucre pour mains de demi gros
venicien* : La plupart des textes latins ont "precio uno grosso"; *BCY* portent

"dimidio uno grosso" (SF, p. 460); aucun manuscrit latin ne semble préciser qu'il s'agit de monnaie de Venise. Nous avons déjà noté ce phénomène.

(152) *Et celui qui estoit veu estre (L: estre veu) le plus petit ydole estoit bien aussi grant comme seroit saint Christofle* : Traduction fort maladroite du latin, où on lit "unum illorum ydolorum, qui minus aliis esse videbatur, erat bene magnum sicut esset S. Christoforus" (SF, p. 460). Même comparaison chez Rubrouck, p. 144 ("l'idole principale [...] que j'ai vue à Caracorum était aussi grande que nos peintures de saint Christophe"), comme le signale SF, *ibid.*

(153) *Sucho* : Selon YC, Fou-Tchéou, capitale de la province du Fou-kien et un lieu important de commerce au moyen âge (p. 185 n.3).

(154) *Et la sont les greigneurs gelines que je vi onques, blanches comme noif, et n'ont nules pennes, mes seulement laine si comme brebis portent* : Cet oiseau doit être le coq à duvet ou *Gallus lanatus*: voir YC, p. 186 n.2.

(155) *Je me departi de ceste cité, et m'en alai par .xiij. jornees ...* Les textes latins ont tous "per xviii dietas" (SF, p. 461); l'erreur (s'il en est une) remonte à un stade de la transmission antérieur à nos deux manuscrits français, qui portent tous les deux le chiffre de "xiii".

(156) *si ont une autre diverse maniere de vivre* : La traduction (assez littérale dans toute cette partie du texte) semble reprendre la version de la rédaction β, "et homines et mulieres valde extraneum diversum" (*C*; *B*: "divisum"; omis ailleurs) (voir SF, p. 462).

(157) *.i. grant baril ou vessel de cor que il portent en leur chief*: Cette étrange pratique correspond, apparemment, à celle remarquée par plusieurs voyageurs en Chine (voir YC, p. 187 n.1).

(158) *Je m'en alai de par .xxviij. jornees et par mout de terres et de citez, et ving a .i. grant fluev[e]* : Ici encore, le chiffre ne correspond guère à celui des textes latins, dix-huit (neuf dans *C*: voir SF, p. 462). Le grand fleuve pourrait être Ts'ien t'ang, dans la province de Tche-kiang (*ibid.*, n.2, reprenant YC, p. 188 n.3). La manière de pêcher décrite dans le récit d'Odoric subsiste encore en Chine (ou subsistait encore au début du XXe siècle: voir YC, p. 188 n.4), où sont employés des cormorans dressés pour cette pratique (les "plungons" de Jean de Vignay; le texte latin porte "mergus").

(159) *je fui en la maison d'un hostelier (L: hostelier a hostel)* : Tandis que *P* semble reproduire la leçon de *CY* ("in domo cuiusdam hospitis fui"), la variante

de *L* pourrait remonter à une version qui ajoute *hospitatus* (participe passé) devant *fui* (devenu auxiliaire) (voir SF, p. 462).

(160) *Car il sont honmes qui ont tines ou cuves plaines de yaue chaude en une barge ou nef* : Deux exemples, assez rares dans ce texte, bien que fréquents ailleurs dans l'œuvre de Jean de Vignay, de la technique des binômes pour présenter un néologisme, ou un mot peu courant, au lecteur (voir notre introduction, p. XXX et Leslie C. Brook, "Synonymic and near-synonymic pairs in Jean de Meun's translation of the letters of Abelard and Heloise", *Neuphilologische Mitteilungen*, LXXXVII (1986), pp. 16–33). Ici, Jean de Vignay traduit le latin "unam tinam calida aqua plenam" (SF, p. 463). A remarquer aussi, au paragraphe précédent, la phrase "je vi et regardai en ces nes ou barges" (f. 224^{r}b–224^{v}a), traduction de "aspexi et vidi in illis suis barchis" (SF, p. 462); la leçon de *L* (*barges* est omis) néglige cette solution du problème que pose un vocabulaire peu familier. La pêche, telle qu'elle est décrite ici, existait également au début du XXe siècle (toujours selon YC, p. 191 n.3).

(161) *Comment il vint en Cansaye* : Il s'agit de Hang-Tchéou, Quinsai pour Marco Polo (qui l'a longuement décrite). Certains éléments des deux récits montrent une concordance assez étroite qui pourrait éventuellement faire penser à une influence quelconque de Marco Polo sur Odoric: ainsi, l'explication du nom de la ville, son étendue (100 milles), le nombre incroyable de ponts (12.000) sont autant de détails qui se retrouvent dans les deux descriptions (voir YC, p. 192 n.2).

(162) *pres de chascune de ces portes a pres de .xij. mille, et sont citez greignours que Venice ou Pade* : Ce chiffre ne correspond pas aux "octo millaria" des textes latins (voir SF, p. 464), mais aura peut-être été influencé par la proximité des ".xij. mille ponts".

(163) *Et ceste cité est comme une ferriere, car ele est plus longue que lee* : Jean de Vignay n'a pas compris le texte latin, qui fait allusion à la ville de Ferrara et non pas à une prétendue "ferriere" (SF, p. 464: "A latere huius civitatis labitur unum flumen iuxta quod sita est civitas ista, sicut Ferraria ipsa manet. Unde longior est quam lata").

(164) *chascun feu paie chascun an .i. balis, c'est .i. denier de la terre, a ce Grant Chien, et qui valent autant comme florin et demi, et sont fais en la maniere d'un ver qui fait la saie, et d'escorche de morier* : Texte sensiblement différent de celui des manuscrits latins: "quilibet ignis solvit unum balis, id est quinque cartas bombicis, que unum cum dimidio florenum valent" (SF, p. 464). Voir, sur le mot "balis", Pelliot, No. 183 (Cotton), p. 428: "balis"

serait une transcription du mot persan *batišt*, "coussin", c'est-à-dire de la monnaie mongole ainsi appelée.

(165) *Et ces feus de ceste cité sont .iiij. vins et .v. compaignies, avec .iiij. compaignies de Sarrazins. Ce sont [.iiij.] vins et .ix.* Encore une fois, les chiffres ne correspondent qu'à la leçon du manuscrit *B*, qui a: "Hii autem ignes sunt LXXXV tuman" (contre quatre-vingts dans les autres manuscrits) "cum aliis 4^{or} saracenorum que constituunt 89" (cette dernière phrase ne se trouve que dans *B*: voir SF, pp. 464-465). Sur le mot *tuman*, voir Pelliot, No. 364 (Toman).

(166) *Ceste est cité roial, en laquelle le roy de Manci demouroit touzjors jadis* : Cette phrase ne se trouve que dans les manuscrits *CY* (SF, p. 465).

(167) *Et il me disoit aucune fois, "Pere, veuls tu venir veoir la terre?"* : Le texte latin porte: "Atha, id est pater, vis tu venire videre terram?" (SF, p. 465). Le mot *atha*, qui est turc, peut paraître bizarre dans la bouche d'un Chinois; mais Ibn Battouta a également remarqué son emploi en Chine (YC, p. 201 n.1). Ici comme ailleurs, Jean de Vignay ne traduit que la glose latine, omettant le mot oriental.

(168) *"Vois tu ce François? C'est .i. homme relegieus crestien ... "* : Traduction du latin: " 'Vides tu hunc raban franchi, id est virum istum religiosum?' " (SF, p. 466), le mot *raban* ("moine" en arabe: voir Pelliot, p. 215) étant supprimé par le traducteur.

(169) *Et si comme nous estions ainssi la, il prist une cloche et la sonna* : *Cimbalum* en latin (SF, p. 466); non sans hésitation, YC traduit "gong" ("though perhaps not the proper word to put into Odoric's mouth" [!], p. 202 n.4). Un peu plus loin, là où le texte latin porte "cimbalum pulsare cepit" (SF, p. 466), Jean de Vignay traduit "...il commença a sonner cele cloche, ou cymbales" (f. 225^{v}b).

(170) *il contendroient .i. grant quaier (L: grant quaier de parchemin)* : *Stationis* est omis dans le manuscrit latin *B* ainsi que dans notre manuscrit *P*. YC traduit "a good quire of stationery", et fait remarquer que cette signification de "papier" n'est pas attestée ailleurs pour *statio* (YC, p. 204 n.1). D'après notre manuscrit *L*, pourtant, ce sens précis ("papier") ne semble pas s'imposer exclusivement.

(171) *une autre grant cité qui est apelee Chilenfo* : Il s'agit de Nankin (YC, p. 204 n.3), à 125 miles de Hang-Tchéou. Selon Pelliot, "Chilenfo is probably [...] Chin-ling-fu, a name of Nanking which was only officially in use some time

in the 10th century, but which may have continued to be in popular use" (No. 295 (Namghin), p. 791).

(172) *.i. grant flueve qui est apelee Thalay* : Selon YC, Odoric est le seul a appeler ainsi le Yang-Tsê (p. 206 n.5). Catham (f. 226ᵛa) n'a pas encore été identifié (SF, p. 468 n.4). "Thalay" provient sans doute du mongol *talai* ou *dalai*, "la mer", "l'océan", mots qui "must also have meant 'a great river' " (Pelliot, p. 818).

(173) *Et semblablement le pymeien en sa pymeienne engendre filz pymeien. Et pour ce sont tant de ces petites gens engendrez illeuc et nez que il sont sanz nombre* : Le texte de Jean de Vignay ne correspond à aucune des versions latines publiées (voir SF, p. 469; YC, p. 209). Une des phrases de la version latine imprimée par SF ("Et hii pigmei habent animam rationalem sicut nos", p. 469) est reprise, apparemment, par le texte français ailleurs, dans un endroit tout à fait inapproprié ("Ces pymeyens ont ame raisonnable comme autres hommes, si comme dit est, qui sont engendrez des hommes", f. 226ᵛb), ce qui est peut-être dû à une confusion dans la transmission du texte (voir n.176, *infra*).

(174) *Camcyn* : Transcription française de Jamçai, ou Yang-Tchéou (YC, p. 209 n.3).

(175) *Et le seigneur de ceste cité a bien seulement de sel .vᶜ. mille cuvains de basili. Donc .i. basile vaut .i. florin et demi. Et ainssi .i. cuvain si vaut bien .xv. mille florins* : Le mot *cuvain* dans le texte de Jean de Vignay reprend (sous réserve de tous les problèmes de déchiffrement) le latin *tuman*.

(176) *Ces pymeyens ont ame raisonnable comme autres hommes, si comme dit est, qui sont engendrez des hommes. Les maisons et les habitacions d'iceulz hommes assez grans en personne qui habitent illec, semblablement si les font* : Ces phrases déplacées (nous l'avons déjà signalé, n.173, *supra*) se rapportent sans doute aux habitants de la ville de Catham (f. 226ᵛa).

(177) *une autre grant cité [...], qui est appelee Mençu. Et ceste cité a tres grant navie, et meesmement le plus bele que aucune autre cité qui soit par aventure el monde* : Vraisemblablement Ning-po: "For Odoric's 'Mençu', etc. [*Wy*, 470], which has been sometimes associated tentatively with Chên-chiang [...], I rather side with those who see in it Ming-chou, the ancient name of Ning-po; but I must add that Odoric's data as to the position of 'Mençu' can hardly be reconciled with such an identification" (Pelliot, No. 157 (Cinghianfu); Ch'ing-chiang selon YC, p. 211 n.3). Le texte latin porte "Hec civitas maius navigium habet quam aliqua que hodie sit in mundo"; mais les manuscrits *CY* ajoutent *et pulcrius* après *navigium* (SF, p. 470).

(178) *une cité qui est apelee Loritin* : Dans la mesure où cette forme du mot correspond aux textes latins, la version du manuscrit *C* ("Lonzin") semble la plus proche (SF, p. 470). Il s'agit de Lin-ching (YC, p. 213 n.1; voir, cependant, la note de Pelliot, No. 273 (Lingiu), p. 764, où plusieurs difficultés relatives à cette identification sont discutées). Toujours selon YC, le nom de la rivière, Caramoran, serait du mongol ("rivière noire"), la même rivière s'appelant en chinois Houang Ho ou "rivière jaune".

(179) *le Spade trespassant par la Ferriere* : Le Spade est le Pô, qui parcourt en effet la ville de Ferrara (voir SF, p. 471 n.2).

(180) *Succumaro* : Vraisemblablement Tsi-ning ou Chi-ning (YC, p. 214 n.2; Pelliot, No. 339 (Singiu Matu) émet des doutes).

(181) *si en a l'en bien .xl. livres pour mains de .ix. soulz de gros veniciens* : Le chiffre de neuf (qui se trouve dans les deux manuscrits de notre texte) ne se rencontre, apparemment, que dans les versions de Jean de Vignay et de Jean le Long (cf. YC, p. 215 n.1).

(182) *cele noble cité de Cambalec* : Khân Bâliq, "la ville du Khân". Nom turc, selon Pelliot (No. 108 (Cambaluc), p. 140) et non pas mongol, comme l'ont prétendu certains, de la ville située près de l'ancienne capitale chinoise, Ki, appelée par les Chinois Tatu ou "Grande Capitale" (YC, p. 216 n.1).

(183) *celui emperiere le Grant Chien si a son siege* : Ici comme ailleurs, Jean de Vignay s'est laissé tromper par une prétendue étymologie de *Canis Magnus*; le manuscrit *L* propose une variante plus phonétique (déjà remarquée: voir n.140, *supra*): "Et le Grant Chien, celi emperiere que il nomment le Grant Caen". Signalons, en passant, l'observation de YC: "I am not sure that a faithful version should not render *Magnus Canis* as "the Great Dog", for in most copies the word is regularly declined, *Canis, Cani, Canem*, as if he were really a bow-wow" (YC, p. 217 n.6).

(184) *une pierre precieuse, qui a non "merdaces"* : Vraisemblablement, du jade (voir YC, p. 221 n.1).

(185) *Quant celui seigneur [siet] sus son siege emperial* : Le texte latin confirme la leçon de *L* que nous avons adoptée: "Cum ipse dominus super suam sedem sedet imperialem" (SF, p. 473).

(186) *Et toutes celes qui sont mariees ont .i. pié sus le chief, fait a la figure du pié d'un homme* : Tentative d'explication du texte latin, qui porte: "Omnes ille qui nupte sunt unum pedem hominis super capud habent" (SF, p. 473). Sur cette coiffure étrange, voir YC, p. 222 n.5.

(187) *Et devant li sont ses barons aussi comme [...] sanz ce que il puissent estre nombrez (L: ses barons tant que il ne pueent estre nombrés)* : Nous avons postulé une lacune ici. Le texte latin, "Ante cuius conspectum stant barones sui, multique alii innumerabiles" (SF, p. 474), comme le texte de *L*, pourrait nous amener plutôt à barrer le mot "comme", début présumé de la phrase "comme sanz nombre", qui aurait été modifiée par la suite.

(188) *que aucun ne touche a l'entree de l'uis* : Le texte latin, "ne aliquis limen tangat", n'ajoute "ostii" que dans les manuscrits *BCY*.

(189) *Quar nous Freres Meneurs avons lieu deputé (L: ordené) en cele court* : *P*, comme d'habitude, reproduit plus fidèlement le texte latin, "locum deputatum" (SF, p. 474).

(190) *Donc il [a] bien .xiij. compaignies, de quoi chascune compaignie contient bien .x. mille de jugleurs. Et ainssi seroient il .c. et .xxx. mille de jugleurs. Et les autres qui gardent les chiens, les bestes sauvages et les oisiaus sont, c'est assavoir, .c. et .l. mille compaignies* : Les chiffres du texte français ne correspondent pas exactement à ceux du texte latin: "...quod ystriones sui sunt bene tresdecim tuman, quorum quodlibet bene x millia constituunt ystrionum; alii autem custodientes canes, bestias silvestres et aves bene xv sunt tuman" (SF, pp. 474–475).

(191) *Et ce seigneur vraiement en esté demeure en une terre qui est appelee Sandu* : La ville de Shang-tu, à 300 km. ou dix jours de Pékin (SF, p. 475 n.1); Marco Polo, qui l'appelle "Ciandu" ou "Chandu", l'a également décrite, et c'est sa description qui a fourni (par l'intermédiaire de la collection de Purchas, qui date du début du XVIIe siècle) le point de départ du célèbre poème de Coleridge, "Kubla Khan", sur le palais de Qübilai (voir YC, p. 227 n.1 et John Livingston Lowes, *The Road to Xanadu. A Study in the Ways of the Imagination* (Londres, 1927 et (Pan) 1978), édition Pan, pp. 326–329). Jusqu'en 1263, la ville s'appelait K'ai-p'ing-fu (voir Pelliot, No. 146 (Ciandu)).

(192) *Desquiex l'une bataille va l'un jour devant li, et l'autre .i. autre; la seconde bataille l'en suit l'autre jour* : Jean de Vignay semble avoir mal compris le latin: "Exercitus unus dieta una ipsum antecedit, secundus alia dieta ipsum sequitur" (SF, p. 475; les mots "secundus...dieta" manquent dans *C*).

(193) *.iiij. olifans bien ordenez et atornez* : Reprend apparemment la version de *BCY*, la seule à ajouter l'adverbe "bene" aux adjectifs "parati et ornati" (voir SF, p. 475).

(194) *.iiij. barons qui sont appelés "tuthes" (L: "taches")* : Les variantes latines de ce mot (çuche, zuche, muche, chuche, cuthe) témoignent du problème

que présente la transcription du mongol. Sur le sens du mot, ainsi que sur la description du même élément chez Marco Polo, consulter YC, p. 228 n.7. Selon Pelliot, No. 190 (Cuiucci), les "tuthes" ou "çuches" seraient les *Güikči*, à l'origine des coureurs d'élite qui ont fait partie par la suite de la Garde Impériale du Khân.

(195) *Et avec tout ce il porte avec li sus son cuerre (L: char) .xij. gerfaus* : Traduction de "Insuper et secum super currum portat XII girfalcos" (SF, p. 476). Le latinisme de *P*, qui ne se trouve pas ailleurs dans notre texte, est évité par *L*.

(196) *Et ja soit ce que mout de gens par aventure ne croient pas ceste chose; je ne m'en merveil pas. Car moi meismes ne le creusse pas, se je ne l'eusse veu a mes propres iex. Toutevoies la verité est tele que celui seigneur ...* : Cette remarque manque dans le texte latin (voir SF, p. 476).

(197) *.i. bon errier de pié, ou .i. coursier* : Traduit, apparemment, le "pedes" ou "pedester" ajouté par *CY* et *B* (SF, p. 476).

(198) *les ylles [...] qui sont subjectes a l'empire* : Ce détail manque dans les textes latins (SF, p. 476; YC, p. 322).

(199) *Lesqueles maisons il apelen[t] "yain"* : Il s'agit des relais de poste mongols, également décrits par Rubrouck (p. 118 et n.2) qui utilise le même mot (mongol) pour désigner les fonctionnaires chargés de ces maisons (voir SF, p. 477 n.1 et Pelliot, No. 255 (Iamb)).

(200) *celui emperiere reçoit aucunes foiz une nouvele de .xxx. journees loing* : La version du texte latin imprimé par SF porte "unum novum trium dierum ille recipit Imperator"; le chiffre de trente est, cependant, fourni par les manuscrits *BCY*.

(201) *Car aucuns coursiers sont ordenez en celes maisons qui sont nommez "chil-debo"* : Selon un article de *T'oung Pao* (1891), il s'agit des bureaux de poste ou "Ki-di-fu": voir YC, p. 233 n.2.

(202) *Et si comme celi Grant Chien va vener, il a ceste maniere en li* : Le manuscrit latin *Y* est le seul à porter "hunc modum in se habet" (au lieu de "ipse habet"), phrase qui pourrait expliquer la forme insolite de l'expression française employée ici (SF, p. 478).

(203) *.i. mout tres biau bois, qui a .x. jornees d'environ* : Jean de Vignay semble être le seul à donner le chiffre de dix; la plupart des manuscrits latins ont huit, certains six (voir SF, p. 478 et YC, p. 235 n.2).

(204) *adonc monte le Grant Chien sus .iij. olifans et jete le premier .v. saietes entre ces bestes pour ferir celes que il voit apert qui li plaisent* : Le texte latin a seulement "et in illa silvestria quinque iacet sagittas" (SF, p. 479). De même, notre traducteur est le seul à préciser que les autres ne jettent que trois "saietes" (cf. SF, *ibid.*).

(205) *le Grant Chien l'emperiere meismes [...] fait crier que il se tiengnent a pais, et que il aient misericorde des bestes qui sont remeses vives que il ont mises hors du bois* : Traduction assez libre du latin: "tunc ille Imperator magnus vocari facit soy, id est misericordiam, bestiis illis quas de nemore propulerunt" (SF, p. 479). Le mot "soy" reprend sans doute un terme de vénerie mongol; conformément à son usage, Jean de Vignay ne traduit que la glose latine et omet le mot oriental.

(206) *Et se les saietes de leur grant seigneur [ont] tuee nule bele beste, il en font trop grant feste, et li presentent tantost* : Cette phrase manque dans la tradition latine. La description de la chasse mongole correspond à celle fournie par Rubrouck, du moins pour ce qui est de la manoeuvre d'encerclement qui en fait partie (Rubrouck, p. 98).

(207) *Cestui emperiere fait .iiij. grans festes en l'an. C'est assavoir la feste de sa circoncision, et de sa nativité, et des autres aussi (L: de sa circoncision, de sa nativité, de son couronnement et de son mahonmet)* : Le texte de *P*, tout comme les textes latins imprimés par SF (pp. 479–480) et par YC (p. 324), semble corrompu. Certains manucrits latins, représentés par Hakluyt et par le ms. Arundel 13 de la British Library, font mention de quatre fêtes, comme c'est le cas pour notre manuscrit *L*. Dans ces manuscrits, il s'agit du "festum nativitatis, festum circumcisionis, coronationis, & desponsationis suae" (Hakluyt, p. 400; voir YC, p. 324 n.5). Comme la circoncision ne se pratiquait pas parmi les Mongols, la leçon du texte italien de Ramusio Minor est peut-être la bonne: "La prima è per il di della sua natiuità; la seconda è dell' incoronatione sua: la terza è del matrimonio, quando menò per moglie la regina: la quarta, è della natiuità del suo primogenito figliuolo" (YC p. 237 n.1). Cela ne résout nullement l'énigme du mot "mahonmet" dans notre ms. *L*. S'agit-il d'une erreur de copiste pour "[festum] matrimonii"? On pourrait y voir, également, le sens de "conversion à l'Islam" ("baptême islamique"?): nous savons que Haithon appela le khân Ahmad "Mahomet Can" parce que celui-ci se convertit à l'Islam: voir Pelliot, No. 7 (Acmat[2]).

(208) *si que celui qui les porte n'est point [veu]* : Cette phrase n'est pas dans les textes latins publiés (voir SF, p. 482; YC, p. 326).

(209) *une maniere de meriaus qui sont fais d'escorche de mourier qui est ilec reputee pour monnoie* : Cette précision n'est pas fournie par la plupart des

textes latins (voir SF, p. 482; YC, p. 326). Le manuscrit latin Venise, Marciana XIV, 43 porte "cartae confectae corticibus morariorum, quae pro moneta reputantur ibi" (YC, p. 326 n.1), tandis que les autres manuscrits ont seulement "quedam carte quas pro moneta habent (*BCY*: que pro moneta reputantur)" (SF, p. 482).

(210) *Car l'en dit que Caoli est.i. tres grant regne, elquel montaignes sont qui sont nommees les Mons Capeiens* : Selon YC, p. 241 n.4, les "Mons Capeiens" font partie du Caucase (ou sont le synonyme du Caucase), mais "Caoli" serait la Volga. L'explication de Pelliot (No. 183 (Caoli), pp. 522–531) est plus vraisemblable: "Caoli" serait la Corée, et les "Mons Capeiens" sont en Mongolie (pp. 522–524). La légende de l'agneau qui naît dans les melons ("popons") circulait jusqu'au XVIIe siècle, tout comme l'histoire des bernacles citée ici par Odoric à l'appui de ce mythe (voir YC, p. 241 n.4).

(211) *Et aussi comme une crabe de mer, qui est appellee "cancre"* ... : Cet exemple, comme celui du congre qui le suit dans la traduction de Jean de Vignay, est absent dans les textes latins et italiens (voir SF, p. 483 et YC, pp. 326 et 363).

(212) *la terre de Prethecoan (L ajoute: que aucuns nomment Prestre Johan)* : Selon les éditeurs de Rubrouck, "Multiforme et tenace, la légende du Prêtre Jean, rêve d'un prince tout à la fois souverain chrétien et chef religieux, est née au XIIe siècle et survivra jusqu'au début du XVIIe siècle!" (Note complémentaire à Rubrouck, p. 272, où l'on trouvera un résumé de ladite légende). Rubrouck lui-même remarquera aussi que "les nestoriens l'appelaient le Roi Jean et disaient de lui dix fois plus que la vérité" (Rubrouck, p. 123).

(213) *La principal cité de cele terre si est dite Chosan (L: Thosais)* : Pour la localisation de la ville, et du pays du Prêtre Jean, voir YC, p. 244 n.2. Chosan (ou Tozan) serait synonyme de Tenduc, pays à l'ouest de Pékin, près du Hoang-Ho: voir Pelliot, No. 358 (Tenduc).

(214) *une province qui est apelee Casan* : Il s'agit du Quengianfu de Marco Polo, Kenchán ou Kenján, c'est-à-dire le nom persan pour Hsi-an-fu: "Although the name mentioned by Odoric very probably refers to Hsi-an-fu and the province of Shàn-hsi, it is difficult to see why Odoric did not use either a Chinese name, or the ready made Kinÿanfu of the Persians" (Pelliot, No. 319 (Quengianfu), p. 814; voir aussi la note de YC, p. 246 n.3, reprise par SF, p. 484 n.1).

(215) *Et en ceste contree ou province croist une maniere de ris estrange* : Les textes latins portent soit "nascitur reubarbarum", soit "malus barbarus"

(avec, bien entendu, des variantes orthographiques; voir SF, p. 484 et YC, pp. 247 et 327). La leçon commune aux deux manuscrits de notre traduction semble témoigner d'une erreur antérieure à cette version.

(216) .i. grant regne, Thybet : Selon SF (p. 484 n.3), "Hoc capitulum quod omnes commentatores itinerarii B. Odorici pro Tibet intellexerunt, non ad huius provinciae descriptionem pertinet ut patet ex scripto B. Laufer. Hic enim [...] concludit fratrem nunquam Tibet visitasse, [...] sed omnia ex auditu habuisse" (d'où quelques erreurs). Nous nous sommes déjà demandés si tel n'était pas le cas pour certains passages, au moins, du récit (voir nos notes, *passim*).

(217) *Et nul n'ose en ceste cité espandre sanc, ou faire [sanc] a nul homme ou a nule beste* : La traduction semble une version maladroite du latin, "non audet aliqua persona effundere (*BCY* ajoutent: vel spargere) sanguinem alicuius hominis vel animalis" (SF, p. 485).

(218) *"Albassi", qui est a dire "pape" en leur langue* : Le mot "Albassi" ("pacha"?) remonte peut-être au mongol, à l'arabe ou au tibétain: voir YC, p. 250 n.4 et SF, p. 485 n.3.

(219) *.i. porciau sauvage* : Parmi les manuscrits latins, seuls *CY* ajoutent "sive porci silvestres" (SF, p. 485). Les femmes tibétaines utilisent la dent de sanglier pour fabriquer de la bijouterie; voilà, sans doute, l'origine du détail bizarre raconté par Odoric.

(220) *Et ensi en faisant en ceste maniere ces hommes qui sont bestiaus, si cuident que il aient mout honnoré le filz de lui; et il meisme si tient quant son pere soit porté ainssi honorablement de ces officiaus et de ces oisiaus, que iceulz folz tiennent pour angres* : La traduction est plus ouvertement hostile aux rites d'enterrement que n'est le texte latin: "Et sic isto modo faciendo filius eius multum se reputat honoratum. Cum pater eius ab angelis Dei, id est ab avibus illis, ita honorifice sit portatus ..." (SF, p. 486).

(221) *Du rest certes ou des os du chief, il fait faire .i. henap (L: Et fait faire .i. henap du rest du chief)* : Il est difficile de ne pas voir dans la leçon des deux manuscrits français une erreur de copiste, car le texte latin porte: "De *testa* autem seu de osse capitis ipse filius (omis dans *BCY*) sibi fieri facit unum cyphum" (SF, p. 486; c'est nous qui soulignons).

(222) *Et veez combien grant rudesce et grant bestiauté est faite de ces gens, que c'est une abhomination, quar, si comme il dient, il font a leur pere grant reverence; et mout d'autres choses desacoustumees et desordenees sont faites de ces gens* : La premiere partie de cette phrase ("Et veez ... abhomination")

manque dans les textes latins (SF, p. 486; YC, p. 328); ici encore, Jean de Vignay semble suivre une version qui est moins tolérante des coutumes mongoles.

(223) *le palais d'un homme du pueple, c'est a dire seigneur populaire* : L'explication de l'expression "hominis popularis" manque dans le texte latin (SF, p. 486).

(224) *comme se ce fust .i. oisel ou .i. moinel* : Le latin ne porte que "sicut esset unus passerinus" (SF, p. 487); "ou .i. moinel" est, d'ailleurs, omis par notre manuscrit *L*.

(225) *et laisse tant croistre aucun de ses ongles que il li avironnent toutes les mains et especiaument ceulz du gros doi ou du pouce* : Le texte latin, "Aliqui permittunt ungues policis tantum crescere quod cum ipsis circumdant sibi manus" (SF, p. 487), signale de façon assez différente cette préférence pour l'ongle du pouce relevée par Jean de Vignay.

(226) *je m'aplicai a une contree qui est apelee Milecorde* : Le verbe reprend visiblement celui du latin, "applicui ad quamdam contratam" (SF, p. 488); le copiste de *L* paraît avoir mal compris son sens, car il traduit "je m'aplicai a venir". Milecorde ("Millistorte", SF, p. 488) semble une tentative de transcription de l'arabe *muláhida*, "hérétiques", *Mulhet* ou *Mulehét* en arménien (voir YC, p. 257 n.3 et Pelliot, No. 290 (Mulecte)). Les écrivains musulmans désignaient ainsi les Ismaïliens, secte dont les Assassins faisaient partie (Rubrouck, p. 127 n.5); le nom de lieu proviendrait donc de cette appellation.

(227) *quant il vouloit faire occire, c'est a dire en leur langue "assasiner", tuer d'un "hasassis", aucun roy ou aucun baron* : Explication linguistique plus développée que celle du texte latin, "Et cum volebat facere sicare, id est assasinari, aliquem Regem vel baronem" (SF, p. 488). Sur les Assassins, voir Pelliot, No. 36 (Assassin).

(228) *Et quant il se dormoit ainssi, il le faisoit metre hors de ce paradis* : La version de *BCY*, "Tunc taliter dormientem de paradiso extrahi faciebat", est plus proche de notre traduction que ne le sont les autres manuscrits latins ("et extra paradisum exportari faciebat" sans faire allusion au *dormientem*, SF, p. 489).

(229) *il faisoit occirre par lui touz ceulz que il vouloit* : La traduction ne suit pas exactement le texte latin: "...per eum sicari, id est assasinare, omnes quos volebat faciebat" (*B* omet "sicari...est") (SF, p. 489).

(230) *Et si comme les Tartariens eussent pris aussi comme tout le monde, et meesmement la region d'orient...* : Les textes latins, sauf celui qui est à la

base de l'édition de Venni, ne font pas mention de l'orient (SF, p. 489; YC, pp. 259 (et n.3) et 331). L'histoire de l'"Antien de la Montaigne" est presque identique chez Marco Polo. Selon YC, cependant, "it would be a mistake to suppose that it is therefore copied. Both related the story in the popular form in which it spread over the East" (p. 257 n.3). Il faut quand-même remarquer que plusieurs épisodes du récit d'Odoric (nous les avons signalés au passage) ressemblent au texte de Marco Polo. "L'ordre des Assassins (Haschischins, de haschisch), fondé par Hasan Sabbah en 1090, n'était qu'une branche de la secte des Ismaïliens. Partisans du "culte intérieur", et donnant à l'assassinat politique une valeur religieuse exemplaire, ils détenaient des places fortes disséminées en Perse et en Syrie. Leur centre le plus important était Alamout, au sud de la Caspienne. Il fut pris et détruit par Hülägü en 1256" (Rubrouck, p. 127 n.5).

(231) *Et dont ces ydoles s'en issent du feu, quar le[s] deable[s] qui habite[nt] dedenz ces ydoles les en traient hors* : Cette explication de la réussite de l'exorcisme manque dans les textes latins (SF, p. 490). Evidemment, on pourait corriger le texte de *P* en "...le deable qui habite dedenz ces ydoles les en trai(en)t hors"; nous avons choisi de suivre la version de *L*.

(232) *Et je vi une autre chose mout espoentable ...* : Sur ce chapitre, et sur les rapports entre la traduction française et les textes latins, voir notre introduction, *supra*, pp. XX–XXII.

(233) *Coustume si est en celes parties* : Traduction directe du latin: "Consuetudo est in illis partibus" (SF, p. 492). Le texte du manuscrit *L* est un peu moins littéral ("Quer il ont de coustume en cele partie").

(234) *les hommes alument le feu devant les huis de leur mai[so]ns ...* : La correction en "mai[so]ns", exigée par le sens de la phrase, est appuyée non seulement par notre manuscrit *L* mais aussi par le texte latin: "homines ante hostium domorum suarum ignem accendunt" (SF, pp. 492–493).

(235) *et metent dedenz des espices tres oudourans, et une maniere de confection qui est apelee "aromate", et en font fumee* : Cette explication dépasse en ampleur celle des textes latins: "et aromata ponunt ac faciunt fumum" (SF, p. 493). La fin du texte, dans les manuscrits utilisés pour la traduction en anglais par YC, est tout à fait différente; le texte latin imprimé par YC, cependant, est sensiblement le même que dans SF (voir YC, pp. 266 ff. pour la traduction anglaise, pp. 333 ff. pour le texte latin).

(236) *Et aucuns toutevoies dient que le chapel valoit bien une bonne cité* : Cette phrase manque dans notre manuscrit *L* ainsi que dans les textes latins (SF, p. 493).

(237) *cele anciene loy* : Il s'agit, bien entendu, de la Bible (Exode, XXIII, 15). On se demande pourquoi les Mongols auraient suivi cette loi... Cette anecdote du Grand Khân est reproduite, dans la version de Jean de Vignay (suivant le manuscrit *L*), aux pp. 271–272 de l'édition YC. Il serait inutile de relever ici toutes les erreurs, dont certaines détruisent le sens du texte, commises dans la transcription du manuscrit dans cette édition.

(238) *Et je, Frere Odoric du Marchié Julien, de la province saint Anthoine de la terre qui est dite le Port Naonien* : Le texte latin imprimé par SF ne porte que "Ego Fr. Odoricus de Foro Julii"; *BCY* ajoutent "provincie S. Antonii de quadam terra que dicitur Portus Naonis (Y: Maonis)" (SF, p. 494). De même, ils sont les seuls manuscrits à préciser que Frère Guide est originaire de la "Marchia Trevissina" (*ibid.*).

(239) *Et je m'apareille de jour en jour de retorner as autres contrees esquieles j'ai ordené a morir, si comme il plaira a Celui de qui touz biens viennent* : Cette phrase (on remarquera la forme curieuse du verbe "morir") n'est ajoutée, parmi les manuscrits latins, que par *BCY*. On se rappellera que la conclusion du texte d'Odoric est à la base du classement des rédactions du texte (voir notre introduction, *supra*, pp. IX–X et XIX–XX).

(240) *Frere Guillaume de Sollengnie de l'Ordre des Meneurs mist loiaument en escript toutes les devant dites choses* : A la différence des manuscrits latins, où Frère Guillaume parle à la première personne (voir SF, pp. 494–495), Jean de Vignay rapporte à la troisième personne ce que celui-ci a écrit.

(241) *si que a la fin touz entendissent legierement les choses qui sont dites* : Le texte latin porte: "... ut omnes facilius intelligerent que scribuntur vel dicuntur" (SF, p.495). *B* néglige toute allusion au registre stylistique choisi; seuls *CY* omettent (comme c'est le cas pour notre traducteur) "scribuntur vel".

GLOSSAIRE

Pour alléger ce glossaire, nous ne fournissons qu'une sélection des références pour chaque mot retenu. L'équivalent latin n'est donné que pour les mots qui présentent un intérêt particulier. Les mots suivis de (L) ne se trouvent que dans notre manuscrit L. Les chiffres renvoient aux pages.

ACOUSTUMÉ p.p. adj. ACOUSTUMÉS pl. *dressés* 70

AFERIR v.imp. AFIERT pr. ind. 3 *convenir, être convenable* 29

AFONDRER v.t. *faire s'effondrer* 41

AIGNEL s.m. *agneau* 75

ALBASSI s.m. *chef religieux tibétain* 76 voir note *218*

ALOÉS s.m. FUST D'ALOÉS *bois d'aloès* 34, 67

ALOIGNIER (L) v.i. *croître, s'allonger* 10

ALOIR (L) v.i. = aler 16

ANE s.f. ANES pl. *canards, oiseaux* (= anetes (L), = avibus *ou* anatibus) 50

ANEMI s.m. ANEMIS pl. *démon, diable* 82

ANETE s.f. ANETES pl. *canards* (= anates) 63

ANGLET s.m. *coin, angle* 23

ANGRES s.m. pl. *anges* 77

APLIQUER v. pr. APLICAI prét.1 *arriver à, débarquer dans:* 25, 53, 79 *voir note 226*

AORNÉ p.p. adj. (1) *orné:* aornee de perles = ornata, 67; (2) *couvert:* chevaus... tres biaus et bien aornez = cooperti, 67; (3) (L) *voir* ATORNÉ 67

AORNEMENT s.m. *ornement, décoration* 65

AOURER v.t. *adorer, vénérer* 42, 46, 51

APOIER v.t. APOIEES p.p. *appuyer, planter:* Lesqueles fueilles [...] sont apoiees de jouste les grans arbres (= plantantur) 27

APPAREILLIER v.t. *préparer* 73, 77; ÊTRE APPAREILLIÉ DE + inf. *être prêt à* 15, 19; v. pr. *se préparer* 70, 82; (ces gens sont appareilliez a aucune de ces festes (L: apelés = convocati), *l.* appelez? 71)

ARAISONNER v.t. *adresser la parole à* 20

ARDOIR v.t. ARSES p.p. 82; *brûler* 15, 16, 81

ARMEURE s.f. *arme* (= gladium) 20

AROMATE s.f. *confection* (= aromata) 84

ASSASINER v.t. *assassiner:* a., tuer d'un 'hasassis' (= assasinare) 80

ASSEOIR v.t. *assiéger:* ASSIS p.p. *assiégés, possédés:* ces cors que il ont assis = de illis corporibus obsessorum 81

ASSIETE s.f. *position* 8

ASTRONOMIEN s.m. *astronome, astrologue* (= astrologum) 46

ATORNÉ p.p. adj. (1) *préparé* 50, 67; (2) *affecté:* les hostiex sont atornés a ce = ad hoc sunt hospicia deputata, 60

ATORNER (L) v. pr. *se préparer* 70

AUNER (L) v.t. *équiper:* aunent leur neis de ces fus = (P) font une maison de ces fus 39

AVIRONNER v.t. AVIRONNEE p.p. fém. 35; *entourer, environner* 42, 70, 79

BAILLIER v.t. BAILLAI prét.1 25; BAILLIEE p.p. fém. 65 *donner*

BALER v.i. BALOIT impf. ind.3 41; BALASSENT impf. subj.6 64 *danser*

BALIS s.m. *monnaie mongole* 56 voir note *164*

BARGE s.f. *barque* 53, 57

BASILE, BASILI, BASILIS s.m. *voir* BALIS

BATAILLE s.f. BATAILLES pl. *bataillons* (= exercitus pl.) 66

BENEIÇON s.f. *bénédiction* 66, 73

BENEOIT p.p. adj. *béni* 21, 29

BESTELETE s.f. *petite bête, bestiole* (= bestiola) 74

BEVRAGE s.m. *boisson* 64, 80

BIGINI, VIGIN (L) s.m. *vin, boisson fermentée (voir SF, p. 465 n.4)* 56

BORT s.m. *bourg* 18, *l.* borc (= burgum) *voir note 80*

BOUCHE s.f. (1) *bosse* 50 voir note *147*; (2) *bouche:* PAR, PARMI UNE BOUCHE comme d'une seule voix (= uno ore) 48, 55, 66

BOUGRE s.m. *hérétique* 30

Glossaire 131

BOUTER v.t. *pousser, (re)jeter* 17, 80; BOUTER LE FEU (L) *mettre le feu* 23; v. pr. *se jeter* 32

BRACE s.f. *brasse (mesure), cinq pieds ou 1,60m* 64

BRIÉMENT adv. *brièvement* 17, 20, 36, 70

BRIETÉ (L) s.f. *brièveté* 36

BULETER, BUELETER (L) v.t. *passer au tamis, tamiser* 72

ÇAINDRE v.t. ÇAINT p.p. *ceint* 69

CAMPENELE s.f. CAMPENELES pl. *campaniles* 78

CANFRE s.m. *chanvre* 34, 35

CAROLE s.f. CAROLES (L) pl. *processions, cortèges* (?) 32

CASSE s.f. *rotin* 38

CENTAINIER (L) s.m. CENTAINIERS pl. *centaines, groupes de cent* 65

CERCEULLE s.f. CERCEULLES pl. *sarcelles* 63

CERNE s.m. *cercle, bordure, cadre* 41

CHAIAL, CHAIAU s.m. CHAIAUS pl. les chaiaus del loirre *petits (d'un animal)* 11

CHAIERE s.f. *chaise, chaire* (= cathedra) 67

CHALOIR v.imp. CHALOIT impf. ind.3 *concerner* ne li chaloit = nec curavi[t], 86 *voir note 241*

CHAMPAIGNE s.f. (1) *champ* 22; (2) *campagne, contrée, paysage* 40, 77

CHANTERIE s.f. *chant, chansons* 33

CHAPEL s.m. *chapeau* 85

CHAR s.f. *chair* 33, 44, (L) 75

CHARROI s.m. collectif *les chars*: tout le charroi de Pade et de Tervise *(sans équivalent latin)* 82

CHARTRE s.m. *prison* 15, 19, 22

CHAT MOMON s.m. CHAS MOMONS, CHAZ MOMONS pl. *babouins* (= gatimaymones) 11, 57 *voir note 51*

CHEVILLIÉ (L) p.p. adj. *construit avec des chevilles* 10

CHIEF s.m. DONNER DU CHIEF (EN TERRE) *s'incliner, se prosterner:* les barons donnent du chief en terre (= de capite dant in terra) 72

CHEOIR v.i. CHIEE pr. ind.3 *tomber* 37

CHIERTÉ s.f. *carence, manque, cherté* 60, 61

CHILDEBO s.m. *bureau de poste mongol* 69 *voir note 201*

COCODRILLE s.m. COCODRILLES pl. *crocodiles* 27

COINGNIEE s.f. *cognée* 37

COLOMPNE s.f. COLOMPNES pl. *colonnes* 63 (*voir aussi* COULOMPNE)

COMBIEN adv. *combien (distance), quelle distance:* si que il sachent combien il sont venuz (= quantum processerunt) 31

COMMETRE v.t. COMMIS p.p. *confier* 65

COMMUNEMENT adv. *tous, toutes* 59, 60, (L) 73

COMPAIGNIE s.f. (1) *suite, compagnons* 71, 77; (2) = *tuman (unité mongole: voir aussi* CUVAIN) 56, 59, 67

COMPLAINDRE v. pr. S'EN COMPLAINST pr. ind.3 *se plaindre de qqch.* 13

COMPLIE s.f. *complies, dernière heure du jour selon l'Eglise* 18

CONFONDRE v.t. CONFONDI prét.3, CONFUZ p.p. *confondre, détruire* (= confudit / confundit) 14

CONTENIR v.t. *remplir:* il contendroient .i. grant quaier (= unus bonus quaternus stationis hec talia tenere non posset) 58 *voir note 170;* v. pr. *se comporter, agir* 46

CONTENS s.m. *différend, querelle* 13

CONVENANT s.m. *accord* 13 (*voir aussi* COUVENANT)

CONVENIR *voir* COUVENIR

CONVI s.m. *fête, dîner, banquet* (= convivium) 60, 65

CONVOITER (L) *voir* COUVOITER

COQUE s.m. *navire indien* 25 *voir note 93*

CORTIL s.m. *clos, petite cour* 61, 78

COULOMPNE s.f. *colonne* 11 (*voir aussi* COLOMPNE)

COUROUCIER v.t. *irriter, mettre en colère, blesser (fig.)* 17, 28, 38, 67; *blesser (lit.):* les aucuns qui les ara sus soi, ne puet estre entamé par fer, ne courroucié (= nec offendi) 38

Glossaire

COURS s.m. AVOIR BON COURS *aller vite, être rapide* 41

COURSIER s.m. COURSIERS pl. *corsaires* 38; *coureur* 68

COUVENABLE adj. *apte* (= aptus) 80

COUVENANT s.m. *accord, convention* 75 *(voir aussi* CONVENANT)

COUVENIR v.imp. *falloir, être obligé de (passim)*

COUVOITER v.i. COUVOITANT DE p. pr. *désirant* (= volens; L: convoitoie) 3

CREANCE s.f. *croyance, religion* 16

CREIRE v.t. CREOIT impf. ind.3 *croire* 22

CRIEMBRE v.t. CREMOIENT impf. ind.6 *craindre* 80

ÇUCRE (L) s.m. *sucre* 51

CUERRE s.m. *char* 67 *voir note 195*

CUIDER v.i. *penser (passim)*

CURIEUS adj. *compliqué:* latin fort curieus et ordené (= curioso) 86

CUVAIN s.m. *tuman (unité mongole)* 60, 78 *voir note 175*

DECOLEMENT s.m. *décapitation:* decolement de son chief (= capitis abscissionem) 20

DEFAILLIR v.i. *faillir, manquer* 24, 73

DEGASTÉ p.p. adj. *éteint:* le feu fu degasté (= igne [...] consumpto) 16

DEGRÉ s.m. DEGREZ pl. *marches* 36

DELAISSIER v.t. *abandonner, laisser (de côté)* 22, 60, 86

DELICTER v.i. DELICTANT p. pr. adj. (L: desirant) *désireux* 80; v. pr. *désirer* 80

DEMENER v.t. DEMAINENT pr. ind.6 (= ducunt) *mener* 32

DEMEURE s.f. SANZ DEMEURE phrase adv. *sans attendre* (= sine mora) 82

DEMONIACLE s.m. et adj. DEMONIACLES pl. *démoniaques* 81; adj. *démoniaques, possédés par le(s) démon(s)* 81

DENIER s.m. *groupe de dix* 65 *(sans doute lecture erronée du latin)*

DEPRIER v.t. DEPRIOIT impf. ind.3 80, DEPRIA prét.3 *prier* 13

DEPUTÉ p.p. adj. *affecté, assigné, attribué* 65, 72

DEQUEURIR, DEQUEURRE v.i. *couler, découler, surgir* 4, 44

DESACOUSTUMÉ p.p. adj. DESACOUSTUMEES pl. fém. *peu habituelles* (= inconsueta) 78

DESCORDABLE adj. DESCORDABLES pl. *en désaccord avec, dissidents:* descordables de nostre foi, et [...] hereges (= scismatici et heretici) 13

DESPENDRE v.t. *dépenser* 60; v. pr. *s'employer, se dépenser:* nule autre chose ne se despent pour monnoie (= expendatur) 74

DESPISER v.t. *dédaigner, se moquer de:* despisoit (= truffabatur) 20

DESPOILLIER v.t. *dépouiller, déshabiller* 17, 20

DESRENIER adj. *dernier* 40

DESTRE s.m. *droite* 66; adj. *droit* 65

DESTROIT s.m. A DESTROIT phrase adv. *étroitement, douloureusement:* il leur lient les piez mout a destroit 79

DESTRUIRE v.t. DESTRUIANT p.p. *détruisant* (= destruendo) 21

DESTRUIEMENT s.m. *destruction, détriment:* il la souffri tant seulement a son destruiement (L: destruction; = detrimentum) 22

DETRENCHER v.t. *découper, couper* 33, 77

DEVISER v.t. (1) *diviser* 68; (2) *identifier, nommer* 68

DIVERSE adj. fém. *différent:* une autre diverse maniere de vivre (= diversum) 52

DIVISION s.f. *description* (= descriptio) 3; *voir note 1*

DORMIR v. pr. SE DORMOIT impf. ind.3 *dormir* 80

DOUTER v.t. et absolu *craindre, avoir peur (que)* 41, (L) 80

DRU (L) adj. DRUS pl. *sains, vigoureux, robustes* 15

EDEFIER v.t. *construire, bâtir* 22

EDIFICACION s.f. *édification, amélioration (fig.?):* pour l'edificacion de l'eglyse (= (L) l'uevre de ce temple; = ecclesie edificationem) 31

EMPETRER (L) v.t. EMPETRÉ p.p. *commandé, appelé* 24

ENCISER v.t. ENCISENT pr. ind.6 (= incidunt) *couper* 38

ENCLORE (L) v.t. ENCLOENT pr. ind.6 *renfermer, enfermer* 38 *voir aussi* RENCLORE

Glossaire 135

ENCLINER v. pr. *se prosterner, s'incliner* 72

ENCORIR, ENCORRE v.i. *encourir, s'exposer à:* se aucuns d'elz defailloit illeuc, il encourroit en grant paine (= (mss latins BCY) incurreret) 73

ENFERMETÉ s.f. *maladie* 26, 46

ENGING s.m. (1) *machine, système mécanique:* ceste chose est faite ou par art de deable, ou par enging qui est souz terre 64; (2) *ruse, artifice, machination:* onques par force, par enging ne par peccune il ne la pout avoir 43

ENNOBLIR v.t. ENNOBLI p.p. *ennobli:* aprés ce est ennobli de moult de grans miracles (= magnis coruscavit miraculis) 86

ENQUERRE v.i. *chercher, se renseigner, demander* (= petere, (in)quaerere) (*passim*)

ENSEURQUETOUT adv. *au surplus, par-dessus tout, en plus* (= insuper) 24, 36, 67, 78

ENTAILLIER v.t. ENTAILLIEZ p.p. (= sculpti) *enciseler, sculpter, tailler* 36

ERRE s.m. *chemin:* reprendre leur erre 31

ERRIER s.m. *coureur, messager* 68 *voir note 197*

ESCHALLE s.f. *écaille, coquille* 41 *voir note 125*

ESCOMMENIÉE p.p. adj. fém. *hors du commun, extraordinaire* 9; *exécrable, détestable* 34

ESCROIS s.m. *bruit:* si grant escrois et si grant noise (= clamor et rumor) 82

ESCUELE s.f. *écuelle, plateau* (= discus) 77

ESFOR s.m. ESFORS pl. (= exercitus pl.) *hommes armés, armées* 67

ESLIRE v.t. ESLISENT pr. ind.6 *choisir* 35

ESPACE s.m. *durée, longueur* 15 *voir note 70*

ESPAN s.m. *empan (mesure de longueur)* 42, 59

ESPANDRE v.t. *verser, faire couler:* espandre sanc (= effundere sanguinem) 76; ESPANDUS (L) p.p. *voir* ESPARTIZ

ESPARTIZ p.p. adj. *éparpillés, dispersés:* cheveulz sont espartiz (= earum capilli disparguntur; L: espanduz) 9

ESPECIAL adj. *à part, privé:* maisons en especial (= in speciali) 34

ESPECIAUMENT adv. *spécialement, particulièrement* 67, 71, 70

ESPESSEMENT adv. *(en rangs) serré(s):* rengiés espessement = (pressi (mss latins BCY seulement) vadunt) 70

ESPOENTABLE adj. *épouvantable, qui épouvante* 82, 83

ESPOENTÉ p.p. adj. ESPOENTEZ pl. (L: espuantés) *épouvantés* 18

ESPOUENTABLE (L) adj. *épouvantable, qui épouvante* 82, 83

ESTANT p. pr. *(se tenant) debout* 16, 72

ESTEU (L) s.m. ESTEUX pl. *hôtes* (= supellectiles; P: ostes) 55

ESTOILE, ESTOILLE s.f. ESTOIL(L)E TRANSMONTAI(G)NE *étoile polaire* 33, 66 *voir note 108*

ESTRAINES, ESTRENES s.f. pl. *cadeaux* 73

ESTRIF s.m. *détresse* 80

ESTUELE (L) s.f. *écuelle, plateau* (= discus) 77 (*l.* escuele)

EXPERIMENT s.m. *enchantement, protection magique* 16 *voir note 73*

FACIOLUS s.m. *sorte d'arbre* 11 *voir note 54*

FAUSSER v.t. FAUSSANT p.pr. *démontrant la fausseté de (?):* en faussant leur loy (= (mss latins BCY) illorum [fidem] falsam ostendendo) 21

FELONNESSE adj. fém. *felonne, traître, perfide* 15, 34

FEREMENT (L) s.m. *objet en fer* (P: fer; = ferro) 38

FERIR v.t. *frapper, atteindre* 20, 70

FERRIERE s.f. 55 *voir note 163 (il s'agit, en fait, d'un nom propre)*

FEU s.m. *foyer, maison* 56, 59

FIENTE s.f. *excrément (humain)* 37

FLEURIN (L) s.m. *voir* FLORIN

FLORIN s.m. *monnaie de Florence* (L: fleurin) 60, 65

FORCIBLEMENT adv. *avec force, avec vigueur* (= viriliter) 19, 21, 39

FORS prép. *sauf, hormis, excepté (passim)*; FORS QUE (L: fors) *sauf, hormis, excepté* 74

FORSBOURS s.m. pl. *faubourgs:* c'est a dire bours hors la cité 55

FRITAGES (L) s.m. pl. 4 *voir* FRUITAGE

FROISSIER s.m. inf. *pressoir* (L: brisier) 27

FRUITAGE s.m. FRUITAGES pl. *fruits* (= fructibus) 4

FUS s.m. pl. *morceaux de bois, cannes:* font une maison de ces fus (= de cannis istius casan faciunt) 39

FUST s.m. *bois* 10, 67; *perche en bois:* je mis la crois sus .i. fust (= super lignum) 84

GENETAIRES s.m. pl. *parties viriles, organes génitaux* 10

GRAMAGNE s.f. *(italien) pourpier (?)* 38 *voir note 117*

GREIGNEUR adj. comp. et sup. *(le) plus grand (passim)*

GROS s.m. GROS VENICIEN *monnaie de Venise* 8, 50, 51 *voir note 146 et* VENICIEN

HABITACLE (L) s.m. HABITACLES pl. *maisons, domiciles (sans équivalent exact dans les textes latins)* 34

HASASSIS s.m. *assassin* 80

HAUCE (L) s.f. *élévation (sans équivalent exact dans les textes latins)* 63

HAUCIEE (L) p.p. adj. fém. *élevée, haussée:* levee et hauciee (= (P) levee haut; = ellevata) 63

HENAP s.m. (HENAS pl.) *coupe à boire* 74, 76

HEREGE s.m. HEREGES s.m. pl. et adj. *hérétiques* 13, 30

HETIEZ p.p. adj. pl. *sains, vigoureux:* sainz et hetiez (= illares et sani) 15

HEURE s.f. EN PETITE HEURE phrase adv. *en peu de temps* (L: en assés pou d'heure; = in parva hora) 53

HORRIBLETÉ, ORRIBLETÉ s.f. *ce qui est horrible, répugnant* 28, 29 (L)

HORS (L) s.m. pl. *ours (sans équivalent exact dans les textes latins)* 70

HOSTELER v.t. HOSTELÉ p.p. *hébergé* 18, 56; v. pr. *être hébergé:* je me hostelai en la maison d'un hostelier (= habui hospitari) 23

HOSTELIER s.m. *hôte, aubergiste* 23

HOSTEL s.m. HOSTIEX pl. *hôtels, auberges* (= hospicia) 58, 68, 69; *cabines, logements sur des navires* (= hospicia) 61

HUIS s.m.pl. *portes* 84 *voir aussi* UIS

ILEC, ILLEC, ILLEUC, ILLUEC adv. *là (passim);* ILLEC ENDROIT (L) *là* (P: illeuc) 73

IMPERATEUR s.m. *empereur* 23

INCREDIBLE adj. *incroyable* (= incredibile) 83

ISNELEMENT adv. *rapidement* 69, 70

ISSIR v.i. *sortir (passim)*; v. pr. S'EN ISSIR, S'EN YSSIR 82 *sortir* 75, 83

JA adv. *déjà* 82; (particule négatif) *jamais, pas, plus* 61; JA SOIT CE QUE conj. *quoique, bien que* (= licet) 3, 26, 67

JASSE s.m. *sorte de bateau du golfe persique* (= iasse) 10 *voir note 46*

JEU p.p. *de gesir* 34

JORNEE, JOURNEE s.f. *distance parcourue dans une journée, voyage durant une journée (passim)*

JOUR NATUREL s.m. *vingt-quatre heures;*, c'est assavoir jour et nuit (L) 69

JOUSTE prép. *à côté de, près de* 67; DE JOUSTE *à côté de, près de* 27

JUGLEOR, JUGLEUR s.m. JUGLEORS, JUGLEURS pl. *jongleurs* (= istriones) 32, 65, 66, 71, 73

LAIENS (L) adv. *là-dedans* 13

LAVEURE s.f. *lavure, rinçure* 26

LÉ adj. *large* 36, 55, 59 (L), 75

LIEZ adj. *joyeux, heureux* 16

LYEPARS (L) s.m. pl. *léopards (sans équivalent exact dans les textes latins)* 70

LYMAÇON s.m. *limaçon, spirale* 41 *voir note 125*

LYMOINE s.m. *limon, citron* 44

LYON NOIR s.m. LYONS NOIRS pl. *tigres (?)* 11 *voir note 50*

MAGNE s.f. *manne; liqueur, exsudation provenant d'un arbre* (= manna) 9 *voir note 38*

MAHONMET (L) s.m. *jour de fête chez le Grand Khân* 71 *voir note 207*

MAINDRE v.i. *rester, séjourner* 29

MAMELE s.f. *poitrine (d'homme)* 20

MANIERE (L) s.f. *flotte* (P: navie); *l.* navi(e)re? 60, 61

MARQUER v. pr. SE MERCHENT pr. ind.6 *se marquer (forme dialectale ? voir Pope, § 1322 § xv)* 35

MARTRI p.p. adj. *malmené, blessé* (L: malmis; = marcidum) 31

MAUGRÉ prép. MAUGRÉ SIEN (L: malgré), *malgré lui* 20, 34

MENGIER v.t. MENJUE pr. ind.3: MENJUENT pr. ind.6; MENJASSENT impf. subj.6 *manger (passim)*

MERDACES s.m.(?) *jade (?):* une pierre precieuse, qui a non 'merdaces' 64 *voir note 184*

MERIAUS s.m. pl. *sorte de papier* (= quedam carte) 74 *voir note 86*

MERVEILLABLE adj. *merveilleux* (L: merveilleuse; = mirabile) 74

MESNIE, MESNIEE s.f. *ménage, famille* 21, 22, 77; *famille, suite* 66

MESTEIL (L), MESTEULZ s.m. *mélange de blés:* "blez mellez" 7 *voir note 32*

MOUVOIR v.t. MEUE p.p. *provoquer:* contens et tençon fu meue 13

MIDI s.m. VERS MIDI, (PAR) DEVERS MIDI (= versus meridiem) *vers le sud (passim)*

MILLAINIER (L) s.m. MILLAINIERS pl. *milliers, groupes de mille* 65

MISERICORDE s.f. *pitié:* que il aient misericorde des bestes (= misericordiam) 71

MOINEL s.m. *moineau* 78

MOLLE s.f. *moule* 75 *voir note 211*

MORIR v.i. *demeurer, séjourner:* contrees esquieles j'ai ordené a morir (= me mori) 86

MOURIER s.m. *mûrier* 74 *voir note 209*

MOUSTIER s.m. MOUSTIERS pl. *monastères* (= monasteria) 51, 57, 73, 78

MUCIER v.t. MUCIÉ p.p. *caché:* avoit mucié (= occultaverat) 21

NAGE s.f. ALLER A NAGE *naviguer, aller en bateau* 42 (L), 48

NAGER v.i. NAJANT p. pr. 42 *naviguer* 38

NAISTRE, NESTRE v.i. NEST pr. ind.3 *naître* 75 (L)

NAVIE s.m. *flotte* (= navigium) 50, 58, 61

NAVIRE s.m. (1) *navire, bateau (passim)*; (2) *flotte* (L seulement; (P) navie; = navigium) 50, 58, 61 (ms. MANIERE, q.v.)

NOCTUE s.f. NOCTUES pl. *soit chouette* (= noctua), *soit phalène* (= (italien) nottola) 11 *voir note 52*

NOIER v.t. NOIEE p.p. fém. *perdue (d'un navire)* (= submersa) 20

NOIF s.f. *neige* 52, 61

NOIS MUGADES s.f. pl. *noix muscades* 35

NOISE s.f. *bruit, querelle, discussion animée* (= rumor, clamor) 17, 70, 82

NONCIER (L) v.t. NONCIÉ p.p. Toutefoiz il fu revelé a une digne personne [*l.* une personne digne de foi] que Diex avoit noncié son cors (= Verumtamen uni persone fide digne fuit revelatum quod Deus occultaverat eius corpus; = (P) MUCIÉ, q.v.): *mauvaise traduction du latin, où AVOIT NONCIÉ semble traduire "fuit revelatum" et non pas "occultaverat"* 21

NONNE s.f. *neuvième heure du jour selon l'Eglise, soit trois heures de l'après-midi* 15, 21

NOTONNIER s.m. NOTONNIERS pl. *marins* 13

OFFICIAUS s.m. pl. *officiels, agents (?):* porté de ces officiaus et de ces oisiaus (= ab angelis Dei, id est ab avibus illis) 77

OIGNEMENT (L) s.m. *onguent, baume (sans équivalent exact dans les textes latins)* 10

OINTURE s.f. *onguent, baume* 10

OISEL s.m. *oiseau* 78

OISTRE (L) s.f. *huître* 75

OLIFANT s.m. *éléphant* 40, 44, 70, 72

ORDENANCE s.f. *commandement* (= legem? ms. latin B seulement) 65

ORDENER v.t. ORDENÉ p.p. (1) *organisé, commandé* (= ordinatus) 16, 66, 73: la court de celui est tres bien ordenee (= optime ordinata) 65; si comme il fust adonc ainssi ordené (= sic ordinatum) 16; (2) *rangé, arrangé:* mis et ordenez entour li 57, 61; (3) *préparé* (= paratus) 67; (4) *délégué, attribué* (= deputatus) 65, 67; (5) *de style orné, élevé:* latin fort curieus et ordené (= (plupart des mss. latins) difficili et ornato stilo; (CY) difficili et curioso et ornato) 86; ORDENER v.i. *se préparer (à faire qqch.):* esquieles j'ai ordené a morir (= in quibus dispono me mori) 86; S'ORDENER v. pr. *se ranger* 3, 57

ORDENEEMENT adv. *de manière bien ordonnée, bien rangée* (= ordinate) 40, 57, 60, 72

ORENDROIT adv. *maintenant (passim)*

ORRIBLETÉ s.f. *voir* HORRIBLETÉ

ORT adj. *sale, immonde* (= immundum) 46

OS (L) s.m. pl. *armées, forces militaires* 67

OSER v.i. *oser:* je ne fui onques osé aprochier (= fui ausus [...] appropinquare) 83; OSÉ p.p. adj. *audacieux:* comment fus tu si osé que (= fuisti sic ausus ut) 22

OUE s.f. OUES pl. *oies* (= anseres) 50, 63

PAISTRE v.t. *nourrir* (= pascere); PEU p.p. *nourri* 52; v. pr. IL S'ESTOIENT PEUS plup. ind. 54, SE PEUSSENT impf. subj.6 *se nourrir* 64

PARDURABLE adj. *éternel* 19

PARFIN s.f. EN LA PARFIN phrase adv. *à la toute fin, enfin* 33

PARISIS s.m. pl. *parisis, sou parisien, de Paris* 8

PARTIE s.f. EN LA MEILLEUR PARTIE phrase adv. *de la meilleure façon:* tu pues savoir qu'est de lui en la meilleur partie (= tu scire potes optime) 14

PAVEMENT s.m. *carrelage, pavement* 30

PECCUNE s.f. *argent* (= pecunia) 43

PEL s.f. *peau, morceau de peau* 50

PELLE s.f. PELLES pl. *perles* 9, 64, 65

PENNE s.f. PENNES pl. *plumes* (= penne) 64

PERECEUS adj. *paresseux, lent:* il est pereceus de aler, et ne court pas tost *(sans équivalent exact dans les textes latins)* 41

PIAU s.f. PIAUS pl. *peaux* 63

PIEÇA adv. *jadis:* el temps de pieça (= tempore iam transacto) 4

PIELZ s.m. pl. *pieux, poteaux* (= palos) 38

PIGNIEZ p.p. adj. pl. *peignés* 9

PIMEIEN, PYMEIEN s.m. *pygmée* 59; PIMEIENS pl. 59; PYMEIEN adj. *pygmée:* filz pymeien 5 9

PYMEIENNE s.f. *femme d'un pygmée:* le pymeien en sa pymeiennne engendre filz pymeien 59 *(sans équivalent exact dans les textes latins)*

PIU s.m. *pieu* 64

PLANTEUREUSEMENT, PLENTEUREUSEMENT adv. *copieusement* 7

PLENTÉ s.f. *(grande) quantité, quantité suffisante* 45

PLENTEIVE adj. fém. *fertile, fructueuse* 79

PLENTEUREUS adj. *copieux* 16

PLENTEUREUSEMENT adv. *voir* PLANTEUREUSEMENT

PLUNJON s.m. PLUNJONS pl. *plongeons, oiseaux plongeurs (il s'agit sans doute de cormorans)* 53 *voir note 158*

POISSAUMENT adv. *puissamment* (= violenter) 69, 72

POPON s.m. POPONS pl. *sorte de fruit, melons* (= popones) 74, 75 *voir note 211*

PORCIAU s.m. *porc, pourceau* 76

PORTAL s.m. *portail, porte* 41

POSER v.t. POSÉ SOIT QUE, SOIT POSÉ QUE phrase adv. *supposons que* (= ponatur) 46, 77

POTESTAT s.m. (*italianisme* = lo Melic) *maire, bailli, podestà* (c'est a dire le seigneur de la ville 18) 17, 21 *voir note 79*

POURPORCION s.f. *proportion* 52

POURSEOIR v.t. POURSIEE pr. subj.3 (= possideat) *posséder* 7

PREMIER s.m. AU PREMIER phrase adv. *auparavant* 32

PRESOMPTIEUS s.m. *présomptueux* 65

PROPRE adj. *propice, convenable:* vent propre (= prosperum ventum) 24, 25

PROPRIETÉ s.f. *propriété, capacité:* ces perdris estoient de ceste condicion et de ceste proprieté (= huius erant condicionis et proprietatis) 3

QUAIER s.m. *cahier* (= quaternus) 58 *voir note 170*

QUANQUE, QUANT QUE pron. TOUT QUANQUE *tout ce que* 15, 66

QUARNEAU s.m. QUARNEAUS pl. *carreaux, lances* 38

QUERRE v.t. *chercher, demander (passim)*

QUITE adj. QUITES pl. *libres, sans blessure* (= illesos) 22

RAEMBRE, RAIMBRE v. pr. *se racheter, se rançonner* 42

Glossaire

RECORDER (L) v.t. *mettre en record, enregistrer* 78

RELIEF s.m. *nourriture:* il mist ce relief devant eus (= paraxides; (ms. B) cibos) 57

REMAINDRE, REMANOIR v.i. REMAINT pr. ind.3 38; REMÉS prét.1 et p.p.; 24, 71 *rester*

REMENER v.t. *ramener* 4, 32, (L) 80

RENCLORE v.t. RENCLOENT pr. ind.6 *renfermer* 38

REPAIRIER v.i. REPAIRIÉ p.p. *séjourner:* il sera avis que l'en y a poi repairié (= modicum permeasse) 55

REPAISTRE v.t. *nourrir* 52 (L), 57 *voir aussi* PAISTRE

REPARER (L) v.t. REPARÉ p.p. *déplacé (?):* lonc temps aprés fu Cambalec reparé arriere 63

REPRENDRE v.t. REPRENOIE impf. ind.1 *reprocher, blâmer* 47

REPUTER v.t. *estimer, considérer* 47

REQUERIR, REQUERRE v.t. *exiger, demander (passim)*

RERE v.t. *raser, tondre* 29

RESPLENDEUR s.f. *éclat resplendissant, lueur* 20

RESPONDRE v.i. *venir:* tout le monde respont a cele cité pour marcheandises (= correspondet) 5; v. pr. *répondre à, dépendre de:* ceste terre se respont du chief de Caldee (= correspondet) 8

REST s.m. *reste:* du rest certes ou des os du chief (= de testa autem seu de osse capitis) 77 (*mauvaise traduction, corriger en* [t]est[e]?) *voir note 221*

ROI, ROYS (L) s.f. *filet, rets* 64

RONPRE v.i. RONT pr. ind.3 *rompre* 61

RUNGER v.t. RUNGENT pr. ind.6 *ronger* 75

SAIE s.f. *soie* 56

SAIETE s.f. SAIETES pl. *flèches* 38

SALU s.m. A SALU *sain(s) et sauf(s):* a port, auquel nous venismes a salu par les merites de cels freres (= cum salute) 25

SANC s.m. FAIRE SANC A *verser le sang de, faire couler le sang de* 76

SAUF prép. SAUF LA (L'ONNESTE) MANIERE DE (DU) PARLER, SAUF L'ONNESTÉ DE PARLER *sauf votre respect (formule de politesse)* 10, 37

SENESTRE adj. *gauche* 64; A SENESTRE *à gauche* 66

SENTENCE s.f. *peine:* ces freres orent soustenu tel sentence (= penam; (mss BCY) sententiam) 22

SEULENT *voir* SOULOIR

SEUR adv. *sûrement, en sécurité:* par tout son regne l'en puet aler seur (= (L) seurement; = securus) 43

SEURMONTER, SORMONTER v.t. (1) *vaincre, surmonter* (= superare) 27, 36; (2) *inonder, monter sur:* .i. flueve de quoi l'yaue sormonte la terre pour la mer bien par .xij. jornees 50 *voir note 145*

SOI prét.1 *de* savoir 23

SORMONTER *voir* SEURMONTER

SOUDEMENT adv. *soudainement* (= subito) 23

SOULACER v. pr. *s'amuser* 67

SOULOIR v.i. SEULENT pr. ind.6; SOULOIT impf. ind.3 *avoir l'habitude de* 58, 79

TABLE s.f. *tablette* (= tabulam) 30, 72

TACHES s.m. pl. *voir* TUTHES

TAGAR s.m. *capacité de charge d'un âne:* .i. tagar est la somme d'un grant asne. 78

TALENT s.m. *désir* 80

TANT adv. A TANT QUE *jusqu'à ce que* (= (L) jusques a tant que; = donec) 46

TENCER v.i. TENÇOIENT impf. ind.6 *(se) disputer* (= altercabant) 20

TENÇON s.f. *querelle, dispute* 13

TENIR v.t. TENUS DE p.p. pl. *affligés de:* quant il sont tenus d'aucune enfermeté 26 *voir note 95*

TIERCE s.f. *troisième heure du jour (horaire ecclésiastique)* 15

TINE s.f. TINES pl. *bassins, cuves* 54

TRAIRE v.t. *tirer, retirer, extraire* 70 (L), 72, 81; v. pr. *se retirer* 77

TRANSLATER v.t. *traduire* 3 (L), 30

Glossaire 145

TRANSMONTAINE s.f. *étoile polaire* 66 *voir note 108; voir aussi* ESTOILE

TRECEOIR, TREÇOUER (L) s.m. *galon, ruban de tête (trécheur)* 9

TREIS s.m. pl. *poutres* 38

TRENCHEUR, TRENCHOUER (L) s.m. *plateau, tranchoir* (= incisorium) 85

TRESPASSER v.i. *traverser* (= transire) (*passim*); TRESPASSER DE CE SIECLE (fig.) *mourir* 86; v. pr. *traverser:* je me departi de ceste contree et m'en trespassai de la par molt de terres (= de ista contrata recedens et inde transiens) 51

TREU s.m. *tribut* 80

TUTHES, TACHES (L) s.m. pl. *gardus de corps mongols* 67 *voir note 194*

UIS s.m. *porte* 65 *voir aussi* HUIS

USER v.i. USENT pr. ind.6 *user de, utiliser:* de touz les vivres de quoi les hommes usent el monde (= quibus homines utuntur) 49

VALUE s.f. *valeur* 79, 84

VARIABLE adj. VARIABLES fém. pl. *variées, diverses:* mout de bestes variables (= multa animalia varia) 57

VENER v. abs. *chasser* (= venari) 63, 70

VENERIE s.f. *chasse* (= venatio) 71

VENICIEN s.m. PETIT VENICIEN *sou de Venise, monnaie de Venise* 11, 87 *voir aussi* GROS

VENOISON s.f. *chasse* (= venatio) 71

VENIM s.m. *venin, poison* 36

VERTU s.f. *pouvoir, force* 7; A GRANT VERTU *avec vigueur, vigoureusement* (= cum impetu) 17

VESTEURE s.f. *vêtement, costume* 65

VEU p.p. *voir* VOIR

VEUE s.f. *visage* (= visus) 28

VIANDE s.f. *nourriture:* ce ne sai je pas se il le faisoit par art ou par viande (*sans équivalent dans les textes latins*), en leur [sc. aux perdrix] proposant de la viande, de la nourriture (?) 4

VIGIN (L) s.m. *voir* BIGINI

VILAIN s.m. VILAINS pl. *paysans:* les ames vraiement des vilains (= anime vero rusticorum hominum) 58

VILETE s.f. VILETES pl. *petites villes* 49

VOIE s.f. EN MI VOIE *à mi-chemin, en route* 4 *voir note 19*

VOIR adj. *vrai* 75

VOIR v.t. ESTRE VEU p.p. *sembler, paraître:* la raison de ceste chose est veue estre ceste (= esse videtur) 4; vous qui estes veus estre hommes raisonnables (= qui homines videmini rationabiles) 47; ceste terre [...] est veue une des meilleurs qui soit *(sans équivalent exact)* 52; choses qui sont veues estre bestes *(sans équivalent exact)* 57; combien par aventure que il soit veu impossible a aucuns (= incredibile videatur) 75; il fust estre veu aussi comme chose incredible (= incredibile videretur) 82

VOISE pr. subj. 3 *de* aler 63

VOIZ s.f. *renommée, réputation:* la voiz vola et la renomee fu (L: ala) (= vox volavit et fama sonavit) 16

YAIN s.m. *auberge utilisée par les messagers mongols* 68; *voir note 199*

YSSIR v. pr. S'EN YSSENT *voir* ISSIR

INDEX NOMINUM

Les références fournies ici ne sont pas exhaustives; cependant, toutes les formes attestées (sauf erreur) ont été relevées. Les chiffres renvoient aux pages.

ABEL, 44: fils d'Adam

ADAM: 34, 44

ADRIENNE, MER, 3: voir note (7); l'Adriatique

ALEXANDRIA, 14; ALEXANDRIE, 13: Alexandrie, en Egypte

ALIXANDRE: Alexandre le Grand, 11, 13, 14; voir note (48)

ANTHOINE, saint, 41: saint Anthoine, saint de Padoue; ANTHOINE, saint ("lieu" de), 86; ANTHOINE, saint (province), 85; province de Pordenone, 85; voir note (238)

ANTHONNE, ANTONNE (L), 13: Ancône, ville principale des Marche, sur la côte; voir note (62)

ANTIEN DE LA MONTAIGNE, 79: personnage légendaire, chef des Assassins; voir note (230)

ARBRE SEC, 5: sur la mythologie de l'Arbre Sec, voir note (22)

ARMENIE (*rubrique*, 4): Arménie, région de Turquie; ARMENIE, GRANT, 4; ARMENIE (LANGUE D'), 24: l'arménien, *lingua franca* des voyageurs; voir note (92)

ARTYRON, 4: voir note (15); Erzurum, en Turquie

ATHANASE, saint, 4: voir note (14); saint Athanase, enterré à Alexandrie en 373

BACHUT, BATHUT (L), 6: Bakou, port de la Mer Caspienne; voir note (28)

BEDOINS, 59: les Bédouins (tribu arabe)

BOTENIGO, BOTHENIGO (L), 35: Rejang; voir note (110)

BOULOIGNE, 51: Bologna, et non pas Boulogne ...

CAEN voir CHIEN

CALAMASIM (L) voir THALAMASIM

CALDEE, 8, 9, 10 (*rubriques*); (région de Bagdad?) voir note (39)

CAMBALEC, 57, 62, 63, 65, 66, 70, 84; CAMBALECH (*rubrique*), 62: Khân Bâliq, "la ville du Khân"; voir note (182), 57

CAMCYN, 59: Jamçai; voir note (174)

CAMPA, 40; CAMPANIE (L), 40; CHAMPANIE (*rubrique dans* L), 39: pays au sud de la Chine; voir note (121)

CANEGE, 3: voir note (10); Ziganah, près de Trébizonde, sur la route d'Erzurum

CANSAYE, 55; CANSAI (L), 55, 57; CANSAIE (*rubrique dans* L), 55; CANSAY, 57: Hang-tchéou; voir note (161)

CAOLI, 74: vraisemblablement la Corée; voir note (210)

CAPEIENS, LES MONS; CAPEIENS (L), 74: montagnes en Mongolie; voir note (210)

CARAMORAN, 61; TARAMORAN (L), 61: le Huang-Hô; voir note (178)

CARTAGE, 43; TARTAGE (L), 43: lieu d'origine des Tartares (*lire* Tartage?)

CASAN, 75: Hsi-an-Fu; voir note (214)

CASSAN (*rubrique*, 6), 7; TASSAM (7), 7: Kâchân ou Qâshân, à mi-chemin entre Sultanieh et Yezd (Gest); voir note (30)

CATHAIRE, 62; TATHAIRE (L), 62: province où est située la ville de Cambalec (q.v.)

CATHAM, 59; CHATHAM (L), 59: ville des Bédouins

CATHAY, 61: la Chine

ÇAYTON, 25, 51 (*rubrique*); ÇAYRON (L), 51: Ch'ian-chou; voir note (149)

CESTALAN, 50: forme du nom arabe (Sin Kîlan) de Canton; voir note (144) (*lire* Cencalan ou Cescalan?)

CHAMPANIE (*rubrique dans* L) voir CAMPA

CHATHAM (L) voir CATHAM

CHIEN, LE, 36: Khân (l'empereur des Mongols); traduction du latin "Canis": voir note (112); CHIEN, LE GRANT 36, 43, 48, 55, 56, 57, 63, 70, 71, 75, 76, 84: le Grand Khân; traduction du latin "Canis Magnus": voir note (112); CAEN, LE GRANT (L), 47, 63: version phonétique de Grand Khân

CHILENFO, 58: Nankin (Chine): voir note (171)

CHOSAN, 75; THOSAIS (L), 75: Tenduc, à l'ouest de Pékin; voir note (213)

CHRISTOFLE, saint, 30, 51: saint Christophe, saint particulièrement vénéré à Padoue; voir note (103)

CINGULE, 27: Cranganor; voir note (97)

COUVINI, 8; COUVIM (L), 8: Persépolis; on a également proposé la ville de Karrham, 8; voir note (34)

DALDALIEN, LE, 11: déformation, vraisemblablement, de Delhi (nom de lieu); voir note (49)

DEABLE, VALEE AU voir VALEE AU DEABLE

DELICES, 82: rivière dans la "Valee au Deable" (voir introduction, pp. XX-XXII)

DEMETRIEN, Frere, ch. VIII *passim*: frère arménien ou georgien; voir note (64)

DONDIN, 46; DONDYN (L), 46; DODIN *lire* DO[N]DIN, 48: nom d'une île qui n'a pas été identifiée; voir note (134)

EDISSE, 30: Edesse (Syrie)

EUFRATES, 4: L'Euphrate (fleuve)

EVANGILE, 19: le Nouveau Testament

EVE, 44

FERRIERE, 61: Ferrara; voir note (179)

FLANDRINE, 27: Fandaraina ou Pandarani, au nord de Calicut; voir note (97)

FLORENCE, 49

FRANCE, 5

FRANÇOIS (sg.), 57; FRANÇOIS (pl.), 18, 21, 22: occidentaux, habitants de l'Europe

FRERES MENEURS, 3 (*incipit dans* L), 10, 11, 25, 51, 59, 65, 81, 82, 84, 85: Franciscains (Fratres Minores)

GALICE (L), 30: Galicie (où se trouve Compostelle): voir note (104)

GEST, voir note (31): Yezd (ou Yazd), au sud-est d'Ispahan en Iran

GRANT CHIEN voir CHIEN

GRANT MER, 10, 41, 42, 48: l'Océan Indien (?); voir note (45)

GRAVELEUSE, MER, 7: désert célèbre parmi les voyageurs de l'époque; voir note (31)

GUIDE, Frere, 85: franciscain de "la province saint Anthoine"

GUILLAUME DE SOLLENGNIE, Frere, 86; GUILLAUME, Frere (L), 86; GUILLAUME SOLLENGIN, Frere (L), 86: copiste du récit d'Odoric

HABINE, 17; Hadine (L), 16: déformation de "Abrahe" (d'Abraham)? voir note (76)

HAUT PAS, ORDRE DE *incipit dans* L, 3; HAUT PAS, SAINT JAQUE DE (L), 30: couvent des Hospitaliers, au faubourg Saint-Jacques, à Paris

HAUTE YNDE voir YNDE LA HAUTE

HOSPITALIER *incipit dans* L, 3: voir introduction, p. XIII

ILLANDE (L) voir YRLANDE

JACQUES DE SPADE, Frere, ch. VIII *passim*: frère originaire de "Spade" (Padoue); voir note (63)

JAQUE, saint, 30: saint Jacques de Compostelle

JAVA, 35; JAVE, 35: Java

JEHEN DE VYGNAI *incipit dans* L, 3; JEHAN DU VIGNAY, 30; JOHAN DE VYGNAI (L), 30

JHERUSALEM, 7; JERUSALEM (L), 7

JOB, LA TERRE, 8; JOB, LA TERRE DE (L), 8: Hazah, dans le Kurdistan; voir note (35)

LAMORI, 33: au nord-ouest de Sumatra; voir note (108)

LEGENDE DOREE, 30: compilation due à Jacques de Voragine, traduite par Jean de Vignay; voir note (102)

LOMBARDIE, 9, 11

LORITIN, 61: Ling-chin; voir note (178)

MAHOMMET, ch. VIII *passim*: Mahomet, prophète de l'Islam

MANCI, 48, 50, 56, 58, 68, 78, 79; Mancy (L), 48, 50, 56, 58, 68: Manzi, province méridionale de la Chine; voir note (138)

MARCHE TERVISIENNE, 85: région (ou "marche") de Trevise; voir note (238)

MARCHIÉ JULIEN, 3, 85: il s'agit d'une traduction du latin "de Foro Julii", c'est-à-dire Frioul (Friuli, au nord-ouest de Trieste); voir note (2)

MARIE voir VIERGE MARIE

MEDES, 3: nom biblique; habitants de la Médie

MELEN, 49: Milan

MENÇU, 60: Ning-po; voir note (177)

MENEURS voir FRERES MENEURS

MEQUES, 19: Mecque, prétendu lieu de sépulture de Mahomet; voir note (81)

MILECORDE, 79; MILESCORDE (L), 79: région habitée par les Assassins, dans la Syrie du nord et la Perse; voir notes (227) et (230)

MINIBAR, 27: nom arabe de Malabar; voir note (96)

MOBAR, 29: région de l'Inde

MONTAIGNE, ANTIEN DE LA voir ANTIEN DE LA MONTAIGNE

MONTAINGNE VERT, 63: colline plantée d'arbres dans le clos du palais du Grand Khân à Cambalec

MORIENNE, MER, 3: la Mer Noire; voir note (7)

MORTE, MER, 37: nom de lieu qui n'a pas été identifié; voir note (116)

[N]ESTORIENS (*mss.* Vestoriens), 13: Nestoriens; voir note (58)

NICUNERE, 42: Nicobar; voir note (127)

NOÉ, 5: personnage biblique (voir Genèse)

ODORIC, 3, 23, 37, 65, 85, 86; ODORICH, 4, 23, 37, 86; ODORIQ, *incipit dans* L, 3

ORMES, 10, 13: Ormuz ou Hormuz; voir note (40)

OUTREMER, *incipit dans* L, 3: voir note (1)

PADE, 41, 49, 55, 82, 86: Padoue

PARTES (L) voir PERSES

PATEN, 36: nom de lieu inconnu; voir note (113)

PERE, saint (L), 30: saint Pierre l'apôtre, avec réduction de la diphtongue (et par contamination avec "le saint Père"?); voir note (104)

PERSE (L), 7: la Perse

PERSES, 3, 6, 7; PARTES (L), 6 (= Perses?) (réminiscence latinisante du traducteur?): habitants de la Perse

PIERRE DE SAINE, Frere, ch. VIII *passim*: frère originaire de Sienne

PIERRE, saint, 30: saint Pierre l'apôtre; voir note (104)

POLOMBE, 13, 20, 24, 25, 28: Quilon, port sur la Côte de Malabar (au sud-ouest de l'Inde); voir note (57)

PONT, 3, 4: ancien nom de Trébizonde

PORT NAONIEN, 85; PORT NAONIEN (L), 85: Pordenone

Index Nominum 153

PORUS, 11: personnage de l'histoire d'Alexandre le Grand; voir note (48)

PRETHECOAN, 75; PRESTRE JOHAN (L), 75: le Prêtre Jean, personnage légendaire de l'orient au moyen âge; voir note (212)

ROMME, 9, 30: Rome

SABISACALO, 5: Hassan-Kala'a, carrefour important à vingt-quatre milles de Erzurum; voir note (20)

SAINE voir PIERRE DE SAINE

SALICITE, VAL DE voir VAL DE SALICITE

SANDU, 66: Shang-tu; voir note (191)

SARRAZINS *passim*: nom générique employé par Odoric pour les peuples non-chrétiens; voir note (16)

SENES voir PIERRE DE SAINE

SILLAN (*rubrique*), 44; SYLLAN, 44: Ceylan; voir note (131)

SOLDANIE, 6; SOLDANE (*rubrique dans* L), 6: Sultanieh (Iran), à mi-chemin entre Tabriz et Téhéran; voir note (26)

SOLLENGIN, GUILLAUME (L), SOLLENGNIE, GUILLAUME DE voir GUILLAUME DE SOLLENGNIE

SPADE (L), 41, 49, 55, 82, 86: Padoue; voir aussi PADE

SPADE, LE, 61: le Pô (rivière en Italie): voir note (179)

SPADE voir JACQUES DE SPADE

SUCCUMARO, 61: Tsi-ning ou Chi-ning; voir note (180)

SUCHO, 52: Fu-tchéou, capitale de la province du Fu-kien (Chine); voir note (153)

SYMOLTRA, 35; SYMOLIRA (L), 35: Sumatra, 35

TALAI (*L*: Cathay *dans P*), 61; voir CATHAY; voir aussi THALAY

TANE, 10, 13, 20; TANA (L), 12; THANA, 11; THANE, 13, 20: Thana, ville sur la côte est de l'île de Salsette, près de Bombay; voir note (47) et le chapitre VIII de notre texte

TARAMORAN (L) voir CARAMORAN

TARTAGE (L) voir CARTAGE

TARTAIRE, 64; TARTARIE (L), 64; TARTARIE, GRANT, 81: région habitée par les Tartares (q.v.); la Syrie et la Perse, ou (de façon plus générale) le moyen orient (?)

TARTARIENS, 4, 7, 10, 43, 62, 80: nom générique employé par Odoric pour les peuples non-chrétiens (surtout les Mongols); voir note (16)

TASSAM (L) voir CASSAN

TATHAIRE (L) voir CATHAIRE

TAYDO, 63: nom chinois (Tatu, "Grande Capitale") de l'ancienne capitale de la Chine; voir note (182)

TERRE SAINTE, *incipit dans* P, 3: voir note (1)

TERVICE, 48; TERVISE, 48, 82: Trevise (Italie)

THALAMASIM, 36: nom de lieu qui n'a pas été identifié; voir note (113)

THALAY, 59; TALAI (L), 59; TALAY, 60: le Yang-Tsê; voir note (172)

THARAIE, 36 (?)

THAURE, 5; THAURE, 6; THAURIS (L), 6; THAURISIE, 4: Tabriz, ville principale de la région d'Azerbaïdjan (Iran); voir note (19)

THOLENTIN voir THOMAS DE THOLENTIN

THOMAS DE THOLENTIN, Frere (*L*: TOLENTIN), ch. VIII, *passim*; originaire de Tolentino en Italie, entre Assise et la côte adriatique (province des Marche), prédicateur célèbre

THOMAS, saint, 29, 30: saint Thomas l'apôtre; voir note (102)

THOSAIS (L) voir CHOSAN

THIBETH (L), 76; THYBET, 76: Tibet (?); voir note (216)

TOLENTIN (L) voir THOMAS DE TOLENTIN

TOUR BABEL, 9: la Tour de Babel (voir Genèse, X)

TRAPESONDE, 3, 4: Trébizonde, sur la côte turque de la Mer Noire; voir note (10)

VAL DE SALICITE (Salicité?), 83: voir introduction, p. XXI

VALEE AU DEABLE, 82: voir introduction, pp. XX–XXII

VENICE, 48, 50, 55; VENISE (L), 3, 48, 55; VENISE, couvent de, 86; VENISSE, 3: Venise

VERT MONTAIGNE (L) voir MONTAINGNE VERT

VESTORIENS (*lire* Nestoriens): voir [N]ESTORIENS

VICUNERE (L) voir NICUNERE

VIEIL, VIEL, VIELZ, VIEX DE LA MONTAIGNE (L) voir ANTIEN DE LA MONTAIGNE

VIERGE MARIE, 16; VIRGE MARIE (L), 25; VIERGE, 25

VINCENCIE, 48, 75: Vicenza (Italie)

VYGNAI voir JEHAN

YNDE, 10: région assez vague, mais proche du Golfe Persique; voir note (43); YNDE, 10, 23, 30, 48, 76: l'Inde; YNDE LA HAUTE, 25, 48, 50: "India Superior": voir note (93); YNDE LA MAJOR (L), 49; YNDE LA PLUS HAUTE, 6, 48: "India Superior"

YRLANDE, 75; ILLANDE (L), 75: Irlande

YTALIE, 38, 40, 47, 50: l'Italie, 38

TABLE DES MATIERES

Frontispice II
Introduction V
Notre Texte XXXI
Bibliographie XXXII

LES MERVEILLES DE LA
TERRE D'OUTREMER

Appendice 87
Notes 88
Glossaire 129
Index Nominum 147

jc

www.ingramcontent.com/pod-product-compliance
Lightning Source LLC
Chambersburg PA
CBHW022013300426
44117CB00005B/165